HEYNE BÜCHER

Das Buch

Kapitän Meinert Abeling fährt den zweiundzwanzig Jahre alten Frachter *Anabel.* Der nach Panama ausgeflaggte Veteran ist vom Bug bis zum Heck, vom Kiel bis zu den Toppen renovierungsbedürftig. Doch der Reeder, für den nur der Profit zählt, schickt seine Schiffe mangelhaft ausgerüstet, unterbesetzt und überladen auf Reisen.

Da gerät die *Anabel* zwischen den Bahamas und Bermudas in einen Hurrikan und geht, weil nahezu alle Sicherungssysteme versagen, unter. Dreizehn Seeleute finden dabei den Tod. Kapitän Abeling, der mit nur wenigen seiner Leute dank einer Rettungsinsel überlebt, weiß, daß man ihn für das Unglück zur Verantwortung ziehen wird. Doch bevor es zu seiner Verurteilung kommt, wird er alles daransetzen, um dem wahren Schuldigen noch eine Lektion zu erteilen.

Der Autor

Hinrich Matthiesen, geboren 1928 in Westerland/Sylt, studierte in Kiel und Valparaiso und verbrachte viele Jahre als Lehrer an deutschen Auslandsschulen in Chile und Mexiko. Heute lebt er als freier Autor auf Sylt.

Als Heyne-Taschenbuch liegt ebenfalls vor: *Jagdzeit in Deutschland* (01/10325).

HINRICH MATTHIESEN

DER KAPITÄN

Roman

Originalausgabe

WILHELM HEYNE VERLAG
MÜNCHEN

HEYNE ALLGEMEINE REIHE
Nr. 01/10798

Umwelthinweis:
Dieses Buch wurde auf
chlor- und säurefreiem Papier gedruckt.

Redaktion: Birgit Groll

Printed in Germany 1998
Umschlagillustration: Bavaria Bildagentur/IPL, Mittenwald
Umschlaggestaltung: Atelier Ingrid Schütz, München
Satz: Buch-Werkstatt GmbH, Bad Aibling
Druck und Bindung: Pressedruck, Augsburg

ISBN 3-453-14706-5

http://www.heyne.de

Die Handlung dieses Romans ist erfunden. Eine Übereinstimmung der darin genannten Namen mit denen lebender oder verstorbener Personen sowie tatsächlich existierender Schiffe und Reedereien wäre daher zufällig.

1.

Kapitän Abeling war ein einsamer, grüblerischer Mann. Dennoch zeigte er sich hin und wieder gesellig. Er hatte gelernt, daß man sonst nicht weiterkam. Die Menschen waren egoistisch, wollten von den Sorgen anderer nichts wissen. Und er hatte Sorgen! Tagein, tagaus. Im Grunde liefen sie allesamt auf das gleiche Übel hinaus, hatten immer mit seinem Schiff zu tun und mit der Einsicht, daß er es eigentlich keine drei Meilen mehr hin und her bewegen, geschweige denn sich mit ihm in die offene See hinauswagen durfte, womöglich bei Sturm. Gegenwärtig bestand allerdings keine Gefahr, daß die ANABEL leckschlagen oder sogar untergehen könnte, und auch in den nächsten Tagen würden Mängel, jedenfalls soweit sie den Fahrbetrieb angingen, nicht zutage treten, denn das Schiff lag im Hafen. Es hatte Container an Bord, und das Löschen und die neuerliche Beladung würden ihre Zeit brauchen.

Meinert Abeling saß in seiner Kajüte. Die Vierundzwanzig-Uhr-Nachrichten der Deutschen Welle waren zu Ende. Es hatte keine besonderen Vorkommnisse gegeben, außer daß die Israelis mal wieder einen Blutzoll hatten zahlen müssen. Wie Blitze aus heiterem Himmel hatten die Salven des Terrorkommandos den Bus getroffen. Einfach so. Die Bilanz: sieben Tote und elf Verletzte. Es war schlimm: Die Menschen reisten durchs All und verpflanzten Herzen und schienen das Altern besiegen zu wollen, aber hier und da ein kleines oder auch ein großes Massaker, das gehörte zum Alltag des Weltgeschehens.

Er stellte das Radio ab, lehnte sich zurück, ließ die Toten tot sein und dachte an den frivolen Spruch, der

Piet Kannegieter, seinem Ersten Offizier, aus dem losen Mundwerk gekollert war. Beim Abendbrot. In der Messe. Sein Gelächter hatte der smarte Holländer gleich drangehängt, so daß sich zumindest der Zweite und der Assi, weil in der Bordhierarchie weiter unten, zum Mitlachen aufgefordert gesehen hatten.

»Die feinsten Damen lassen bei mir arbeiten!« hatte der I WO verkündet. Es war also um Qualität gegangen, doch ganz sicher nicht um die der Haute Couture. So lächerlich Meinert Abeling diese Prahlerei nun auch fand, sie stieß ihn – wie alles, was in irgendeiner Weise mit dem Begriff »Qualität« zusammenhing – wieder einmal auf sein Problem, nämlich auf die Frage, wer für wen arbeiten ließ und was dabei für das Schiff und die Männer herauskam. Denn natürlich gehörte die ANABEL nicht ihm, aber er befehligte sie und hatte die Verantwortung für den achtzehntausend Tonnen großen Oldtimer wie für die neunzehn Menschen, die auf ihm Dienst taten.

Er überließ also Piet Kannegieters Damen ihrem Schicksal und wandte sich jener Lady zu, die ihm näherstand, seiner ANABEL. Sie läßt, ging es ihm durch den Kopf, bei der Reederei SCHOTTMANN & SOHN arbeiten, zwangsläufig, und weil das keine gute Adresse ist, fehlt es dem armen Mädchen an allem.

In der Tat, das Schiff war verwahrlost vom Topp bis zum Kiel, vom Bug bis zum Heck. Die Maschine zum Beispiel, ein neuntausend PS starker IRON VANDERBILT-Viertakter, in Liverpool gebaut und im allgemeinen verläßlich, müßte längst mal wieder grundüberholt werden. Nach sechstausend Betriebsstunden war das fällig. Nun gut, achttausend waren auch noch zu akzeptieren, und im Einzelfall konnte man, wenn erstklassiges Personal für gewissenhafte Wartung sorgte, sogar neun- oder zehntausend durchgehen lassen, aber bei siebzehntausend Betriebsstunden ohne ordnungsgemäße Instandsetzung lag ein schon krimineller Leichtsinn vor. Schottmann schob die seit langem fällige Maßnahme mit immer neuen Ausflüchten vor sich her. Mal war es die angespannte Frachtenlage, auf Grund derer für eine teure Renovierung angeblich kein Geld vorhanden war. Dann wieder führte er das genaue Gegenteil ins Feld, einen wahren Boom bei den Charter-Raten. Den müssen wir mitnehmen, hieß es, und darum können wir uns kostspielige Werftliegezeiten jetzt nicht leisten. Ja, es war immer dasselbe, und so stotterte sich die ANABEL von Hafen zu Hafen, manövrierfähig nur noch durch die Bastelkünste ihrer Ingenieure, des Deutschen Berthold Rogge, des Israeli Ruben Feuerstein und des Assistenten Luís Cabrera, eines Spaniers aus Santiago de Compostela.

Auch um die Funkanlage war es schlecht bestellt. Zwar befanden sich alle vorgeschriebenen Geräte an Bord, Haupt- und Mittelwellensender, zwei Empfänger, Telegraphie-Funk-Alarmgerät, UKW-Anlage und was sonst noch dazugehörte, aber sie waren mindestens anderthalb Jahrzehnte alt und hätten längst ausgetauscht werden müssen. Hörte man Jim Forester, den amerikanischen Funker, in seiner Bude laut sprechen, obwohl er mit sich allein war und seine Worte auch keinem fernen, in den Äther lauschenden Adressaten galten, dann war er dabei, auf eins seiner Instrumente, das mal wieder nicht funktionieren wollte, einzureden wie auf ein störrisches Kind, und bisher war es ihm noch jedesmal gelungen, den Defekt zu beheben. Er, Meinert Abeling, selbst Inhaber des Funkerpatents, lobte den Schwarzen aus Tennessee oft und räumte ein, mit dessen erstaunlichen Fertigkeiten nicht konkurrieren zu können. Ein Plus allerdings gab es, nämlich die Sat-Com-Anlage, die die Benutzung von Telefon und Faxgerät per Satelliten-Kommunikation möglich machte. Doch das ging beileibe nicht auf eine noble Geste des Reeders zurück; vielmehr hatte einer der Charterer auf dieser Anlage bestanden, um jederzeit schnelle Entscheidungen treffen zu können, und Schottmann hatte sie dann auf dem Second-Hand-Markt erworben.

Aber alles andere war sträflich abgenutzt. Die Brücke, das Kartenhaus, die Kombüse, die Proviant-Kühlräume und die Kajüten befanden sich in kläglichem Zustand, und es geschah nicht selten, daß er, sei es im Gespräch mit seinen Männern, sei es nur in Gedanken, den verwahrlosten Kauffahrer mit Travens Totenschiff verglich. Dazu paßte auch, was vor kurzem ein kolumbianischer Stauer zu ihm gesagt hatte. Der Mann trat, alle zehn Finger abwehrend von sich gespreizt, ihm entgegen und begrüßte ihn mit den Worten: »Na, dann muß ich also mal wieder auf Ihren Scharlachdampfer!« Angesichts der überall abgeplatzten schwarzen Farbe und der häßlichen Mennige-Inseln auf dem Rumpf des Schiffes hatte er natürlich recht, und trotzdem wirkte seine Äußerung verletzend.

Dieser bedrückende Arbeitsplatz barg die Gefahr in sich, daß die dazugehörigen Menschen ihr Erscheinungsbild vernachlässigten. Bei einigen von ihnen war es denn auch der Fall. Sie legten wenig Wert auf saubere Kleidung, und sogar ihre Körperpflege ließ zu wünschen übrig. Das war, fand er, bedauerlich, aber durchaus zu verstehen. Das häßliche Schiff färbte ganz einfach auf sie ab.

Ihm selbst erging es nicht so. Vielleicht war es ein Protest, ein Aufbegehren gegen die unerfreulichen Umstände, daß er stets auf gutes Aussehen bedacht war. Die ihm von der Natur mitgegebene Grundausstattung half ihm dabei. Er war groß und schlank, überragte die eher kleinwüchsigen Filipinos und Südamerikaner um Kopfeslänge, und unter den Europäern waren nur der Erste Offizier und der Koch von ähnlicher Statur.

Sein Haar war bereits grau, aber noch sehr voll, und

er trug es kurz, ohne Scheitel. Die bei den Nordländern schon fast obligaten blauen Augen hatte er nicht; seine waren von einem dunklen Graugrün, doch zum Meer und zum Blick in die Weite paßten auch die ganz gut.

Eine Uniform trug er selten, und wenn, dann nur die khakifarbene Version der Tropen, sonst schwarze oder dunkelgraue Hosen, dazu Pullover, an Bord aus Schafwolle, an Land aus Kaschmir, auch sie in Schwarz oder Grau, mal mit, mal ohne Rollkragen. Und immer gehörten zu seiner Kleidung seidene Oberhemden, von denen er zwei Dutzend besaß.

Das Standardbild vom Seebären mit Vollbart traf auf ihn nicht zu. Er legte vielmehr großen Wert auf die tägliche Rasur, und das nicht, um seinen Männern den Anblick von Stoppeln zu ersparen, die ihnen wahrscheinlich auch gar nicht aufgefallen wären, sondern fürs eigene Wohlbefinden.

Alles in allem war er also eine respektable Erscheinung, ganz im Gegensatz zu seiner ANABEL. Mit ihr konnte man wirklich keinen Staat machen, denn sie war nun mal das, was man unter Seeleuten einen *Never-come-back-liner* nannte. Wenn sie es bis jetzt noch immer geschafft hatte, den jeweiligen Zielhafen anzulaufen, mußte Gottes schützende Hand im Spiel gewesen sein.

Natürlich, er hätte abmustern können, doch war der Wechsel auf ein anderes Schiff nicht so ohne weiteres möglich. Aus der Zeit, als er noch nicht für SCHOTTMANN & SOHN fuhr, lastete eine Havarie auf seinem Konto, bei der es zu Personen- und Sachschäden gekommen war. Zum Zeitpunkt des Unglücks hatte er unter dem Einfluß von Cliradon gestanden. Nicht etwa, daß er damals süchtig gewesen wäre; es war ihm lediglich darum gegangen, eine hundsgemeine Magenkolik zu bekämpfen. Das bei schweren Schmerzzuständen durchaus angebrachte Arzneimittel wurde ihm vom Zweiten Offizier verabreicht, aber zu verantworten hatte er die Einnahme natürlich selbst. Und ausgerechnet in dieser Nacht verursachte der Dritte Offizier vor Cherbourg eine Kollision mit einem Griechen. Medikamentierung und Kollision hätten allerdings nicht ausgereicht, dem Kapitän eine Verwarnung zu erteilen, doch wie um das Maß vollzumachen, hatte sich bei der Seeamtsverhandlung herausgestellt, daß der Dritte, ein Jugoslawe aus Split, kein gültiges Patent besaß, und das ging voll auf die Kappe des Schiffsführers.

So hatte er, was ihn schmerzte, bei den Reedern und zum Teil auch bei seinen Kollegen den Ruf eines zweitklassigen Kapitäns und konnte froh sein, überhaupt noch eine Anstellung gefunden zu haben.

Es war jetzt kurz vor eins. Am frühen Abend waren sie in Veracruz angekommen, hätten dort schon zwei Tage früher einlaufen sollen, doch wenige Stunden vor Erreichen des Ziels hatte sich im Golf von Mexiko ein Unwetter zusammengebraut, und dann war ein *norte*, der für diese Gegend typische Sturm aus Nord, über die Region hinweggefegt, hatte zwischen Coatzacoalcos und Tampico achtundvierzig Stunden lang gewütet und das Einlaufen in den Hafen von Veracruz verhindert. Er kannte diesen Unheilbringer, der vor allem während der Regenzeit auf den Plan trat, dabei oft ganze Landstriche heimsuchte und die anliegenden Küstengewässer aufwühlte, von früheren Reisen her. Manchmal lagen die ankommenden Schiffe vier, fünf Tage sozusagen vor der Haustür und konnten den letzten Schritt hinein nicht wagen, weil der *norte* sie und die Mole zertrümmert hätte. Diesmal waren es nur zwei Tage gewesen, die sie im Wartestand zubringen mußten, doch als er seiner Reederei die voraussichtliche Verzögerung telefonisch mitgeteilt hatte, war er vom Junior geradezu überschüttet worden mit wütendem Protest, ganz so, als hätte er die Schuld an der Misere. Er hatte dem erst siebenundzwanzig Jahre alten Rüdiger Schottmann erwidert, immerhin lägen sie mit insgesamt neun Frachtern vor Veracruz, und die Reederei könne ja wohl nicht erwarten, daß ausgerechnet das lahmste dieser Schiffe den aberwitzigen Versuch unternähme, die Naturgewalten auszutricksen. Dann hatte er noch gefragt, ob die Reederei denn wohl bereit gewesen wäre, dem Staat Veracruz die zertrümmerten Hafenanlagen zu ersetzen, ganz abgesehen davon, daß bei einem solchen *crash* auch die ANABEL und dazu noch ein paar Leute draufgegangen wären. Da hatte das Jüngelchen, das erst kürzlich aus der Immobilienbranche in die Reederei des Vaters übergewechselt war und von Nautik kaum etwas verstand, eingelenkt, ja, sich sogar entschuldigt.

Abeling verließ die Kajüte und stieg die Treppe zum Navigationsdeck hinauf, um vor dem Schlafengehen noch eine Weile auf der dem Land zugekehrten Steuerbord-Brückennock hin und her zu gehen.

Er war, wie während einer Liegezeit und dann noch zu so später Stunde nicht anders zu erwarten, allein da oben. Die meisten der Männer waren an Land gegangen. Immerhin war es nach einundzwanzig Tagen auf See ihr erster Streifzug durch eine Stadt. Da war bestimmt so einiges fällig, auch wenn er den unteren Chargen nur einen Teil der ihnen zustehenden Heuer ausgezahlt hatte. Sie hatten gemurrt, aber er war hart geblieben, hatte ihnen als abschreckendes Beispiel das Schicksal des inzwischen von der ANABEL abgemusterten türkischen Bootsmannes vor Augen geführt, der mit einer Heuernachzahlung von eintausendzweihundert Dollar in Houston an Land gegangen war und dann in einer einzigen Nacht das ganze Geld durchgebracht hatte. Mit fünfzig Dollar pro Kopf, so hatte er seinen Männern erklärt, komme man in Veracruz zurecht. Die Edelnutten in den Bars der großen Hotels seien zwar kaum billiger zu haben als die entsprechenden Frauen in Europa, aber diese Kategorie komme für einen Seemann ohnehin nicht in Frage, und die Huren links und rechts der Plaza und in den Seitenstraßen der Avenida Saragossa, die zehn bis zwanzig Dollar verlangten, seien auch nicht übel.

Er zündete sich eine Zigarette an, trat ans Geländer und sah hinunter auf den beleuchteten Kai. Dort würden morgen früh die Löscharbeiten beginnen. Gleich nach dem Festmachen hatte er versucht, noch für die Nacht einen Trupp Schauerleute zu mobilisieren, doch war er damit bei der Gewerkschaft auf Granit gestoßen.

Er wollte sich gerade abwenden und nach unten gehen, da entdeckte er das Pärchen. In inniger Umarmung steuerte es auf die ANABEL zu, und als es näher herangekommen war, erkannte er im Licht der Kranlampen, daß der Mann neben dem südländischen Mädchen der strohblonde Heiner Nickelsen war, sein aus dem Emsland stammender Koch.

Schnell trat er von der hohen Nockkante zurück, um nicht in den Verdacht zu geraten, er spionierte seinen Leuten nach, ging dann in die Kajüte, dachte noch, bevor er sich schlafen legte: Der Heiner macht es also andersherum, erledigt die Sache nicht im Puff, sondern nimmt die Frau mit an Bord. Auch 'ne Methode. Ist wohl, sinnierte er weiter, eine Typenfrage, ob den Mann nach gehabter Freude die Trauer zu befallen pflegt und er dann lieber verduftet oder ob er die Lady über die gestillte Begierde hinaus bei sich haben möchte. Heiner zieht offenbar die zweite Variante vor.

Er selbst gehörte, was die Huren betraf, weder zur einen noch zur anderen Art, vermied es also, sie mit an Bord zu nehmen, hielt aber auch nichts von Bordellbesuchen. Im einen wie im anderen Fall würde sich ihm unweigerlich die Vorstellung aufdrängen, der Körper der Frau, wie verlockend er auch sein mochte, sei ein Verschiebebahnhof und er selbst eine jederzeit auswechselbare Lokomotive. Doch mit seinen fünfundfünfzig Jahren befand er sich ohnehin in herbstlichen Gefilden; er hatte es nicht mehr so eilig mit den Frauen.

Seine Ehe war schon früh gescheitert. Als Dreißigjähriger hatte er Elke Simonsen, eine gleichaltrige, sehr selbstbewußte Friesin von der Insel Föhr, geheiratet, aber schon nach zwei Jahren fanden beide, daß die monatelangen Reisen, hin und wieder unterbrochen durch gegenseitige Stippvisiten, keine Basis abgaben für eine Ehe. So trennten sie sich in gutem Einvernehmen, und es dauerte dann auch nicht lange, da heiratete Elke nach Australien. Seitdem hatte es für ihn nur Begegnungen gegeben, bei denen von vornherein feststand, daß sie nie in eine dauerhafte Verbindung münden würden. Ehe und Seefahrt, das hatte er für sich erkannt, paßten einfach nicht zusammen. Er wußte von Kollegen, die anders dachten. Piet Kannegieter zum Beispiel war verheiratet, und als er, Abeling, einmal zu ihm sagte: »Immer fahren und fahren und dann und wann vier Wochen Ehe, das ist doch kein Zustand!« erhielt er zur Antwort: »Na ja, irgendwann sind die vier Wochen ja auch mal zu Ende.«

2.

Heiner Nickelsens Eroberung war eine sehr exotische und zugleich erotische Frau. In dem schummerigen Schuppen, in dem er sie aufgetan hatte und der halb Kneipe und halb Bordell war, hatte der fürs Finanzielle zuständige Rodrigo der Schwarzhaarigen und ihrem blonden Begleiter, bevor sie aufbrachen, über die Köpfe gestrichen und gesagt: *»Café y leche, qué bonito!«* Kaffee und Milch, wie schön! Heiner, der nicht viel Spanisch konnte, war stolz darauf gewesen, daß er die paar Brokken verstanden hatte.

Jetzt, im hellen Licht seiner Kajüte, sah er erst so richtig, was für eine kaffeebraune Schönheit er sich aus der Bar LA CONCHA geholt hatte. Dabei war Mariluz keine der vielen Mulattinnen, die man in Veracruz so häufig zu Gesicht bekam. Vielmehr ging die dunkle Hautfarbe, wie sie ihm gesagt hatte, auf ihre totonakischen Vorfahren zurück. Meinen Leuten hinterm Deich, dachte er, erzähl' ich später was von einer indianischen Prinzessin!

Sie hätte, vom rassigen Erscheinungsbild her, eine sein können, wenn da nicht das allzu knappe T-Shirt und der überaus kurze Rock gewesen wären, dazu die aufreizenden Bewegungen ihrer wippenden braunen Beine und der grellgeschminkte, Kaugummi mahlende Mund. Sie hatte die hoch angesetzte, schmale, leicht gebogene Nase der Indios und kohlschwarze Augen. Ihre Brust war füllig, dennoch fest, und wenn es einen Adel der Hände gäbe, dann hätten sie ihn, so schlank und fein waren sie, zumal den Nägeln nicht das knallige Rot des Mundes, sondern ein dezentes Blaßrosa zugeteilt worden war.

Angesichts solcher Reize, von denen die augenfälligsten bereits in der dämmerigen Bar zu erkennen gewesen waren, hatte sich des fünfundzwanzigjährigen Emsländers ein für ihn ganz untypischer Leichtsinn bemächtigt. In rascher Folge hatte er immer neue *copas* bestellt, und der honigfarbene Tequila hatte ihn, der schon reichlich aufgekratzt war, dann noch beschwingter gemacht. Schließlich war der gemeinsame Aufbruch nur noch eine Frage des Geldes gewesen.

An der sprachlichen Verständigung freilich haperte es, denn sein Spanisch war in der Tat kümmerlich, und Mariluz beherrschte nur das Englisch ihres Gewerbes.

»Let's have a drink!« sagte sie, und Heiner bot an. Fast ein Dutzend verschiedener Flaschen holte er aus seinem Spind hervor und reihte sie vor ihren glänzenden

Augen aneinander. Sie zeigte auf den BALLANTINE, und voller Eifer schenkte er erst ihr ein und dann sich selbst.

»I need ice«, sagte sie und fächelte sich mit der grazilen Rechten Luft zu. Eilfertig lief er hinüber in die Kombüse, nicht ahnend, daß er ihr damit die Gelegenheit gab, ihr eigentliches Vorhaben einzuleiten. Aus einem leinenen, mit indianischen Motiven besticken Beutel holte sie geschwind ein Fläschchen hervor, öffnete es und schüttete einen Teil des Inhalts in sein Glas. Als er zurückkam, war das Fläschchen längst wieder verschwunden.

Er hatte gut eingeschenkt. Nun kamen die Eiswürfel hinzu. Mariluz hob ihr Glas und sagte:

»Salud!«

»Salud!« antwortete er.

Sie machte es ihm vor, kippte, nachdem sie den Kaugummi für einen Moment aus dem Mund genommen hatte, den ganzen Drink hinunter, und er tat es ihr nach.

Die K.-o.-Tropfen wirkten nicht sofort. Er saß neben ihr auf der Koje, hatte sein Glas, genau wie sie, auf dem Fußboden abgestellt, umfaßte sie nun mit der rechten Hand und ließ die linke in ihren Ausschnitt gleiten. Der Stoff des T-Shirts, hauchdünn und dehnbar, gab nach, und so streichelte er ein paar glückliche Sekunden lang die prallen braunen Kugeln. Doch der Spaß war nur kurz. Schon nach den ersten wonnigen Berührungen griff er plötzlich ins Leere, sagte noch, was aber, weil er es auf deutsch sagte, ebenfalls ins Leere ging, »Mir ist so komisch!«, rutschte von der Bettkante, fiel auf den Spannteppich, stieß dabei die Gläser mit den Eisresten um, blieb vor den am Boden festgeschraubten Tischbeinen liegen und rührte sich nicht mehr.

Mariluz sah hinunter auf den flachsblonden Schopf, kniete dann neben ihrem Opfer nieder, schüttelte den

Bewußtlosen ein paarmal, kniff ihm in den Arm, in die Wange. Er zeigte keinerlei Reaktion. Daraufhin schlüpfte ihre Rechte, flink und routiniert wie die Hand eines Taschenspielers, in seine Jeanshose, ertastete das Schlüsselbund, zog es heraus und legte es auf den Tisch. Gleich danach erhob sie sich, trat an die Tür, lauschte eine Weile, öffnete sie und klebte ihren Kaugummi von außen unter den Türgriff. Sie ging in die Kabine zurück, drückte die Tür zu, setzte sich wieder auf die Koje und wartete.

Die Brüder José und Ignacio, ihre beiden Helfer, kamen nach einer halben Stunde. Auf einem Schlauchboot hatten sie sich der ANABEL von der Wasserseite her genähert, dann mit Hilfe ihres um einen Deckspoller geworfenen Tampens die Bordwand erklommen und, nach Betreten der Aufbauten, als erstes den Wachmann gesucht, ihn auch gefunden, und zwar, wie sie es auf Schiffen schon oft erlebt hatten, nicht wach, sondern in tiefem Schlaf. Er lag auf der gepolsterten Sitzbank in der Messe. Natürlich konnten sie nicht hundertprozentig sicher sein, daß er es war, aber sie gingen davon aus, denn wer, wenn nicht der Posten, sollte nachts um zwei Uhr vollkommen angekleidet in der Messe sein, zumal die meisten Besatzungsmitglieder, wie sie erfahren hatten, an Land gegangen waren!

Die Mexikaner kannten sich auf Schiffen aus und hatten die Kajüte des Kochs schnell gefunden. Seine Berufsbezeichnung stand auf dem Türschild. Der Griff nach dem Kaugummi verriet ihnen, daß drinnen alles nach Plan verlaufen war. Sie traten ein.

Nach einer kurzen geflüsterten Absprache ging das eingespielte Trio an die Arbeit. Mariluz bezog Posten auf einem der Gänge, und die beiden jungen Männer schlichen sich zum Zoll-Store. Die an fast allen Türen angebrachten Schilder erleichterten ihnen auch hier die Orientierung.

Als sie in der Bar LA CONCHA ihre finsteren Vereinbarungen getroffen und dabei den so spendabel auftretenden Koch der ANABEL ins Fadenkreuz genommen hatten, war ihnen klar gewesen, daß der Umfang ihrer Beute nicht zuletzt von zwei Schlüsseln abhängen würde, dem des Zoll-Stores und dem des Proviant-Kühlraums. Jetzt, da sie zur Tat schritten, mußten sie zu ihrer Enttäuschung feststellen, daß der lohnendere der beiden Bereiche, nämlich das Depot mit so hochkarätigen Waren wie Alkoholika, Zigaretten, Parfums und Schokolade, entfiel. Keiner der Schlüssel des Deutschen paßte. Also gehörte auch hier, wie auf so manch anderem Schiff, der Zoll-Store zur Domäne des Kapitäns oder des Stewards, und folglich hatten sie sich mit dem anderen Raum, dessen klobiger Inhalt nur mühsam zu transportieren und auch viel schwerer in Geld umzusetzen war, zu begnügen. Aber sie fanden sich schnell damit ab. Ein kurzes, bedauerndes Achselzucken und ein geflüstertes *»ni modo«*, nicht zu ändern, und schon waren sie auf dem Weg dorthin.

Hier stimmten Schlüssel und Schloß denn auch überein, und so schleppten José und Ignacio wenig später je zwei vereiste Rinder- und Schweinehälften und dazu ein beachtliches Kontingent an armdicken Würsten über Gänge und Decks, jedesmal abgesichert durch Mariluz, die noch immer Schmiere stand. An der dem offenen Meer zugekehrten Backbordseite des Schiffes ließen sie ihre Beute an mitgeführten Seilen hinunter, wobei ihnen wiederum zugute kam, daß die ANABEL schwerbeladen war und entsprechend tief lag. Die beiden großen Plastikbehälter mit den Würsten landeten in dem an der Bordwand vertäuten Schlauchboot, das Fleisch im Wasser. Dann kletterten die drei ins Boot, ließen den dicken Tampen einfach hängen, legten ab und paddelten, die Tierhälften im Schlepp, ihrem Ziel entgegen, einem ausgedienten Lagerschuppen an einem der Kais.

Dort angekommen, luden sie zuerst die Würste um, zogen anschließend das Fleisch aus dem Wasser, hievten alles in den hölzernen Aufsatz einer uralten, zum Transporter umgerüsteten LINCOLN-Limousine. Als auch das Schlauchboot, aus dem sie die Luft herausgelassen hatten, auf dem Auto verstaut war, brachten sie das Mädchen zurück in die CONCHA, und anschließend fuhren sie zu ihrem Haus, einem von zahlreichen Familienmitgliedern bewohnten ärmlichen Flachbau am Stadtrand, wo sie als erstes das Fleisch mit Frischwasser abspritzten.

3.

Kapitän Abeling saß, wie gewohnt, ab sieben Uhr am Frühstückstisch, doch was noch fehlte, war das Frühstück. Er nahm es meistens in seiner Kajüte ein, weil er den Tag lieber ohne Gesellschaft begann und daher am frühen Morgen die Messe mied. Diesmal war der Steward schon zehn Minuten über die Zeit.

Er sah auf die Uhr. Nein, er hatte sich nicht geirrt. Außerdem hatten um sieben die Löscharbeiten angefangen, und die dazugehörigen Geräusche waren nun schon eine ganze Weile zu vernehmen.

Er klingelte. Kurz darauf stand Manuel, der peruanische Steward, vor ihm, mit leeren Händen.

»Sag mal«, polterte Abeling los, »hast du verschlafen, oder willst du mich verhungern lassen?«

»Herr Kapitän …« Manuel hielt kurz inne, ehe er sich ein Herz faßte und fortfuhr: »Ich wollte die Eier aus der Kombüse holen, aber die war zu. Der Koch war noch gar nicht gekommen, und dabei warteten die Männer längst auf ihr Frühstück. Da ging ich zu ihm in die Kabine. Er lag bewußtlos auf dem Boden. Ich holte den Dritten, und wir packten ihn erstmal in seine Koje. Er wachte auf, war aber noch benommen. Also haben wir ihn mit kaltem Wasser bearbeitet, und da kam er allmählich zu sich. Er sagte, man hätte ihm irgendwas in den Whisky geschüttet. Als er in seine Hosentasche griff, stellte er fest, daß sein Schlüsselbund weg war. Wir liefen alle drei zum Kühlraum, und da merkte Heiner sofort, daß was fehlte. Jemand muß ihm den Schlüssel geklaut und den Kühlraum geplündert haben.«

»Was?«

»Ja. Ein paar Rinder- und Schweinehälften fehlen und dazu 'ne Menge Mortadella.«

»Und der Schlüssel? Wo ist der jetzt?«

»Der steckt im Schloß vom Kühlraum.«

»Waren die Diebe denn wenigstens so anständig, die Tür zuzuschlagen, oder ist inzwischen alles aufgetaut? Immerhin sind wir in den Tropen.«

»Die Tür war zu.«

»Gott sei Dank! Wer hatte die Wache?«

»Joska.«

»Und was sagt der dazu? Hat er nichts gemerkt?«

»Er sagt: nein. Und er sagt, die müssen barfuß gegangen sein und die Sachen so vorsichtig transportiert haben, als wären es rohe Eier.«

»Na, da glaub' ich eher, der hat mal wieder gepennt. Schick ihn nachher zu mir! Aber erst will ich den Koch sprechen.«

»Er macht sich nur noch frisch, und dann kommt er zu Ihnen.«

»Wie nett von ihm. Okay, du kochst mir jetzt einen Kaffee und bringst auch irgendwas zum Beißen, egal, was.«

»Der Kaffee ist fertig. Milchsuppe und Brot gibt es auch gleich, die Eier etwas später. Ich bin sofort wieder da.«

Es dauerte nur wenige Minuten, und dann hatte Meinert Abeling sein Frühstück. Er war noch beim Essen, als der Koch erschien.

»Setz dich«, sagte der Kapitän. »Du siehst ja aus wie ein Gespenst.«

»Mir geht's auch ziemlich schlecht«, antwortete Heiner Nickelsen.

»Was ist passiert?«

»Wenn ich das bloß wüßte!«

»Na, wenn du es nicht weißt, wer soll's denn dann wissen? Es ist doch dein Kühlraum, der ausgeraubt wurde.«

»Also ..., ›ausgeraubt‹ ist ein bißchen hochgegriffen.«

»So?«

»Ja. Das Lammfleisch zum Beispiel haben sie nicht mitgenommen.«

»Vielleicht mögen sie kein Lamm, mögen nur Rind und Schwein und Wurst. Verdammt, laß dir die Geschichte nicht häppchenweise aus der Nase ziehen, sondern rede Klartext! Was ist passiert?«

»Ich bin betäubt worden, und als ich am Boden lag, müssen die Gangster mir den Schlüssel abgenommen und damit den Kühlraum geöffnet haben. Na ja, und da haben sie sich bedient. Das ist alles, was ich weiß.«

»Mensch, Heiner, da fehlt doch was! So mir nichts, dir nichts kommen die doch nicht in deine Kammer!«

»Herr Kap'tän, ich kann Sie nicht beschwindeln, und ...«

»Das solltest du auch gar nicht erst versuchen!«

»Ich hatte 'ne Frau an Bord, die mir wohl ein bißchen den Kopf verdreht hat.«

»Ich weiß. Hab' euch zufällig kommen sehen. Hat sie dir das Zeug verpaßt?«

»Sie muß es gewesen sein, muß mir was in den Whisky geschüttet haben, als ich kurz weg war, um Eiswürfel zu holen.«

»Hast du denn wenigstens vorher noch deinen Spaß gehabt?«

»Nein, dazu kam es nicht. Gleich nach dem Drink kippte ich vom Hocker, genauer gesagt, von der Koje, und alles andere lief dann sozusagen ohne meine Beteiligung ab. Ich weiß auch nicht, mit wem sie zusammengearbeitet hat, aber irgendwelche Leute hat es gegeben, denn unmöglich hat sie die schweren Eisblöcke allein transportiert. Die Helfer müssen uns gefolgt sein, natürlich in Absprache mit der Nutte. Bestimmt saßen die schon in der Bar, in der ich sie kennengelernt hab'. Klar war das 'ne *gang*. Aber, Herr Kap'tän, ich würde den Laden wiederfinden! LA CONCHA heißt der Schuppen, und von da bis zu unserem Schiff sind es zu Fuß nur zwanzig Minuten. Wenn ich also heute abend mit ein paar von unseren Leuten dahin ...«

»Das laß lieber sein! Da schwört doch jeder Stein und Bein, dich nie gesehen zu haben. Auch die Frau würde leugnen, dich zu kennen. Und selbst wenn du ein halbes Dutzend von unseren Männern mitnähmst und ihr 'ne handfeste Prügelei anfinget: Ihr hättet alle gegen euch, und die Polizei würde euch einbuchten. Womöglich würde mir tagelang ein Drittel der Besatzung fehlen, und dann käme zu dem Proviantverlust noch eine verspätete Abfertigung. Schottmann würde rot sehen, und das mit Recht.«

»Aber ... was ist denn nun mit dem Fleisch, das uns fehlt?«

»Wir werden der Reederei den Einbruch melden und beim hiesigen Schiffsmakler Ersatz bestellen.«

»Und die Kosten?«

»Die brummen wir der Reederei auf. Was meinst du, wieviel Dollar kommen da ungefähr zusammen?«

»Wahrscheinlich etwas mehr, als die Sachen damals gekostet haben, denn bei der Proviantübernahme in Bremerhaven hatten wir es ja plötzlich mit einem anderen

Lieferanten zu tun, und der war viel billiger. Sonst kriegten wir das Fleisch doch vom HANSA-Schlachthof, und der hat uns auch immer bestens bedient, aber diesmal schickte die Reederei einen Mann, den wir noch nie gesehen hatten.«

»Ja, ich erinnere mich, und ich weiß auch noch, daß der Posten in der Abrechnung erstaunlich niedrig war.«

»Der Händler, der das Fleisch an Bord brachte, konnte kein Deutsch, und auf seinem Laster stand ein ganz sonderbarer Name, kann russisch gewesen sein oder polnisch oder tschechisch. Irgendwas mit -icki war das.«

»Ich guck' nachher mal in der Liste nach. Wieviel Proviant fehlt uns denn nun?«

»Zwei Rinder- und zwei Schweinehälften und zwanzig Würste. Mortadella. Die hatten wir noch gar nicht angebrochen, lagen noch abgepackt in ihren Kästen. Hab' sie nicht mal selbst probiert.«

»Na, dann schätze ich, daß der Spaß die Reederei etwa tausend Dollar kostet. Die niedrigen Preise können wir ja nicht zugrundelegen, weil wir nun hier in Veracruz einkaufen müssen. Aber Schottmann wird's überleben. So, und jetzt sieh zu, daß du wieder ins Lot kommst! Und bring heute mittag auf jeden Fall was Vernünftiges auf den Tisch, meinetwegen Lamm-Koteletts!«

4.

Im Haus der Familie Carrasco, zu der auch José und Ignacio gehörten, gab es nichts vom Lamm, wohl aber Rind- und Schweinefleisch in Fülle. Bei aller Armut: Die Art, wie man briet und backte, kochte und würzte, lernten die heranwachsenden Mädchen von ihren Müttern und Großmüttern, und so konnte auch *señora* Patricia, weiblicher Mittelpunkt der vierzehn zur Sippe gehörenden Esser, auf einen reichen Erfahrungsschatz zurückgreifen, als sie sich daranmachte, die von ihren Söhnen herbeigeschafften Tierhälften in handliche Portionen zu zerlegen und dann wahre Köstlichkeiten daraus zu zaubern: Rinder- und Schweinebraten, auf Holzkohle gegrillte Filets und Koteletts, und was es sonst an Gaumenfreuden gab.

Die Kinder jedoch waren mehr auf den anderen Teil der Beute erpicht. Nicht weniger als drei der ellenlangen, dicken und von einer dunkelroten bis bräunlichen Hülle umgebenen Würste waren bereits im Anschnitt, und wer von den Kleinen vorbeikam, unterbrach sein Spiel und säbelte sich ein Stück ab.

Wirklich, es war ein Fest! Von der erst siebzehn Monate alten Carlotta bis hin zu Jerónimo, dem Großvater, aßen sich alle durch den Tag. Selten zuvor hatte es in dem zwischen Veracruz und der Ortschaft Boca del Río gelegenen Siedlungshaus eine so fröhliche Stimmung gegeben wie seit der Morgenfrühe dieses Tages, in der *señora* Patricia, unterstützt von ihren beiden Schwestern, mit dem Kochen und Braten begonnen hatte.

Noch in der Nacht war es an die Verteilung gegangen. Die Brüder hatten eine Rinder- und eine Schweinehälfte wie auch drei Würste zu Verwandten nach Jamapa gebracht, einem zwanzig Kilometer landeinwärts gelegenen Dorf, in dem ein Bruder des alten Jerónimo mit seiner Großfamilie lebte. Danach war Ramón Pérez, der im Zentrum von Veracruz einen bescheidenen Mittagstisch unterhielt, mit fünfundzwanzig Kilo des immer noch beträchtlichen Fleischvorrats sowie mit zwei Würsten versorgt worden. Beide Lieferungen, die nach Jamapa und die in Ramóns Bistro, hatten Geld eingebracht, an dem auch Mariluz beteiligt war. Was nun den Eigenbedarf des Mädchens anging, hatte sie sich mit einer der handlichen Würste begnügt, weil es in ihrer Absteige keine Kochgelegenheit gab; aber ihr weitgehender Verzicht auf die Naturalien war durch einen entsprechend höheren Pesobetrag wettgemacht worden.

So waren die drei Beteiligten mit der Verwertung des Diebesguts zufrieden, und der Wermutstropfen, den der unzugänglich gebliebene Zoll-Store ihnen beschert hatte, war so gut wie vergessen.

Der Koch der ANABEL war in Fragen der Gerechtigkeit ein empfindlich reagierender Mann. Eine Hure aufs Schiff zu bringen, darin sah er nichts Ungebührliches, war er doch weder verheiratet noch verlobt, und dem Zuhälter Rodrigo hatte er die geforderten dreißig Dollar im voraus gezahlt, außerdem für die Drinks in der CONCHA etwa zwanzig Dollar springen lassen. Nach seiner Meinung war also alles korrekt verlaufen, und so fühlte er sich durch den heimtückischen Anschlag zutiefst verletzt. Den ganzen Tag über war ihm die Frage durch den Kopf gegangen, wie er den schließlich nicht nur an ihm, sondern an der ganzen Besatzung begangenen Frevel ahnden könne. Auch hatte er ein zweites Mal mit dem Kapitän über Möglichkeiten gesprochen, die Diebin zu stellen und der Polizei zuzuführen, doch Abeling hatte erneut davon abgeraten, irgend etwas in der Sache zu unternehmen. »Du wirst die kleine Nutte nicht finden«, hatte er gesagt, »und falls wider Erwarten doch, wirst du dir statt einer Genugtuung eher zusätzliche Scherereien einhandeln. Und auf die Polizei kannst du schon gar nicht rechnen; die steckt hier oft genug mit den Dieben unter einer Decke.«

Doch die Verletzung, die ja auch eine der Ehre war, immerhin hatte es sich bei dem gestohlenen Fleisch um den von ihm verwalteten Proviant gehandelt, quälte ihn so sehr, daß er sich am Abend, zusammen mit einem Mann vom Maschinenpersonal, doch auf den Weg machte, um die Indianerin, die von der Aura einer Prinzessin nun so gar nichts mehr hatte, zu suchen. Mit Bedacht hatte er als Begleitung Héctor Ramírez ausgewählt, einen Mann aus Nicaragua, weil er jemanden brauchte, der das Spanische beherrschte.

Die beiden gingen um halb zehn von Bord. Das Nachtdunkel war längst da, doch die große, breite, hellerleuchtete Avenida Saragossa war unverfehlbar, und er erinnerte sich, daß er sowohl auf dem Hin- wie auf dem zu zweit unternommenen Rückweg in einer der Seitenstraßen an einem kleinen Laden vorbeigekommen war, in dem trotz der späten Stunde noch Tortillas gebacken wurden. Diesen Laden fand er auf Anhieb wieder.

»Jetzt ist es nicht mehr weit«, sagte er zu seinem Kollegen, der zwar über den Vorteil der heimischen Sprache verfügte, dafür aber, was die Aussicht auf Tätlichkeiten betraf, keine guten Voraussetzungen mitbrachte, denn der junge Mann aus Puerto Samoza war, wie die meisten Nicaragueños, von kleiner und schmaler Statur, »und in der Kneipe fragst du gleich nach Mariluz.« Sie verständigten sich, so gut es eben ging, auf englisch miteinander. »Du tust so«, fuhr er fort, »als wärst du scharf auf sie. Sagst, du hättest sie kürzlich in der CONCHA gesehen und dich sofort in sie verknallt. Wenn sie aber selbst da ist, gehen wir gemeinsam auf sie zu, nehmen sie in unsere Mitte, halten sie notfalls fest, und dann erklärst du ihr, daß sie mitkommen soll. Weigert sie sich, drohst du ihr an, daß sie's mit der Polizei zu tun kriegt.«

»Okay«, bekam er zur Antwort, »das kann ich ihr ja sagen, aber selbst wenn sie mitkommt, wohin willst du mit ihr und was hast du mit ihr vor? Du rechnest doch nicht im Ernst damit, daß sie das geklaute Fleisch zurückgibt! Das ist längst an einen Hehler verkauft, an eine Schlachterei oder eine Großküche. Und daß sie dir den

Schaden in Dollars oder Pesos ersetzt, daran glaubst du doch wohl ebensowenig. Ich bin ja auch nur mitgekommen, weil du ein guter Kumpel bist und jemanden zum Übersetzen brauchst. Aber ich verspreche mir absolut nichts von dieser Unternehmung.«

»Klar wird sie das Fleisch nicht zurückgeben und mir auch nicht ihre Komplizen vorstellen, und mit tausend Dollar rausrücken wird sie auch nicht, nicht mal mit zehn, aber vielleicht schaffen wir es, sie aufs Schiff zu verfrachten.«

»Aufs Schiff? Wozu denn das?«

»Das will ich dir sagen! Mindestens zwei von unseren Leuten, nämlich Istvan und Pablo, glauben, ich hätte die ganze Sache selbst eingefädelt, hätte den Gaunern den Schlüssel überlassen, mit ihnen einen Deal gemacht und mich am Morgen, als der Steward in meine Kajüte kam, bewußtlos gestellt.«

»Aber das ist doch Blödsinn! Der Assi hat mir erzählt, der Käpten selbst hätte das Mädchen an Bord kommen sehen; also kann dir doch keiner was anhängen.«

»Trotzdem. Sie könnte ja mit mir und mit den anderen gemeinsame Sache gemacht haben. Jedenfalls wurde so was gemunkelt, und genau darum will ich diese Mariluz zum Käpten schleifen. Sie soll ihm sagen, daß ich mit der Geschichte nichts zu tun hab'.«

»Und du glaubst tatsächlich, die macht auch nur einen Schritt mit uns in Richtung Schiff? Junge, lebst du auf dem Mond?«

Diese Frage beantwortete der Koch nicht mehr, denn sie waren am Ziel. In leuchtendblauen Neon-Buchstaben stand über der Eingangstür: LA CONCHA. Die Muschel. Und unter dem Namen in etwas kleineren roten Buchstaben: *Bar y Baile.* Bar und Tanz.

Heiner setzte die Sonnenbrille auf. Sein helles Haar war unter einer olivgrünen Baseball-Mütze verborgen. Sie betraten den schummerigen Raum, in dem sich eine

Handvoll Huren und etwa ein Dutzend Männer befanden, die mit ihren Jeans und T-Shirts Seeleute oder Hafenarbeiter sein konnten, aber ebensogut Touristen.

»Den Mann hinter der Theke erkenne ich wieder«, sagte Heiner, »ist derselbe wie gestern.«

»Und die Indianerin? Kannst du die irgendwo ausmachen?«

Heiner sah sich um. »Nein, und ihr Zuhälter ist auch nicht da.«

Sie suchten einen Tisch aus, bei dem sie die Wand im Rücken hatten, setzten sich. Eine Frau, Kellnerin oder Nutte oder beides, trat heran, fragte, was sie trinken wollten und ob sie zwei *compañeras* wünschten, zwei Begleiterinnen.

»Todavía no«, antwortete Héctor. Noch nicht. Sie bestellten Cola-Rum.

»Con hielo?« Mit Eis?

»Sí.«

Als die Frau, jung noch und sehr proper, gegangen war, sagte Heiner: »Damit fing der ganze Ärger an. Mit dem Eis. Das Biest wollte welches, und ich Idiot sauste in die Kombüse, um es zu holen, ließ sie also für ein paar Minuten allein. Das war ihre Chance. Muß ein Teufelszeug gewesen sein, mit dem sie mich zu Boden geschickt hat.«

Die Getränke kamen. Sie zahlten gleich, und auf die nochmalige Frage, ob *compañeras* gewünscht würden, erwiderte Héctor:

»Wir sind noch am Überlegen. Wann kommt denn eigentlich Mariluz?«

Darauf erfolgte eine längere Antwort, die Héctor, als die Frau gegangen war, übersetzte:

»Mariluz erscheint hier nur ganz unregelmäßig. Mal ist sie jeden Abend da, dann wieder läßt sie sich wochenlang nicht blicken.«

»Vielleicht rechnet sie ja auch damit, daß ich hier

nochmal aufkreuze, und streunt deshalb ein paar Tage lang woanders.«

»Die Frau fragte«, fuhr Héctor fort, »ob es denn unbedingt Mariluz sein müßte. Sie selbst könnte den Betrieb durchaus mal verlassen, um was Erfreulicheres zu tun, als Drinks zu servieren, und sie nähme es sogar mit zweien gleichzeitig auf, das allerdings nur bei doppelter Taxe.«

»Und was hast du geantwortet?«

»Das gleiche wie vorher. Daß wir noch überlegen.«

Sie tranken. Es war ein für Veracruz typischer Abend, warm und feucht. In der Luft hing der Modergeruch von verfaulten Palmblättern, von Tang und Brackwasser, und aus der Ferne, vermutlich von der Plaza her, erklang Marimba-Musik bis in die CONCHA, deren Eingangstür weit geöffnet war. Beiden Männern rann der Schweiß an Kinn und Hals herunter. Die kalten Drinks taten ihnen gut, und schon bald bestellten sie neue. Diesmal war es der Wirt, der sie brachte. Wieder zahlten sie gleich. Sie blickten in die Runde; ihre Kellnerin war verschwunden.

Héctor meinte: »Dann macht sie jetzt wohl für 'ne Weile was anderes, und ...« Bevor er weiterreden konnte, stieß Heiner ihm mit dem Ellenbogen in die Seite und rief halblaut:

»Da ist sie!«

»Die Kellnerin?«

»Nein, Mariluz.«

Die Eingetretene ging auf einen Tisch zu, der mitten im Raum stand.

»Caramba!« stieß Héctor aus. »Da wäre ich auch schwach geworden.« Und in einer grotesken Mischung aus Frivolität und Poesie hängte er dran: »Ob Kühlraum oder Königreich, solche Titten öffnen jede Tür auf Erden.«

»Nicht wahr?« Heiner freute sich darüber, daß er wenigstens hinsichtlich seiner Wahl die Zustimmung des Kollegen fand.

»Soll ich sie herholen?« fragte Héctor.

»Ja, und sobald sie sitzt, am besten zwischen uns eingeklemmt, nehm' ich Brille und Mütze ab.«

»Versprich dir aber nicht zuviel davon! Solche Mädchen sind abgebrüht. Glaub mir, die erbleicht nicht vor Schreck, sondern wird behaupten, sie hätte dich nie im Leben gesehen.«

»Das soll sie mal wagen!«

Héctor reckte den Hals und hob die Hand. Mariluz, die, ihm halb zugekehrt, jetzt mit zwei Männern und zwei Frauen am Tisch saß, sah sofort zu ihm hinüber. Er winkte. Sie erhob sich und kam auf ihn und Heiner zu.

Es gelang den beiden tatsächlich, sie in ihre Mitte zu bugsieren, so daß sie, noch ehe sie Heiner erkannt hatte, quasi festsaß.

»Was willst du trinken?« fragte Héctor.

»Ein Bier. Hab' schrecklichen Durst.«

Er bestellte. Diesmal winkte der Wirt ab, als Heiner gleich bezahlen wollte. *»Mas tarde, señor!«*

Héctor erklärte: »Er will sein Geld erst später haben.« Und dann sagte er: »Mit einem Mädchen am Tisch zahlt man wohl anders. Leuchtet ja auch ein. Gleich zahlen bedeutet soviel wie: Mehr kriegt die Biene aber nicht!«

Erst jetzt nahm Heiner Brille und Mütze ab und fragte Mariluz auf englisch:

»Erinnerst du dich an mich?«

»Por díos!« rief sie aus und setzte das Bier, von dem sie gerade hatte trinken wollen, wieder ab.

Heiner sah den Kollegen an: »Jetzt bist du an der Reihe!«

Und Héctor begann. Es wurde ein langes, erregtes Gespräch, in dessen Verlauf Mariluz mehrmals Heiners

Hand nahm, sie sogar streichelte. Ein gehauchtes *»Mi amor!«* begleitete jede dieser zärtlichen Gesten. Was ihr schöner, aber wieder grellgeschminkter Mund sonst noch von sich gab, war ein wortgewaltiges, bühnenreifes Wehklagen, so daß Heiner, der nichts verstand, in Verwirrung geriet und seinen Dolmetscher ansah in der Erwartung, der werde nun mit dem Übersetzen beginnen. Doch Héctor wollte seine Mission offenbar erst zum Abschluß bringen, denn er stellte dem Mädchen eine Frage nach der anderen, und jede setzte einen neuen Wortschwall in Gang.

Endlich, das Zwiegespräch hatte schon zehn oder gar fünfzehn Minuten gedauert, stand Mariluz auf, trank den letzten Schluck aus ihrem Glas, drückte sich an Héctors Knien vorbei und ging an ihren Platz zurück.

»Und?« fragte Heiner. »Kommt sie mit aufs Schiff?«

»Nein.«

»Wieso hast du sie dann gehen lassen?«

»Sie ist entweder selbst ein Opfer, genau wie du, oder das raffinierteste Weibsstück, das mir je begegnet ist. Ich glaub', eher letzteres, aber wir haben keine Chance, ihr was nachzuweisen.«

»Das begreif' ich nicht! Sie hat mich erkannt, und das ist doch der glatte Beweis dafür, daß …«

»Ja, daß ihr zusammenwart, und das bestreitet sie auch gar nicht. Sie gibt sogar zu, daß sie mit dir auf deiner Koje gesessen hat. Aber sie behauptet, nur ein paar Sekunden später ist mit ihr das gleiche passiert wie mit dir. Sie ist, sagte sie, ebenfalls weggekippt und hat stundenlang bewußtlos in deiner Kabine gelegen, ist dann allerdings früher als du wieder zu sich gekommen. So gegen fünf.«

»Aber …, aber warum hat sie mich nicht wachgerüttelt? Nicht sofort Alarm geschlagen? Das wär' doch das Normalste von der Welt gewesen! Mensch, Héctor, die lügt das Blaue …«

»Sie sagt, sie hätte große Angst gehabt und wollte so schnell wie möglich runter vom Schiff.«

»Und wie erklärt sie das Schlafmittel? Außer ihr und mir war doch niemand da!«

»Jemand hätte dir, vielleicht schon lange vorher, das Zeug in die Flasche getan, meinte sie, jemand, der 'ne Wut auf dich hat.«

»Das dürfte zu widerlegen sein. Die Flasche ist noch halbvoll.«

»Okay, du kannst den Whisky untersuchen lassen, aber das dauert, und inzwischen ist deine Schöne auf und davon.«

»Die muß natürlich erstmal mitkommen!«

»Niemals wieder ginge sie auf dieses Teufelsschiff, sagt sie. Ja, *›barco del diábolo‹* hat sie's genannt. Übrigens bot sie zum Schluß eine zweite Version an. Die Tropfen, meinte sie, könnten ja auch in den Gläsern gewesen sein, auf dem Boden, nicht erkennbar, weil farblos. Mensch, Heiner, natürlich lügt sie, was das Zeug hält, aber wer kann das beweisen? Keiner! Auch du nicht. Komm, wir gehen zurück an Bord.«

Heiner war alles andere als zufrieden, wollte partout sein Recht. »So eine Sauerei muß doch ein Nachspiel haben«, sagte er. »Auch dieser Rodrigo, der mir die dreißig Dollar abgeknöpft und das Ding bestimmt mit ihr zusammen gedreht hat, wird irgendwann hier auftauchen. Den erkenn' ich sofort wieder.«

»Und was wirfst du ihm dann an den Kopf? Daß er auf der ANABEL war und den Kühlraum geplündert hat? Hast du ihn etwa da gesehen? Klar, irgendwann taucht der Kerl hier auf, aber wahrscheinlich läßt er sich Zeit. Er braucht nur unsere ANABEL im Auge zu behalten. Sobald die abdampft, ist er aus dem Schneider. Das ist es ja immer: Wenn ein aufs Kreuz gelegter Seemann weg ist, dann ist er wirklich weg, nicht nur mal eben ein paar Straßen weiter, nein, dann ist es immer gleich Singapur oder Honolulu, und das wissen die Gauner genau. Komm!«

Schließlich sah auch Heiner ein, daß Mariluz und ihre Helfer nicht zu fassen waren. Mit grimmiger Miene winkte er dem Wirt, um zu zahlen.

5.

Aber es gab doch ein Nachspiel, ein bitteres, ein trauriges. Zwar traf es auch die Täter, nur eben nicht sie allein.

Mit Jerónimo, dem Großvater, begann es. Gegen vier Uhr nachts weckte ihn der Tumult in seinem Bauch, der sich binnen kürzester Frist zu heftigen Koliken auswuchs. Wohl ein dutzendmal mußte sich der Ärmste im Verlauf der nächsten Stunde zum Abtritt schleppen, der hinter dem Haus lag und aus einer Sandkuhle und einem in Kniehöhe darüber hinweggeführten Brett mit eingesägtem Loch bestand.

Jerónimo schien unter »Moctezumas Rache« zu leiden, wie sogar die Einheimischen, obwohl selbst Indios oder Mestizen, die mörderische Diarrhöe nannten.

Der Alte blieb nicht lange allein. Nach und nach gesellten sich andere Familienmitglieder ihm zu, erst die Kinder, später José und Ignacio und die übrigen Erwachsenen mit Ausnahme *señora* Patricias. Es war ein ständiges Kommen und Gehen zwischen Haus und Grube und schließlich, weil der Andrang zu groß wurde, ein Ausweichen auf Plätze, die dafür eigentlich nicht gedacht waren, wie das nahe Bohnenfeld und der dahinterliegende Maisacker. Ja, im Falle des achtjährigen Jaíme wurden es sogar *señora* Patricias Begonien, in die der Kleine sich ergoß, weil es ihn mitten im Lauf wie ein Säbelhieb ins Gedärm getroffen hatte. Er schrie auf, woraufhin die Mutter ihm nachlief und ihn zu stützen versuchte. Doch der Junge stieß sie zurück, weil er sich schämte.

Um sechs Uhr am Morgen waren alle Hausbewohner in Aufruhr. Um halb sieben wurde beratschlagt, was zu tun sei, doch erst kurz vor acht, als die indianischen Kräutertees zu keiner Linderung geführt hatten, erwog man, einen Arzt zu rufen. Bei den meisten Erwachsenen stieß dieser Vorschlag auf Widerstand, denn wenn es auch nicht ausgesprochen worden war, so vermuteten sie doch, daß der plötzliche Fleischsegen nicht von einer edlen Spende oder einem Lotteriegewinn herrührte, sondern aus einem mehr oder minder krummen Geschäft stammte. Die ersten Fragen eines herbeigerufenen Arztes, das lag auf der Hand, würden sich auf die von den Kranken genossenen Speisen und ihre Herkunft beziehen.

Es war *señora* Patricia, die schließlich, weil sie um ihre Kinder bangte und nicht länger tatenlos in deren schmerzverzerrte Gesichter sehen konnte, kurzen Prozeß machte.

»Ahora llamamos al médico!« Jetzt rufen wir den Arzt! schrie sie Jerónimo zu, der ihr wieder einmal über den Weg lief. Vorsichtshalber hatte er schon keine Hose mehr an.

Sie griff sich Carlotta, das Nesthäkchen, um das sich sonst niemand kümmern konnte, zurrte die Kleine, weil deren Schritte ihr entschieden zu langsam gewesen wären, in ihrem Schultertuch fest und stürmte hinaus.

Bis zum nächsten Telefon, einem Anschluß in der Fischereistation von Boca del Río, war es ein Weg von anderthalb Kilometern. Um kurz vor neun erreichte sie das langgestreckte, einstöckige Gebäude und stieß dort zu ihrer grenzenlosen Erleichterung auf Fernando Ochoa, einen ehemaligen Fischer, der jetzt in der Netzausbesserung arbeitete und den sie gut kannte. Der war bereit, das Telefongespräch zu führen, wollte jedoch vorher Genaueres wissen, um den Arzt möglichst umfassend ins Bild setzen zu können. So weihte sie ihn ein in das Unglück, das ihre Familie getroffen, sie selbst aber verschont hatte.

Fernando wählte die Nummer von Dr. Robles, der ebenfalls am Stadtrand wohnte, wenn auch in einer ganz anderen Siedlung, und der dafür bekannt war, daß er bei der Betreuung seiner Patienten keinerlei Unterschied zwischen arm und reich machte, außer daß er von den allzu Bedürftigen kein Geld verlangte.

Es meldete sich eine Frau. Sie erklärte, der Doktor sei erst am Nachmittag zu sprechen, aber Fernando schaffte es, den Fall als so dringend darzustellen, daß sie das Gespräch dann doch zu ihrem Chef durchstellte.

Der meldete sich mit einem knappen »Sí?«, und Fernando berichtete, wählte auch diesmal bedrohlich klingende Formulierungen, sprach sogar von einer Massenvergiftung, schilderte die näheren Umstände und gab die Adresse der heimgesuchten Familie an.

Dr. Arturo Robles Ariaga, ganz unübersehbar selbst ein Mann, der es liebte, gut und reichlich zu essen, hatte, bevor er ins Auto stieg, seinen Sohn rufen lassen. Carlos, der Junior, würde beruflich in die Fußstapfen des Vaters treten. Er stand kurz vor dem Abschluß seines Studiums. Zur Zeit verbrachte er ein paar freie Tage im Elternhaus. Er war sofort bereit, den Vater in eins der Armenviertel zu begleiten.

Sie nahmen die *carretera* in Richtung Córdoba und bogen dann ein in die Straße, die nach Boca del Río führte.

»Eine Massenvergiftung?« fragte Carlos, »oder glaubst du, daß der Mann ein bißchen übertrieben hat?«

»Das kommt«, antwortete der Vater, »darauf an, wie man den Begriff ›Masse‹ definiert. Hier hat es eine ganze

Sippe erwischt und vielleicht noch ein paar Fremde dazu. Die Leute haben eine regelrechte Fleischorgie veranstaltet. Ich tippe auf Salmonellen, habe sicherheitshalber Antibiotika eingepackt. Diese Menschen haben ja meistens nicht mal das Geld für die nötigen Medikamente.«

»So arm und dann 'ne Freßorgie?«

»Na ja, ist vielleicht eine Hochzeit gewesen oder irgendein anderes Familienfest. Du weißt ja, da schießen sie leicht übers Ziel hinaus. Ich will nur hoffen, daß sie nicht allesamt in die Klinik müssen. Der Mann sprach von zehn bis zwanzig erkrankten Personen, auch Kinder darunter, aber den Großvater scheint es besonders hart erwischt zu haben.«

Nach einer Fahrt von zehn Minuten erreichten sie die ersten Ausläufer der aus zwanzig bis dreißig Häusern bestehenden Siedlung, fuhren dann einen Feldweg entlang, wollten gerade einen Passanten nach dem Haus der Carrascos fragen, da wurden sie schon aus etwa sechzig Metern Entfernung von einer aufgeregt gestikulierenden kleinen Gruppe herangewunken. Sie fuhren bis vor die Tür, stiegen aus, gingen hinein, begrüßten *señora* Patricia, die soeben zurückgekehrt war, und machten sich an die Arbeit, untersuchten die Kranken zunächst nur oberflächlich. Das Ganze fand im Patio statt, der aber nicht, wie sonst üblich, mit Stein ausgelegt war, sondern einen gestampften Lehmboden hatte.

Als ein erster Eindruck vorlag, sagte Dr. Robles zu *señora* Patricia: »Ich brauche jetzt einen Raum, an dem es etwas ruhiger zugeht. Da werde ich mit allen sprechen, und mit Ihnen fange ich an.«

Sie führte ihn und Carlos über einen Flur in ein nur mit ein paar Sitzmöbeln ausgestattetes Zimmer, jagte diejenigen, die ihnen gefolgt waren, hinaus, zeigte dann auf das Sofa; doch die beiden Männer setzten sich lieber auf die harten Stühle.

»Mein Sohn«, sagte der Arzt, »wird einen Packen

Klarsichtbeutel aus dem Auto holen, und dann muß man ihn zu sämtlichen Töpfen, Pfannen und Schüsseln führen, in denen das Fleisch zubereitet worden ist oder aufbewahrt wird. Wurde schon alles gekocht oder gebraten?«

»Ein paar Stücke«, antwortete *señora* Patricia, »sind nur eingesalzen.«

»Gut. Mein Sohn wird von allem Proben nehmen, sie beschriften und später im Labor abliefern. Ihnen, *señora*, händigen wir nachher die erforderlichen Medikamente aus, die Sie dann bitte in Ihrer Obhut behalten. Morgens, mittags und abends bekommt jeder eine Kapsel zugeteilt, die er mit abgekochtem Wasser einnimmt. Der alte Mann allerdings ..., ist er Ihr Vater?«

»Nein, mein Schwiegervater.«

»Der muß in die Klinik. Mein Sohn wird vom Auto aus die Ambulanz anfordern. Ich schätze, der Wagen kann in einer halben Stunde hier sein.«

»Steht es schlimm um Jerónimo?«

»Ihn hat es am ärgsten getroffen, aber in der Klinik wird man sich gut um ihn kümmern. Nach den anderen Patienten sehe ich täglich. Sollte sich bei dem einen oder anderen der Zustand verschlechtern, muß er ebenfalls in die Klinik. Von Ihnen abgesehen, haben alle eine akute Fleischvergiftung. Daher achten Sie bitte streng darauf, daß jeder seine Medizin nimmt. Und jetzt wünsche ich Folgendes: Alle kommen in dieses Zimmer, aber einzeln. Jeder muß mir ganz genau sagen, was und wieviel er gegessen hat. Danach möchte ich von demjenigen, der am besten Bescheid weiß, erfahren, woher das Fleisch stammt und wer außer Ihrer Familie davon gegessen hat. Was können Sie selbst dazu sagen?«

»Ein Teil«, antwortete *señora* Patricia, »ist nach Jamapa gegangen, zum Bruder meines Schwiegervaters, ein anderer zu *señor* Pérez. Er hat ein Bistro in Veracruz.«

»Ich notiere mir die Namen nachher. Aber nun noch

einmal zur Herkunft der Fleischvorräte! Was wissen Sie darüber?«

Sie zögerte mit der Antwort. Erst auf Robles' nochmalige Frage antwortete sie: »Nichts. Die Jungens, also José und Ignacio, brachten die Sachen in der vorletzten Nacht. Sie sagten nur, sie hätten sie günstig bekommen. Ich hab' dann nicht weiter nachgefragt.«

»Gut«, sagte Robles, »ich werde später mit den beiden reden. Wo ist Ihr Mann?«

»Er hat uns verlassen. Vor zwei Jahren. Irgendwo im Norden soll er sein.«

Mit der Entnahme der Proben und der Befragung der einzelnen Familienmitglieder setzte nun eine Betriebsamkeit ein, die alle Beteiligten, Patienten wie Helfer, geraume Zeit in Atem hielt.

Carlos verstaute die Beutel mit den Fleischstücken im Kofferraum des Autos. Dann händigte er *señora* Patricia die Medikamente aus, nachdem er vorher auf jede Schachtel die vom Vater verordnete Dosierung geschrieben hatte.

Dr. Robles wurde in seiner Arbeit einmal kurz unterbrochen, als die Ambulanz kam und Jerónimo abholte. Gleich darauf ging es weiter mit den immer gleichen Fragen:

Von welchem Fleisch hast du gegessen?

Wieviel?

Wie lange danach hast du dich zum erstenmal übergeben?

Wie sieht es mit dem Stuhlgang aus?

Wo tut es dir jetzt weh?

Schließlich standen José und Ignacio, die zu zweit hereingerufen worden waren, vor dem Arzt. Nachdem sie über ihren Verzehr und ihre Beschwerden Auskunft gegeben hatten, kam, etwas brüsk, die Frage:

»Also: Wann und wo unter welchen Umständen gekauft oder geklaut? Und bildet euch bloß nicht ein, ihr könntet mir einen Bären aufbinden und mir erzählen, ihr hättet, was weiß ich, die Tiere dem Bauern Sowieso in Puebla oder Orizaba oder sonstwo billig abhandeln können und dann hier …«, seine Rechte wischte durch die Luft, »im Haus geschlachtet!«

»Nein, so war es ja auch nicht.« José hatte es übernommen, zu antworten. »Das Fleisch«, fuhr er fort, »stammt nämlich von einem Transporter, einem Kühlwagen. Der fuhr auf der *carretera 151* vor uns her, und plötzlich ging seine hintere Tür auf, so daß er jede Menge Ware verlor. Wir haben beinah einen Unfall gebaut, weil uns das Zeug regelrecht um die Ohren flog. Ich saß am Steuer und konnte zum Glück im letzten Moment ausweichen. Hab' dann noch dem anderen Fahrer mit dem Scheinwerfer Zeichen gemacht, aber die hat er wahrscheinlich nicht mitgekriegt. Jedenfalls fuhr er weiter. Klar, daß wir dann kehrgemacht und die Ware eingesammelt haben. Ja, so landete sie bei uns.«

Es war ein skeptischer Blick, mit dem Dr. Robles die beiden jungen Männer bedachte.

»Wann war das?« fragte er dann. »Ich meine jetzt den Fleischsegen auf der Autobahn.«

»Vorgestern.«

»Am Tage oder bei Nacht? Wann genau?«

»Abends. Es war schon lange dunkel. Gegen elf Uhr, schätze ich.«

»Waren noch andere Fahrzeuge auf der Straße, als der Laster die Ladung verlor? Die *carretera 151* ist normalerweise stark befahren.«

»So spät abends aber nicht mehr. Zwei, drei Autos könnten dagewesen sein, aber wenn, dann fuhren sie vorbei. Jedenfalls konnten wir das Zeug ungestört einsammeln und auf unseren Kombi werfen.«

»Wenn ihr hinter dem Laster hergefahren seid, bevor es passierte, habt ihr doch sicher den Namen der Firma gelesen.«

»Irgendwas mit FRIGIDERA oder so ähnlich stand auf dem Heck. Genau hab' ich es nicht gesehen und Ignacio auch nicht, und als dann die Tür aufging, waren die Buchstaben natürlich weg.«

»Und das Kennzeichen?«

»Das haben wir uns nicht gemerkt. Wer achtet denn auch auf so was?«

»Habt ihr wenigstens erkannt, ob das Fahrzeug zum Bundesstaat Veracruz gehörte?«

»Ignacio meint, es könnte Puebla gewesen sein, aber er ist sich nicht sicher.«

»Hab' nur das P gesehen«, erklärte Ignacio, »aber das kann ja auch das P von Pachuca gewesen sein.«

»Kann es nicht«, erwiderte, ziemlich schroff, Dr. Robles. »Ein Wagen aus Pachua hätte das Kennzeichen vom Staat Hidalgo gehabt, ihr komischen Autofahrer!«

Die beiden nickten, akzeptierten die Belehrung.

»Herr des Himmels, wetterte Robles, »es wäre so enorm wichtig gewesen, den Transporter wenigstens jetzt, nachträglich, zu identifizieren! Wir könnten ihn der Gesundheitsbehörde melden, und vielleicht bestünde damit eine winzige Chance, andere Menschen vor dem zu bewahren, was euch passiert ist. Nehmt doch mal euren Grips zusammen und versucht, euch an ein bißchen mehr zu erinnern als an ein P und eine Bezeichnung, die auf jedem zweiten Kühlschrank unserer Republik steht, ach was, von ganz Amerika!«

Doch sein energischer Appell erbrachte nichts, und so schickte er die beiden hinaus, zumal er sah, daß ihnen hundeelend war.

Als sie den Raum verlassen hatten, sagte er, ohne auf die noch immer anwesende *señora* Patricia Rücksicht zu nehmen, zu seinem Sohn:

»Die Burschen lügen wie gedruckt! Selbst wenn sich wirklich eine Tür geöffnet haben sollte, fliegen da doch nicht gleich die Ochsen und Schweine durch die Gegend.

Da gibt es doch Fleischerhaken, an denen die Teile hängen, und Kühlfächer.« Ohne Übergang, ja, ohne Pause sagte er dann: »Ich glaube übrigens nicht mehr an Salmonellen.«

»Und warum nicht?« fragte Carlos.

»Ich tippe eher auf Botulismus.«

»Wurstvergiftung? Hast du also falsch medikamentiert?«

»Nein, denn die Krankheiten ähneln sich. Nur ist Botulismus viel seltener. Trotzdem bin ich mir ziemlich sicher. Unsere Kandidaten weisen neben Durchfall und Erbrechen typische Botulismus-Merkmale auf wie zum Beispiel Gliederschmerzen, Schlaffheit, Atembeschwerden. Einige hatten Schwierigkeiten, die Zunge herauszustrecken und die Schultern zu heben. Bei dem Alten sind diese Erscheinungen besonders kraß. Außerdem liegen bei fast allen Erkrankten charakteristische Anzeichen an Schlund und Augen vor, starke Austrocknung zum Beispiel und vergrößerte Pupillen, und sie lassen die Lider hängen.« Robles nahm seine Notizen zur Hand, überflog sie. »Ganz auffällig ist«, sagte er dann, »daß gerade diejenigen, die die stärksten Vergiftungserscheinungen aufweisen, vor allem von der Mortadella gegessen haben, zum Teil sogar ausschließlich. *Señora* Patricia hingegen, die als einzige gesund geblieben ist, hat die Wurst überhaupt nicht angerührt. Bei einer solchen Vergiftung ist übrigens die Menge entscheidend, die einer konsumiert. Die Kinder haben sich vorwiegend an die Wurst gehalten, und tatsächlich sind sie besonders schlimm dran. Wahrscheinlich müssen wir noch zwei von ihnen in die Klinik schicken, den achtjährigen Jaíme und die sechsjährige Isabel. Ach ja, und dann der Alte! Als ich den befragte, brachtest du gerade die Proben ins Auto. Er hat aus den Töpfen und Pfannen absolut nichts gegessen, sondern nur von der Wurst, und das aus einem einleuchtenden Grund. Er hat keine Zähne mehr, und sein Gebiß ist kaputt. Beide Teile sind zerbrochen. Ist bei einer Prügelei passiert, wie ich von den anderen erfahren habe.«

»Mein Gott, wer verprügelt denn einen so alten Mann?«

»Er neigt zum Jähzorn.« Robles sah *señora* Patricia an: »Das stimmt doch?«

»Es ist leider so, *doctor*. Er hatte Streit mit Julio Torres und ist mit einem Meißel auf ihn losgegangen. Ja, und der hat, in Notwehr, zurückgeschlagen, so fürchterlich, daß Jerónimos Gebiß zu Bruch ging. Das war schon vor zehn oder elf Wochen. Mein Schwiegervater müßte längst zum Zahnarzt, aber er schiebt es immer wieder vor sich her.« Nach einer kurzen Pause fügte sie hinzu: »Zum Glück haben wir noch die Kleine; sonst müßte ich extra für ihn jeden Tag Brei kochen.«

»Und weil er nichts beißen kann«, Robles hatte sich wieder seinem Sohn zugewandt, »hat er sich an die weiche Wurst gehalten, hat sie im zahnlosen Mund zermalmt.«

Die beiden Mediziner rüsteten zum Aufbruch. Bevor sie das Haus verließen, schrieb Robles *señora* Patricia die Adresse der Klinik auf und ordnete an, Urin- und Stuhlproben aller Patienten so schnell wie möglich dorthinzubringen. Die entsprechenden Plastikfläschchen und Kärtchen händigte er ihr aus und gab auch ein paar Erläuterungen dazu. »Am besten«, sagte er dann, »Sie wenden sich an *doctor* Federico Rúiz oder *doctora* Luisa Móntez. Auch diese Namen schrieb er ihr auf. »Ich werde die beiden informieren. Sollte sich herausstellen, daß noch Magenspülungen gemacht werden müssen oder andere Maßnahmen zu treffen sind, werden sie sich mit Ihnen in Verbindung setzen. Bitte, *señora*, nehmen Sie die Sache nicht auf die leichte Schulter! Die Krankheit ist gefährlich.«

Schließlich ließ er sich noch die Adressen der Verwandten aus Jamapa und des Bistrobetreibers nennen und sagte:

»Diese Personen brauchen wahrscheinlich ebenfalls ärztliche Behandlung. Ich werde das Gesundheitsamt verständigen, damit man sich um sie kümmert.«

6.

Am Abend blieben Vater und Sohn noch lange beisammen. Sie warteten auf das Ergebnis der Laboruntersuchungen, saßen im Patio, der allerdings mit dem der Carrascos, in dem sie die erste, oberflächliche Untersuchung ihrer Patienten vorgenommen hatten, nicht zu vergleichen war. Dort war der Innenhof nichts weiter als eine kleine quadratische Fläche aus Lehm. In ihrer Mitte stand eine kürbisgroße Tonschüssel, aus der die wenigen zum Haus gehörenden Tiere, vier Hühner und ein Truthahn, ihren Wasserbedarf deckten. Hier dagegen hatte man sich einen Platz zum Wohlsein geschaffen. Kein Fußboden aus Lehm, sondern zu schönen Ornamenten aneinandergesetzte Fliesen. Keine irdene Tränke, sondern ein Springbrunnen, dessen Wasser sich in ein weißes Marmorbecken ergoß. Um das Becken herum ein Kranz von Oleander, in tönerne Kübel gepflanzt, und in diesem Kranz zwei bronzene Plastiken des Bildhauers Salmonis, Jünglinge, deren schlanke Leiber sich aus dem Grün erhoben. Keine Hühner und kein vom Kampf gegen Ratten und Katzen ausgefranster Truthahn, sondern ein edler Dalmatiner, der in der Nordwestecke des Bogengangs seine aus Zedernholz gezimmerte Hundehütte hatte.

Und dennoch, bei allen Unterschieden in ihren Wohnverhältnissen, ja, in ihren Lebensbedingungen insgesamt, hatten die Familien Robles und Carrasco mehr miteinander gemein, als der äußere Eindruck vermuten ließ. Dr. Arturo Robles Ariaga war in einem der zahlreichen Armenviertel von México City aufgewachsen. Auch er hatte als Kind Hunger gelitten. Auch er hatte schon als Zehnjähriger Geld verdienen müssen. Auch er hatte keine rosige Zukunft vor Augen gehabt. Doch als Vierzehnjähriger war er von einer wohlhabenden Familie im Pedregal, einem der schönsten Wohnbezirke der Stadt, als Gärtnergehilfe eingestellt worden, und von da an verlief sein Lebensweg wie eine Geschichte aus dem Märchenbuch. Die aus Spanien stammende Familie Alonso Gutiérrez erkannte seine rasche Auffassungsgabe, und dann war es vor allem die alte *doña* Matilda, eine im Hause lebende verwitwete Tante des Hausherrn, die sich seiner annahm. Sie sorgte dafür, daß er gut gekleidet war, daß er eine Schule besuchte und danach auf die Universität kam. So wurde im Laufe von zwölf Jahren aus dem Gärtnerjungen ein Schüler, aus dem Schüler ein Student, aus dem Studenten ein Arzt, der aber nicht vergaß, woher er gekommen war, und der später seine Kinder dazu anhielt, niemals einen Menschen nur wegen seiner niederen Herkunft geringzuschätzen.

Robles trank einen weißen Rioja, sein Sohn eisgekühlte *Jamaica,* einen mit Zitrone und Zucker abgeschmeckten Früchtetee, den die Köchin täglich neu zubereitete. Er und seine Schwester Catarina waren seit frühesten Kindertagen an dieses erfrischende Getränk gewöhnt.

»Die meisten Mitglieder der Familie Carrasco sahen wirklich zum Gotterbarmen aus«, sagte Carlos.

»Kein Wunder«, antwortete der Vater. »Wenn man diese Art von Fleischvergiftung hat, möchte man am liebsten sterben, so elend fühlt man sich.«

»Kriegt man Botulismus eigentlich nur vom Wurstessen?«

»Nein, auch von anderen Fleischprodukten und manchmal sogar von Fisch. In England gab es mal einen aufsehenerregenden Fall. Da starben acht Menschen an dieser Krankheit, nachdem sie eine Entenpastete verzehrt hatten. Selbst Gemüse und Milchprodukte können das Leiden hervorrufen. Doch muß man immer auseinanderhalten: Jeder Fall von Botulismus ist eine Lebensmittelvergiftung, aber nicht jede Lebensmittelvergiftung ist gleichzusetzen mit Botulismus. Ausschlaggebend ist, ob das Toxin von Clostridium botulinum vorhanden ist, einem sporenbildenden Bakterium, das in großen Mengen im Erdboden vorkommt, besonders im Schlamm. Manchmal sitzen die Burschen übrigens auch in Konservendosen, die sich gewellt haben, die aufgebläht sind. Da ist man unvorsichtig gewesen und hat vor dem Verschließen ein paar der toxischen Viecher mit eingesperrt. Also, mein Junge, hüte dich vor gewölbten Konservendosen! Nicht selten zischen die beim Öffnen, und das ist dann ein Alarmzeichen.«

»Aber es steht wohl fest: Bei den Carrascos war's die Mortadella, nicht wahr?«

»Ja, die war's. Da bin ich mir ziemlich sicher.«

Um halb zehn kam der Anruf aus dem Labor, und damit herrschte nun Gewißheit: Bei allen Betroffenen handelte es sich um Botulismus. Von den beiden Kindern, bei denen die Symptome besonders deutlich aufgetreten waren, hatte das eine, das Mädchen, wie der Laborarzt berichtete, ebenfalls in die Klinik eingeliefert werden müssen.

Am nächsten Tag stabilisierte sich der Zustand der meisten Patienten, wenn auch von Genesung noch bei keinem die Rede sein konnte. Aber die Krankheit verschlimmerte sich wenigstens nicht. Mit einer Ausnahme. Es sah so aus, als würde der alte Jerónimo es nicht schaffen. Dr. Robles und sein Sohn bemühten sich aufopfernd um die Kranken und fuhren auch in die Klinik, um nach dem Alten und dem kleinen Mädchen zu sehen.

Am dritten Tag gegen Abend starb Jerónimo. Die Vergiftung hatte seinen ohnehin nicht sehr widerstandsfähigen Körper zu sehr geschwächt. Es war dann eine Atemlähmung gewesen, die schließlich zum Tode geführt hatte.

Noch in derselben Nacht klingelte es an der Haustür der Familie Robles. Der Arzt wurde aus dem Schlaf geholt. Vor ihm standen José und Ignacio. Sie erklärten, sie müßten mit ihm reden. Ob das nicht Zeit hätte bis zum nächsten Morgen, fragte Robles. Nein, lautete die Antwort, es sei sehr wichtig.

»Dann herein mit euch!«

Wenige Minuten später kam die Wahrheit auf den Tisch. Der Tod des Großvaters hatte die beiden so aufgerüttelt, daß sie meinten, die tatsächliche Herkunft der vergifteten Ware nicht länger verschweigen zu dürfen. Und so packten sie aus, erzählten, daß sie, weil es bei ihnen zu Haus nun mal ganz erbärmlich zugehe und sie manchmal vor Hunger nicht in den Schlaf kämen, hin und wieder gezwungen seien, das siebte Gebot zu mißachten. An dieser Stelle unterbrach der Arzt den Redefluß:

»Alles Drumherum könnt ihr euch sparen. So was macht lieber mit eurem Priester aus, und daß es euch dreckig geht, weiß ich sowieso. Aber jetzt ist das Wichtigste: Woher stammt die Mortadella?«

Sie berichteten von ihrem in der Bar LA CONCHA ausgeheckten Plan, sich einem Koch, der dort schwadronierte, an die Fersen zu heften, sobald er aufbräche, und auf dessen Schiff mal so richtig zuzulangen. Aus den Prahlereien des Deutschen, so erzählten sie weiter, hätten sie herausgehört, daß nahezu die gesamte Besatzung an Land gegangen sei, was sie in ihrem Vorhaben nur noch bestärkte. Sie erwähnten auch Mariluz und gaben preis, in welcher Form das Mädchen ihnen geholfen hatte, beteuerten jedoch, sie sofort nach Auftreten der ersten Krankheitsanzeichen über die Gefährlichkeit der entwendeten Ware verständigt zu haben. »Zum Glück«, sagte José dann noch, »hatte sie bis dahin nichts gegessen von der Mortadella, und die kam danach natürlich gleich in den Müll.«

»Ich muß euch«, erklärte Robles, »schwerste Vorwürfe machen, weil ihr in einer so ernsten Angelegenheit erstmal tagelang gelogen habt. Aber wenigstens seid ihr jetzt gekommen. Also, damit wir etwas unternehmen können: von nun an nichts als die Wahrheit! Wie heißt das Schiff?«

»Wir wissen es nicht. Der Name stand zwar drauf, aber der Kasten war so vergammelt, daß man die Buchstaben nicht richtig lesen konnte, und dann kam ja noch hinzu, daß es Nacht war. Die paar Lampen an den Kränen und an der Gangway gaben nur wenig Licht.«

»Wenn so ein Seemann anfängt zu schwadronieren, nennt er doch meistens auch sein Schiff, prahlt damit herum!«

»Da war nichts zum Prahlen«, erwiderte José, »eher hat er sich wohl geschämt. Außerdem konnte er kaum ein Wort Spanisch.«

Robles, mittlerweile vertraut mit den Erzählkünsten der Brüder und deshalb besonders hellhörig, faßte sofort nach: »Wie hat er euch dann mitteilen können, daß fast die ganze Besatzung an Land war?«

»Das hat er nicht uns, sondern dem Wirt gesagt. Ignacio und ich kriegten das mit; wir können etwas Englisch. Mit Mariluz hat er sich kaum unterhalten, aber da ging es ja auch nicht so sehr ums Reden.«

»Was du nicht sagst! Erinnert ihr euch an den Liegeplatz?«

»Ich würde den Lagerschuppen, der auf der gegenüberliegenden Seite stand, bestimmt wiedererkennen, obwohl die sich natürlich alle ähneln.«

»Die haben doch Nummern.«

»Darauf haben wir nicht geachtet.«

»Verdammt nochmal, wie habt ihr euch denn bloß abgesprochen? Das Mädchen ist mit dem Koch an Bord gegangen, sagt ihr. Aber woher wußtet ihr, um welches Schiff es sich handelte, wenn ihr nicht mal den Namen erfahren habt?«

»Wir sind den beiden gefolgt, natürlich in großem Abstand, aber immer so, daß wir sie nicht aus den Augen verloren. Und als wir sahen, wo sie an Bord gingen, holten wir unser Schlauchboot, um das Schiff vom Wasser aus zu besteigen.«

»Wie groß war es ungefähr?«

»Ich schätze, zwischen fünfzehn- und zwanzigtausend Tonnen.«

Ignacio meldete sich zu Wort. »Wir wissen«, sagte er, »was es geladen hatte, nämlich Container. Vier oder vielleicht sogar fünf Lagen gab es. Dadurch hatte es einen enormen Tiefgang, was uns das An-Bord-Kommen erleichterte.«

»Die Ladung könnte uns weiterhelfen.« Robles machte sich Notizen.

José meinte dann noch, möglicherweise würde man auch an diesem Abend einige Männer vom Schiff in der Bar LA CONCHA antreffen.

Der Arzt nickte. »Mit den bisher gelieferten Informationen müßte das Schiff eigentlich schon zu finden sein«, sagte er und beendete das Gespräch.

Als er wieder allein war, rief er den Hafenkapitän an, und der fand binnen weniger Minuten heraus, daß es sich um die für eine deutsche Reederei fahrende und nach Panama ausgeflaggte ANABEL handelte, die jedoch am Nachmittag mit dem Zielhafen New Orleans in See gegangen war.

7.

Bei den Schottmanns in der kleinen, idyllischen Hafenstadt Husum gab es weder Lamm-Koteletts noch von Chlostridium botulinum befallene Mortadella, sondern Rehkitzrücken à la Witzigmann, also gespickt mit geräuchertem Speck und durchzogen von einer Marinade aus Bordeaux, Wacholderbeeren, Pfeffer, Nelken, Zimt und Thymian, auch Preiselbeeren dabei und frischer Ingwer, und das Ganze serviert von zwei jungen Polinnen, die seit drei Jahren in dem Reederhaushalt Dienst taten.

Das Wild war vom Hausherrn persönlich erlegt worden, im Lauenburgischen, wo er seine Jagd unterhielt und es sich dabei nicht nehmen ließ, dann und wann einen Teil der Beute in sein nordfriesisches Domizil zu bringen, je nach Jahreszeit Hasen, Enten, Wachteln, Fasane und gelegentlich auch, wenn die Zuteilung der Quote es erlaubte, ein kapitales Stück wie ein Reh oder ein Wildschwein.

Der Anlaß zu dem fulminanten Mahl, an dem zweiundzwanzig Personen teilnahmen, war ein Jubiläum. Die Reederei Schottmann wurde zehn Jahre alt. Für ein Schiffahrtsunternehmen war das allerdings nicht viel, und so sagte Justus Heinsen, ein Hamburger Konfektionär und Freund der Familie, in seiner Festrede denn auch, das blaue S auf dem gelben Grund der Schottmann-Flagge sei zwar ein noch junges Emblem, aber trotzdem habe es in dieser kurzen Zeit die erstaunliche Leistung vollbracht, bereits siebenmal auf den Weltmeeren präsent zu sein, mit anderen Worten, unter diesem Zeichen führen schon sieben Schiffe über den Globus, die allesamt zu groß seien, als daß sie im heimischen Husum festmachen könnten.

Es war in der Tat bemerkenswert, mit welcher Energie und Zähigkeit Georg Schottmann aus einem sechzehn Jahre alten und nur eintausendfünfhundert Tonnen großen Frachter, seiner ersten Errungenschaft, eine Flotte von sieben Schiffen mit einem Gesamtvolumen von fast neunzigtausend Bruttoregistertonnen aufgebaut hatte, zumal er, als er den Erstling erwarb, alles andere eher war als ein Reeder.

Er war fünfzehn Jahre lang Filialleiter einer Sparkasse in Frankfurt gewesen, ehe er – mit hohem Profit aus ein paar riskanten Termingeschäften herausgekommen – durch ein Branchenblatt von der Möglichkeit erfuhr, die ZEELAND III günstig zu erwerben. Er kaufte den Oldtimer, steckte Geld hinein und ließ ihn fortan im Nord- und Ostseebereich fahren. Es dauerte dann nur wenige Monate, bis der Newcomer begriffen hatte, daß die Frachtbeförderung per Seeweg ein lukratives Geschäft sein konnte, sofern es gelang, die Personal- und Betriebskosten geringzuhalten, worauf er denn auch von da an bei allen Transaktionen sein Hauptaugenmerk richtete.

Aber es gab Barrieren. Die seemännischen Berufsverbände sorgten dafür, daß die Schiffahrtsunternehmen bestimmte Vorschriften beachteten. Dabei ging es unter anderem um die Sicherheit der Seeleute. Maschine, Funkstation, die Ausstattung mit Rettungsmitteln, kurzum, alle für Leib und Leben wichtigen Einrichtungen mußten intakt sein und regelmäßig überprüft werden. Ferner galt es, die Besatzungsmitglieder menschenwürdig unterzubringen und auch dafür zu sorgen, daß Dienstpläne aufgestellt und eingehalten wurden, damit der ohnehin im Vergleich mit standortgebundenen Berufen ungleich schwerere Einsatz die Männer nicht überforderte.

Doch die infolge des Konkurrenzdrucks scharf kalkulierten Frachtraten einerseits und die strikte Einhaltung der vielen Bestimmungen andererseits brachten die Reeder in immer größere Schwierigkeiten. Wer die hohen Auflagen buchstabengetreu erfüllte, lief Gefahr, geringen oder gar keinen Gewinn zu machen oder am Ende noch zuzusetzen, denn für die Schiffahrtsgesellschaften der Billiglohnländer war es ein leichtes, die von den deutschen Transporteuren erhobenen Frachtkosten zu unterbieten. Das veranlaßte schließlich zahlreiche deutsche Reeder, es den Unterbietern gleichzutun. Die Mittel und Wege dazu gab es. Nichts hinderte nämlich einen Eigner daran, sein Schiff künftig nicht mehr in der Bundesrepublik, sondern in einem solchen Billiglohnland zu beheimaten. Das brachte ihm nicht nur den Vorteil verminderter Steuern und niedrigerer Heuertarife ein, sondern enthob ihn auch der Verpflichtung, die strengen deutschen Sicherheitsbestimmungen einzuhalten, denn diese galten nicht mehr, sobald das Schiff in eins dieser Länder übergewechselt war, sei es nun nach Singapur oder Panama, nach Zypern oder Liberia, auf die Bahamas oder die Cayman-Inseln oder in irgendein anderes Land aus der langen Liste der mit Niedrigangeboten lockenden Schiffsbeherberger. Selbst ein Staat wie Österreich, fernab von jedem Seehafen gelegen, gewährte gegen eine geringe Gebühr fremden Reedereien den Zutritt zur Liga der kostengünstig arbeitenden Schifffahrtsunternehmen.

Der Zulauf zu solchen Steueroasen war groß, denn für die Reeder bedeutete die Nutzung ausländischer Standorte eine erhebliche Reduzierung der Heuern und Sozialabgaben.

Schottmann wußte, daß viele seiner Kollegen den Katalog der Einsparungen nicht voll nutzten und Wert darauf legten, zwar Gewinn zu machen, aber zugleich ihre Schiffe verantwortungsbewußt auszurüsten. Ja, das war sogar die Regel, vor allem in Unternehmen mit Tradition, die bei einem vorwiegend auf Profit ausgerichteten Umgang mit Menschen und Material gute Namen zu verlieren hatten. Er selbst jedoch hatte es sich zum Prinzip gemacht, an Gewinn herauszuholen, was irgend herauszuholen war. Daß er damit zu den schwarzen Schafen gehörte, störte ihn nicht.

Das Mahl neigte sich dem Ende zu. Das Dessert, weiße *Mousse au chocolat* mit Rumpflaumen, rührte kaum jemand an, weil alle dem Hauptgericht kräftig zugesprochen hatten. Vom Kaffee hingegen, für den man in die Bibliothek übergewechselt war, nahmen sie gern. Etwa die Hälfte der Festteilnehmer rauchte. Der Hausherr ließ sich eine Davidoff schmecken. Seine Frau – es war seine zweite, und sie war mit ihren vierunddreißig Jahren fast zwei Jahrzehnte jünger als er – rauchte eine Filterzigarette, die in einer langen goldverzierten Spitze steckte.

Sie saßen in Gruppen über den großen Raum verteilt und unterhielten sich. Die einen sprachen über Husum, das als Kreisstadt eine gewisse regionale Bedeutung hatte und sich überdies in den Sommermonaten eines durchaus beachtlichen Besucherstroms erfreute, aber sonst, vor allem im Winter, einen eher beschaulichen, ja, verträumten Eindruck machte. Die meisten der Gäste kamen aus Hamburg, auch drei der fünf Männer, die sich über Nordfrieslands kleinen Verwaltungssitz ausließen. Sie priesen, ob nun aus Höflichkeit gegenüber den Einheimischen oder aus Überzeugung, den gewissen Charme der Provinz, in der es sich, wie sie bekundeten, so viel friedlicher leben lasse als in der Hektik einer Millionenstadt.

Andere räsonierten lautstark über die ihrer Meinung nach schlechten Zeiten, im besonderen über die allseits zu verzeichnende Teuerung, und diese Hitzköpfe waren dann auch schnell bei der Politik angekommen, der sie ausnahmslos miserable Noten erteilten.

Ein kleiner Zirkel von drei lebhaften Damen, alle um die fünfzig Jahre alt, schwärmte von einem russischen Sänger, der sie, wie auch zweihundert andere Husumer

Konzertbesucher, am Abend zuvor mit seinen wehmütigen Liedern verzaubert hatte.

Eine weitere Runde, auch Rüdiger Schottmann dabei, der Junior, diskutierte über die Emanzipation der Frauen. In der Auseinandersetzung um das Für und Wider schien das Pendel zu ungunsten des braven Hausmütterchens auszuschlagen.

Der Hausherr indes sprach mit einigen Freunden, zu denen auch der Konfektionär aus Hamburg gehörte, übers Geschäft und verkündigte vollmundig, er stehe gerade in Verhandlungen mit einer Reederei aus Kambodscha, von der er einen zwar ziemlich alten, aber gut erhaltenen Massengutfrachter kaufen wolle.

»Du machst es also umgekehrt«, sagte Justus Heinsen. »Die Regel ist doch eher, daß deutsche Reeder ihre in die Jahre gekommenen Schiffe nach Ostasien verhökern. Du dagegen holst einen ausgedienten Asiaten in die Bundesrepublik. Rentiert sich das überhaupt?«

»Ich hole ihn«, antwortete Georg Schottmann, »nicht in die Bundesrepublik, sondern bringe ihn nach Panama, und von dort aus wird er um die Welt fahren. Das einzig Bundesrepublikanische an dem Schiff wird sein, daß es mit deutschem Geld bezahlt worden ist und einem Deutschen gehört.«

So weit war das Gespräch gediehen, als das Telefon, das auf einer kleinen Konsole stand, läutete. Zofia, die jüngere der beiden Polinnen, die gerade dabei war, die Aschenbecher zu leeren, nahm den Hörer ab, lauschte eine Weile in den Apparat und sagte dann zum Hausherrn:

»Da ist ein Kapitän, der Sie sprechen will.«

»Leg das Gespräch nach nebenan«, sagte Schottmann, korrigierte sich dann aber, »nein, lieber nach oben in mein Schlafzimmer, sonst hab' ich zu viele Geräusche im Hintergrund!« Er entschuldigte sich bei seinen Gästen und verließ die Bibliothek.

Bevor er die Treppe betrat, sah er flüchtig auf die Dielenuhr, dachte: Eine halbe Stunde nach Mitternacht. Was für eine verrückte Zeit, mich anzurufen!

Im Schlafzimmer setzte er sich aufs Bett, nahm den Hörer ab, meldete sich.

»Hallo, Herr Schottmann«, hörte er, »hier spricht Abeling. Entschuldigen Sie bitte, wenn ich Sie geweckt haben sollte, aber ich muß Ihnen einen Vorfall melden.«

»Ich hab' noch nicht geschlafen. Also schießen Sie los, aber verschonen Sie mich bitte mit Hiobsbotschaften!«

»Ich kann mir die Meldungen, die zu übermitteln sind, nicht aussuchen«, antwortete der Kapitän der ANABEL, »sie ergeben sich zwangsläufig aus dem, was bei uns passiert.«

»Na, und was ist passiert?«

»Eine kuriose Geschichte«, sagte Abeling, »aber leider hat sie auch eine tragische Seite. Hier an Bord wurde eingebrochen. Im Hafen von Veracruz hat man unseren Kühlraum geöffnet und einen Teil der Fleisch- und Wurstvorräte mitgehen lassen, wie Sie wohl schon ...«

»Und das teilen Sie mir erst jetzt mit? Sie sind doch schon vor drei oder vier Tagen in Veracruz ausgelaufen!«

»Ich habe es Ihrem dortigen Agenten mitgeteilt. Daß der sich offenbar Zeit gelassen hat, die Sache weiterzuleiten, sollten Sie nicht mir anlasten.«

»Schon gut. Aber wie konnte der Kühlraum denn überhaupt geöffnet werden? Soweit ich mich erinnere, haben wir auf der ANABEL kürzlich neue Schlösser anbringen lassen, und wie ich mich ebenfalls zu erinnern glaube, ging diese Maßnahme auf Ihre recht hartnäckig betriebene Forderung zurück.«

»Das stimmt. Aber die Diebe haben den Koch überfallen, ihn k.o. gemacht, ihm die Schlüssel abgenommen und sich dann im Kühlraum bedient.«

»Und wo waren Sie zu der Zeit? Wann passierte das denn überhaupt? Ich meine, zu welcher Tageszeit.«

»Nachts, und da habe ich, wie es einem Seemann in seiner Freizeit ja wohl zusteht, geschlafen.«

»Und die Besatzung? Herrgott nochmal, das muß doch jemand mitkriegen, wenn da eine Horde mexikanischer Banditen aufs Schiff kommt, den Koch ausschaltet und dann den Kühlraum plündert!«

»Nicht unbedingt, jedenfalls nicht in der Nacht, wenn die Männer entweder schlafen oder an Land sind. In diesem Falle waren die meisten von Bord gegangen. Ist doch klar nach drei Wochen auf See! Und der Wachmann hat nichts gehört. Aber das alles ist nebensächlich gegenüber den Folgen des Einbruchs. Das Fleisch, das gestohlen wurde, war schlecht, genauer gesagt, die Mortadella, und jetzt sind ungefähr zwanzig Personen an Botulismus erkrankt. Das ist eine Wurstvergiftung. Ja, und einer ist inzwischen daran gestorben.«

»Ach du dickes Ei! Wer?«

»Ein alter Mexikaner.«

»Der interessiert mich nicht. Von der Besatzung ist also niemand gestorben?«

»Nein.«

»Und wie viele von unseren Männern sind denn nun an dieser …, wie heißt das Malheur?«

»Botulismus.«

»Also, wie viele von unseren Leuten sind an Botulismus erkrankt?«

»Bis jetzt noch keiner, aber …«

»Mensch, Abeling, und dann machen Sie so einen Wind? Wenn es bei uns niemanden getroffen hat, ist das Ganze doch kein Ding!«

»Da bin ich entschieden anderer Meinung! Zumindest muß man den Wurstlieferanten belangen. Das war, wie ich in der Proviantliste gesehen habe, diesmal nicht der HANSA-Schlachthof, der uns immer bestens bedient hat, sondern eine Firma, mit der wir vorher noch nie zu tun gehabt haben. Entgegen den Gepflogenheiten haben Sie selbst oder Ihr Sohn die Billigware bestellt. Wer ist dieser Lieferant? In den Unterlagen steht ein polnischer oder russischer Name.«

»Wer das ist, spielt nicht die geringste Rolle! Wenn mich jemand beklaut und sich dann an der Beute verschluckt, ist das nicht mein Problem und Ihres auch nicht.«

»Es hätte aber die gesamte Besatzung treffen können.«

»Hat es ja offenbar nicht, und allein darauf kommt es an. Von wo aus telefonieren Sie eigentlich?«

»Von See aus.«

»Da verplempern Sie ja ein Vermögen! Drei Minuten über die Sat-Com-Anlage kosten mich hundertzwanzig Mark! Und wieso rufen Sie jetzt an, mitten in der Nacht?«

»Weil die Nachricht vor einer Stunde hier eintraf, telefonisch. Ein Mann vom Hafenamt informierte mich. Er sprach zwar nur von befallener Mortadella, aber ich habe sicherheitshalber sofort unseren gesamten Fleischbestand über Bord werfen lassen, auch das, was wir in Veracruz als Ersatz geordert hatten.«

»Wieso denn das?«

»Na ja, wenn Sie in Ihrem Kühlschrank einen Hühnersalat stehen haben, und es stellt sich heraus, daß der Salmonellen oder andere gefährliche Bakterien enthält, entfernen Sie doch wahrscheinlich nicht nur diesen Salat, sondern räumen den ganzen Kühlschrank leer und desinfizieren den auch. Bei uns ist jetzt Abendbrotszeit. Wenn vorhin nicht die Meldung durchgekommen wäre, hätte es vielleicht heute nacht eine Massenvergiftung gegeben. Daß wir bis jetzt Glück gehabt haben, ist wohl nur reiner Zufall.«

»Okay, dann ernährt sich die Besatzung eben einen

halben Tag lang von Milchpulver und Makkaroni. Das wird sie ja wohl überleben, oder hatte der Koch die auch im Kühlraum?«

»Natürlich nicht. Aber die ganze Geschichte, also die Vergiftung von rund zwanzig Personen, wird ein Nachspiel haben. Jedenfalls wurde mir mitgeteilt, daß ein Vertreter der mexikanischen Gesundheitsbehörde morgen in New Orleans aufs Schiff kommt.«

»Haben die nichts Besseres zu tun, als wegen ein paar verdorbener Würste in der Weltgeschichte herumzufahren? Sie werden den Mann hoffentlich als erstes fragen, wieso seine Landsleute sich erdreisten, ein fremdes Schiff zu entern, ein Besatzungsmitglied zu überfallen und dann einen schweren Einbruchsdiebstahl zu begehen.«

»Aber Herr Schottmann, der Mann, der morgen kommt, hat doch mit den Dieben nichts zu tun, ebensowenig wie der Alte, der gestorben ist. Das ist ein Fünfundsiebzigjähriger, der keiner Fliege was zuleide getan, geschweige denn unseren Koch überfallen und Sie bestohlen hat. Der ist ganz zufällig, wie der Mann am Telefon sagte, auf einer Feier mit einem Stück Ihrer infizierten Wurst bedient worden und elendig daran krepiert. Und es ist nicht auszuschließen, daß in den nächsten Stunden einem kleinen Mädchen das gleiche passiert. Überhaupt, niemand kann garantieren, daß es bei ein, zwei Todesfällen bleibt. Und da wundern Sie sich, wenn die Mexikaner einen Mann in Marsch setzen, der Nachforschungen anstellen soll? Man kann doch nicht so mir nichts, dir nichts Ursache und Wirkung umdrehen! Hätten Sie, wie früher auch, bei einem ehrbaren Händler eingekauft oder, wie es üblich ist, die Proviantbestellung den Leuten überlassen, die dafür zuständig sind, zum Beispiel dem Kapitän, wäre der alte Mann noch am Leben, und zwanzig oder neunzehn andere würden sich nicht vor Schmerzen krümmen.«

»Verdammt nochmal, Abeling, ich hab's allmählich satt, mir Ihre Moralpredigten anzuhören! Wer mir was klaut, hat es selbst zu verantworten, wenn ihm das nicht bekommt. Also, jagen Sie diesen mexikanischen Gesundheitsapostel, wenn er morgen aufkreuzt, zum Teufel! Im übrigen sollten auch Sie die Kausalität nicht durcheinanderbringen. Die Erkrankten haben immerhin mit meinem Eigentum ein Fest veranstaltet! Damit Sie's wissen: Ich feiere auch ein Fest, das zehnjährige Bestehen der Reederei. Ich habe Gäste und bin nicht bereit, mir von Ihnen die Stimmung verderben zu lassen!«

»Gut, Herr Schottmann, die Korrespondenz mit dem mexikanischen Gesundheitsministerium und mit der Deutschen Botschaft in México City übernehmen dann bitte Sie! Und da wir gerade dabei sind, kann Ihre verdammte Mortadella auch gleich eine ganze Mängelliste einläuten. Es geht also weiter, und es ist mir scheißegal, wie viele Gäste Sie haben und wie die Stimmung in Ihrem Hause ist. Unsere Hauptmaschine meutert, und das tut sie, schätze ich, zum zehnten oder zwölften Mal. Es ist nur eine Frage der Zeit, daß sie ihren Geist aufgibt. Auch jetzt, auf der Fahrt durch den Golf, schon kurz nach dem Auslaufen aus Veracruz, bockte sie, und die drei Ingenieure – na ja, der eine, der Assi, ist ja eigentlich nur ein halber – haben geschlagene neun Stunden gebraucht, um sie wieder flottzumachen. Also, Sie müssen mir einen vollwertigen Dritten Ing. schicken, was aber nicht heißt, daß wir dann auf den Assi verzichten können und natürlich ebensowenig auf die Grundüberholung. Sie wissen selbst, die normalen Inspektionsintervalle sind sträflich verlängert worden. Wir fahren jetzt schon siebzehntausend Betriebsstunden, ohne daß zum Beispiel die Kolben gezogen wurden. Kurzum, die Maschine muß grundüberholt werden, und das so schnell wie möglich! Nächster Punkt! Als wir vor Veracruz lagen und ich mit Ihrem Sohn telefonierte, bat ich um die

Bereitstellung eines Zweiten Offiziers, weil bei Herrn Kronauer Verdacht auf Hepatitis bestand. Vom Hafen aus teilte ich Ihnen dann per Fax mit, daß der Arzt die Diagnose bestätigt und den Mann sofort in eine Klinik eingewiesen hat. Sie aber lehnten einen Ersatz ab, obwohl wir ihn dringend brauchen. Nächster Punkt! Die Luke fünf schließt nicht mehr richtig. Da ist, wie Sie längst wissen, der Rollenpontondeckel zu erneuern. Außerdem: Wir fahren mit vier Containerlagen an Deck. Drei sind für die ANABEL genehmigt. Zwar haben wir den Golf von México so gut wie hinter uns, und in New Orleans löschen wir, aber dann laden wir neu, und es werden, wie ich im Stauplan gesehen habe, wieder vier Lagen sein, eine zuviel also. Ich habe Ihnen immer wieder gesagt, daß bei einem derartigen Überladen die Stabilität schnell im Eimer ist. Wenn dann was passiert, wird die Versicherung hellhörig, und wenn die Herren obendrein erfahren, daß der Deckel von Luke fünf schon seit mehreren Reisen defekt ist ...«

Schottmann nutzte Abelings Atempause: »Nun machen Sie mal halblang! Die ...«

Doch der Kapitän ließ sich nicht beirren. »... dann zahlen die nicht einen Pfennig. Weiter! Die Rettungsboote und auch die Rettungsinseln entsprechen nicht den Sicherheitsbestimmungen. Sie müssen, wie ich mehrfach angemahnt habe, durch neue ersetzt werden. Zwar ist eine der Inseln vor kurzem neu ausgestattet worden, aber eben nur eine. Weiter! Die Funkanlage ist so veraltet, daß Jim Forester längst einen Orden verdient hätte, weil er es immer wieder schafft, sie in Schwung zu bringen. Aber ich bin sicher, noch lieber als ein Orden wäre ihm eine Prämie von, sagen wir, dreitausend Dollar, und die stände ihm auch zu, denn seit Monaten erledigt er Arbeiten, die eine Fachvertretung ausführen müßte. Weiter! Die beiden erwähnten Vakanzen sind nicht die einzigen Schwachpunkte in der Besetzungsliste. Der Dienstplan liest sich wie ein Strafenkatalog, weil ich in fast allen Bereichen zu wenig Leute habe und die Männer also Überstunden machen müssen in einem Ausmaß, das im Hinblick auf die Schiffssicherheit nicht mehr zu verantworten ist. Ich warte nur auf den Tag, an dem mir der wachhabende Offizier auf der Brücke einschläft und der Rudergänger ihn nicht wekken kann, weil er kurz zuvor selbst eingepennt ist, und das Schiff dann auf ein Riff fährt, falls es nicht auf Kollisionskurs gerät und ein anderes Schiff rammt. Wenn es dann zufällig ein Schottmann-Schiff ist, trifft es ja den Richtigen, und vermutlich haben dann beide Schuld, weil eben auf beiden Schiffen die Männer vor Übermüdung eingeschlafen sind. Aber im Ernst: Natürlich trifft es einen anderen, einen Unschuldigen, und die Verantwortung für das ganze Desaster kriege ich. Der Spruch des Seeamts wird dann …«

»Herr Abeling«, mit schneidender Stimme nahm der Reeder seinem Kapitän das Wort, »sobald Sie in Antwerpen sind, steigen Sie in den Zug und fahren hierher! Sie melden sich in der Reederei, wo ich Ihnen die Entlassungspapiere persönlich aushändigen werde.«

»Das wird teuer für Sie, denn immerhin haben wir einen Vertrag.«

»Den Sie nicht einhalten, wenn Sie mir dauernd Knüppel zwischen die Beine werfen. Wir werden sehen. Und jetzt ist Schluß! Ich will nichts mehr hören. Meine Schiffe sind okay. Ihr Zustand entspricht den Sicherheitsstandards der Heimatländer, und meine Männer sind keinesfalls überfordert. Sie schlafen nicht zu zweit auf der Brücke ein, und ihre Überstunden werden ordnungsgemäß abgerechnet. Sie, Abeling, sind ein ewiger Nörgler und Miesmacher, und so was kann ich auf meinen Schiffen nicht brauchen. Ende.«

Bebend vor Zorn legte Schottmann auf. Wie dieser verdammte Abeling hatte noch keiner zu ihm gesprochen. Es war unvermeidlich, daß er den Mann von Bord jagte.

Die Davidoff war ihm ausgegangen. Er warf sie in die leere Obstschale, die auf dem Nachttisch stand. Dann rief er über das Haustelefon in der Küche an. Es meldete sich Zofia. Er mußte sich beherrschen, um seine Wut nicht mit hinüberzunehmen in das nächste Gespräch. So kam seine Order nicht böse, aber doch kurz:

»Bring mir einen Kognak in mein Schlafzimmer!«

Zofia kam, hielt ihm den Kognak auf einem Tablett hin. Er nahm ihn, kippte ihn hinunter, stellte das Glas ab.

»Da hast du mir ein böses Telefonat beschert«, sagte er, aber es klang eher komplizenhaft als vorwurfsvoll. »Das war Kapitän Abeling. Kennst du ihn eigentlich?«

»Ja, das ist doch der, der immer so traurig guckt. Er war im vorigen Jahr mal hier.«

»Stimmt. Demnächst wird er wohl noch trauriger gucken. Ich hab' ihn gefeuert. Sag den Gästen, ich käme in fünf Minuten.«

Zofia ging hinaus.

Er streckte sich auf dem Bett aus, schloß die Augen, überlegte, wen er zur Ablösung nach Antwerpen schikken könnte, ließ sich vier, fünf Namen durch den Kopf gehen. Er hatte genügend Auswahl. Vor allem aus dem Osten meldeten sich immer wieder Kapitäne und Steuerleute, die ein Schiff suchten.

Der Kerl soll sich nicht einbilden, daß ich nach seiner Pfeife tanze! Der wird sich noch wundern! Nach der Havarie vor sieben Jahren und seinem Rausschmiß jetzt wird er es schwer haben. Ich sehe ihn schon als Ersten auf dem letzten Drecksschiff fahren. Ja, der wird sich noch alle zehn Finger lecken nach einem Schiff wie der ANABEL!

8.

Bevor Meinert Abeling an Land ging, versuchte er – wie immer, wenn sein Schiff in New Orleans angelegt hatte und das Clearing erledigt war – sich auf die Stadt einzustellen. Jedesmal hatte er sich gefreut auf das Vieux Carré, das Altstadtviertel mit seinen französischen Mansarden und spanischen Balkonen, auf einen Bummel durch die Canal Street und auf Jimmy Yesterday, den virtuosen alten Jazzmusiker, der ganz sicher nicht so hieß, sondern sich den nostalgischen Namen zugelegt hatte, weil er zu seinen sehnsüchtig klingenden Blues ebenso paßte wie zu seinem zerknitterten braunen Gesicht, und dessen jetzt fast erblindete Augen wohl schon über den Ol' Man River geblickt hatten, als Europa in den Ersten Weltkrieg schlitterte.

Und in der Stadt, die er liebte wie keine andere, war noch so manches mehr, das ihn stets beglückt hatte. Doch er spürte, diesmal wollte die Freude sich nicht einstellen, denn was ihm aus der Fülle des Angebots auch in den Sinn kam, es blieb blaß, gab ihm nicht, wie früher, den so köstlichen Vorgeschmack.

Zum Clearing hatte gehört, den Mexikaner zu empfangen. Auch das war überstanden. Es war ein von beiden Seiten mit höflichem Respekt geführtes Gespräch gewesen, in dessen Verlauf Luciano Pérez, so der Name des Mannes, die Kombüse, den Kühlraum, den Store und die Pantry besichtigte. Er hatte dem Beamten den Zutritt gern gewährt, stand er doch ganz entschieden auf dessen Seite.

Auch den Koch und den Steward hatte der Mexikaner befragt, hatte danach dann einen Stapel Papiere auf den Kajütentisch gelegt und von einem *cuestionario* gesprochen, einem Fragebogen, den es in mehreren Exemplaren auszufüllen gelte. Er entschuldigte sich wegen der damit verbundenen Belästigung, doch Meinert Abeling winkte ab. Wiederum war er gern bereit, den Wünschen seines Gastes nachzukommen. *Señor* Pérez wollte wissen, welche Fleisch- und Wurstsorten vor Ausbruch der Krankheit eingekauft worden seien, wieviel von jedem Artikel, woher die Ware stamme und wann sie an Bord gekommen sei. Auch Angaben über Verpackungsmaterial und Lagerung wurden verlangt, ebenso über die Temperaturen in den verschiedenen Sektionen des Kühlraums.

Alles wurde sorgfältig notiert, auch die Anschriften der Reederei und des Lieferanten, und zwischendurch erklärte der Mann einmal mehr, daß er leider von Gesetzes wegen gezwungen sei, als Störenfried aufzutreten. Es erleichterte die Unterhaltung, ja, es gab ihr einen fast familiären Anstrich, daß sie auf spanisch geführt werden konnte. Der Sachverhalt des Diebstahls wurde nur am Rand erwähnt und von keinem der beiden bewertet. Er, Abeling, war ja ohnehin der Meinung, der Einbruch der Mexikaner in den Kühlraum entlaste den Lieferanten der befallenen Ware nicht im geringsten; vielmehr gebühre den Dieben in gewisser Weise sogar Dank, waren sie doch sozusagen Vorkoster gewesen und hatten die Mannschaft der ANABEL womöglich vor einer Katastrophe bewahrt, denn eine Fleischvergiftung mit vielen Beteiligten hätte auf hoher See noch viel schlimmere Folgen gehabt als an Land.

Nachdem er alles unterschrieben hatte, schenkte er seinem Besucher und sich selbst einen Tequila ein. Auf die Frage, wie es den Erkrankten jetzt gehe, bekam er zur Antwort: »Sie sind über den Berg, aber der alte Mann war, wie Sie ja schon wissen, leider nicht zu retten.«

Das Ganze hatte zweieinhalb Stunden gedauert, von zehn bis halb eins. Die Einladung, an Bord zu Mittag zu essen, schlug Pérez aus, und Abeling glaubte ihm, als er erklärte, die Absage habe nichts mit seinen Erhebungen zu tun, sondern mit einem Termin im mexikanischen Konsulat.

Nun war es schon fast halb drei, und Abeling rüstete sich, sehr verspätet, zu seinem Landgang. Er rief ein Taxi, das zehn Minuten später neben der Gangway hielt, stieg ein, gab als Ziel zunächst ganz allgemein die City an.

Eine Weile ging es vorbei an Kränen und Lagerschuppen, an Docks und Schiffen und unzähligen in einem Terminal gestapelten Containern, an lauter Dingen also, die seit Jahrzehnten zu seiner Welt gehörten und die, ob er ihnen nun in New Orleans begegnete oder in Hongkong, in Stockholm oder in Valparaíso, das Milieu verkörperten, das ihm vertraut war wie kein anderes.

Der Wagen passierte das Gebäude der Agentur Jefferson & Mason Ltd., die am Morgen, gleich nach dem Festmachen, einen Vertreter auf die ANABEL geschickt hatte. Zwei Stunden später waren die Bestände, die über Bord geworfen worden waren, durch neue ersetzt, und das ausschließlich in Form von Konserven, selbst beim Brot, bei den Kartoffeln und bei allem, was an Gemüse nötig war. Zwar hatte ein Säuberungstrupp noch auf See den gesamten Kühlraum gereinigt und desinfiziert, doch war es bis jetzt nicht gelungen, eindeutige Auskunft über die Widerstandsfähigkeit der Botulismus-Erreger zu bekommen, und außerdem stank der Kühlraum nun so entsetzlich, daß der Koch sich nach Absprache mit der Schiffsführung dazu entschlossen hatte, bis zum Eintreffen in Antwerpen nur Konserven zu verwenden.

Das Taxi war schon ein gutes Stück über Jefferson & Mason hinaus, aber Abeling beschäftigte sich noch immer mit der spontan anberaumten radikalen Entleerung des Kühlraums, und beim Gedanken an das aus Osteuropa stammende Fleisch und die Mortadella und an die veracruzanischen Rinderhälften und Puten und Hühner, die alle als Eisblöcke im Golf von Mexiko gelandet waren, ging ihm flüchtig die Frage durch den Kopf, ob wohl auch Haie an Botulismus erkranken konnten.

»In die Altstadt?« fragte der Fahrer, ein junger Schwarzer, der sich im Gewirr der Kaianlagen und kleinen Straßen gut auskannte, weil, wie er gleich nach dem Start berichtet hatte, die meisten seiner Fahrgäste Seeleute waren, die an Land wollten oder wieder an Bord gingen.

Abeling bejahte die Frage, und einige Minuten später stieg er in der belebten Canal Street aus. Er ging hinunter zum Fluß und dann ins French Quarter.

Hier schien sich seit seinem letzten Besuch fast nichts verändert zu haben. Er durchstreifte die alten Gassen, die dem Viertel schon vor zweihundert Jahren seinen ganz eigenen Charme verliehen und bis auf den heutigen Tag erhalten hatten.

In der stickigen Mittagshitze war er durstig geworden, und so ging er in ein Bistro, bestellte ein kühles Bier, trank gierig.

Doch Freude kam auch jetzt nicht auf, und natürlich wußte er, woran das lag. Das mit Schottmann geführte Telefongespräch spulte noch einmal ab in seinem Kopf, und er räumte ein, daß er sich dazu hatte hinreißen lassen, die verdammte Mängelliste wie eine Kanonade auf den Reeder abzufeuern. Aber dessen Kommentare zum Todesfall und zur Massenerkrankung in Mexiko waren ja auch nicht gerade feinfühlig gewesen, ja, sie hatten seinen Wutausbruch überhaupt erst hervorgerufen.

Bin also meinen Job los, dachte er und überlegte weiter: Vielleicht sollte ich dem Kerl etwas zusätzlichen Ärger machen und schon jetzt abmustern, gleich heute, ihm per Fax mitteilen, daß er sich die Entlassungspapiere, die er ja so gern persönlich überreicht hätte, sonstwohin stecken kann. Für einen Moment gefiel er sich in der Rolle dessen, der den Spieß umdrehte und den Reeder in Bedrängnis brachte, denn wenn Piet Kannegieter, der seinem Rang nach an der Reihe war, das Schiff übernähme, müßte ein neuer I WO über den Großen Teich geschickt werden. Das würde, da für den Aufenthalt in New Orleans nur ein Tag vorgesehen war, Zeit und also Geld kosten, und so etwas schmerzte Schottmann von allen Übeln am meisten.

Doch schnell verwarf er den Gedanken wieder, empfand plötzlich die Verantwortung, die er seinen Männern gegenüber hatte, als eine Pflicht, aus der er sich nicht von heute auf morgen davonstehlen durfte. Piet Kannegieter war erst vor drei Monaten von einem litauischen Schiff auf die ANABEL übergewechselt. Im großen und ganzen kannte er sie zwar, aber bei einer ANABEL genügte das eben nicht. Man mußte, wollte man sie sicher führen, mit jeder ihrer Launen vertraut sein, mußte jedes Stöhnen, egal aus welcher Ecke es kam, sofort deuten können.

Okay, dachte er, ich lasse die Crew nicht im Stich, bleibe noch bis Antwerpen an Bord. Aber sobald ich das Schiff verlassen habe, erzähl' ich aller Welt, was bei Schottmann los ist, nämlich daß da Menschenleben aufs Spiel gesetzt werden, Tag für Tag und auf all seinen Schiffen. Dem Mann muß, verflucht nochmal, das Handwerk gelegt werden!

Und wie würde es danach für ihn selbst weitergehen? Er hatte nichts anderes gelernt als die Seefahrt, war ihr verschrieben. Was also sollte er machen? Etwa wieder die Billigflaggen studieren und sich eine zweite ANABEL suchen? Wohl kaum! Andererseits gehörte er mit seinen fünfundfünfzig Jahren noch nicht zum alten Eisen. In finanzielle Bedrängnis würde ihn die Entlassung allerdings nicht bringen. Er hatte ein Haus auf seiner Insel, ein Bauernhaus, das sich seit über hundert Jahren im

Besitz der Familie befand und nach dem Tod der Mutter ihm zugefallen war. Ein Haus auf Sylt, das war etwas ganz anderes als zum Beispiel ein Haus in Husum. Das war, weil es alle Welt nach einem Stück Inselboden gelüstete, so etwas wie eine Goldader, zumal in seinem Fall, wiederum aus überkommenem Bestand, acht Hektar Land dazugehörten. Sechs davon, jenseits der Dorfgemarkung liegende Viehweiden, hatten nur geringen Wert, aber zwei waren nicht Bauern-, sondern Bauland, und was das in einem Ort wie Keitum bedeutete, lag bei einem Quadratmeterpreis von fünfhundert Mark und mehr auf der Hand. Er hatte nie an Verkauf gedacht. Warum denn auch? Doch wenn er, da nun ohne Schiff, seine Baugrundstücke einem Makler anböte, wäre er in Kürze ein reicher Mann.

Ja, die Verhältnisse auf Sylt hatten sich in einer schon fast grotesken Weise verändert. Früher, als die Männer noch in die Fremde gingen, um auf den Schiffen zu dienen, und ihren Frauen neben allen anderen Pflichten auch die schwere Feldarbeit aufgebürdet war, führten die Insulaner ein ärmliches, ein hartes Leben. Jetzt aber kamen in hellen Scharen die Fremden zu ihnen, und das trieb den Wert ihrer Anwesen in geradezu widersinnige Höhen. Fünf, sechs und mehr Millionen Mark wurden auf der Stelle für ein Haus in Kampen gezahlt, zumal in Deutschland nach den Jahrzehnten eines gigantischen Aufbaus die Generation der Erben ans Ruder gelangt war und plötzlich große Vermögen besaß. Zwar rangierten Keitumer Häuser und Grundstücke nicht ganz so weit oben wie Kampener Besitzungen, doch sie folgten dichtauf.

Noch seine Großmutter hatte, weil ihr Mann früh gestorben war, zusätzlich zur Haus- und Feldarbeit bei der Dünenbepflanzung geholfen, und das für einen Stundenlohn von wenigen Groschen. Er, der Enkel, entsann sich genau der schwieligen, verknöcherten Hände, mit denen sie sich, alle Arbeit zusammengerechnet, nicht selten zwölf, ja, oft dreizehn, vierzehn Stunden täglich abgerackert hatte, um die Familie durchzubringen. Auch damals gehörten, wie jetzt, acht Hektar Grundbesitz zum Hof, deren Ertrag jedoch für den Unterhalt nicht ausreichte.

Er malte sich aus, was die alte Frau im Himmel wohl dächte, wenn sie erführe, daß ihre karge Landstelle ihn zum Millionär machen würde, sobald er auch nur einen Teil davon veräußerte.

Doch selbst jetzt erwog er nicht den Verkauf. Es gab andere Wege, aus dem Besitz klingende Münze zu ziehen. Man müßte nur den seit vielen Jahren leerstehenden Kuhstall zu Ferienwohnungen umbauen und diese dann an Gäste vermieten. Er kannte viele Sylter, die sich auf diese oder ähnliche Weise ein stattliches Einkommen sicherten. Ob allerdings er, der es gewohnt war, Schiffe zu führen, damit zurechtzukommen würde, Wand an Wand mit zahlenden Gästen zu schlafen und immer für deren Wünsche dazusein, stand auf einem anderen Blatt.

Er schob die Gedanken an die Zukunft beiseite und befaßte sich mit einem weiteren Begleitumstand der bevorstehenden Entlassung, mit dem Abschied von seinen Männern. Gewiß, zu Freunden waren sie ihm nicht geworden, aber doch zu Gefährten, die man am Ende des gemeinsamen Weges nicht einfach vergaß. Dazu hatte es zu viele miteinander verbrachte Stunden gegeben, auch heikle darunter mit schweren Stürmen und gebeuteltem Schiff.

Da war, wenn auch nicht von der Sympathie, sondern allein von der Rangordnung her, Piet Kannegieter der ihm Nächste. Für den privaten Umgang hätte er sich den pfiffigen Holländer wohl nicht ausgesucht, und so zählte hier, jedenfalls aus seiner Sicht, nur das vielzitierte und diesmal sogar reale Bild vom Sitzen im selben Boot.

Der Chief Ing., Berthold Rogge, genoß sein Vertrauen und seinen Respekt. Der versponnene, wortkarge Deutsche hatte, ähnlich wie Jim Forester im Funkbereich, erstaunliche Leistungen vollbracht, wenn es darum gegangen war, die immer häufiger von asthmatischen Schüben heimgesuchte Hauptmaschine wieder auf Touren zu bringen.

Mit Heiner Nickelsen, dem Koch, verband ihn eine nun schon fünfjährige gemeinsame Fahrenszeit. Er mochte ihn, aber Forester, den freundlichen, herkulisch gebauten Schwarzen aus Tennessee, hatte er sogar in sein Herz geschlossen.

Der Bootsmann, der Däne Olaf Jensen, stammte von der Insel Röm, die von Sylt nur wenige Kilometer entfernt war. Das Ergebnis der Volksabstimmung nach dem Ersten Weltkrieg hatte die Inseln zwar politisch voneinander getrennt, doch den Menschenschlag hatte die Korrektur der Landkarte nicht verändert, und so war ein Mann von der Insel Röm den Syltern ähnlich verwandt wie einer von der Insel Anrum.

Ja, und dann waren da noch die Seeleute aus den Billiglohnländern. Mit ihnen hatte er nur wenig Kontakt. Sie taten ihre Arbeit und waren privat äußerst zurückhaltend, wenn nicht gar scheu.

Im großen und ganzen war die Crew nicht übel. Natürlich, manchmal gab es, wie auf jedem Schiff, innerhalb der Mannschaft Auseinandersetzungen, doch in der Regel ließen die sich schlichten. Die meisten entstanden unter Einwirkung von Alkohol, und ebensooft war es dann der Alkohol, der die Streithähne wieder versöhnte.

Okay, dachte er, als er sein zweites Bier bekommen, einen großen Schluck getrunken und das Glas abgesetzt hatte, in drei Wochen sind sie mir aus den Augen und etwas später dann vielleicht doch auch aus dem Sinn.

Er trank aus, zahlte, verließ das Lokal und schlenderte durch die Gassen, aber von Freude oder wenigstens Wohlbefinden konnte auch jetzt keine Rede sein, denn ganz unwillkürlich ging es von neuem los mit dem vorweggenommenen Abschied von seinen Männern.

Besonders um den Chief und den Assi kreisten seine Gedanken, und das lag vielleicht ja daran, daß der ständige Ärger mit der Reederei vor allem durch die Maschine bedingt war. Wie waren sie ihm geläufig, die vielen Beschwerden der beiden, sei es, daß sie ihm ihre Schwierigkeiten mündlich mitteilten, damit er selbst die Reederei verständigte, oder sei es, daß sie schriftliche Berichte abfaßten. Und immer wieder kam, geradezu formelhaft, von dort die Antwort, die Mängel seien, so gut es eben gehe, mit Bordmitteln zu beheben. Einmal hieß es sogar in einem Schreiben von Georg Schottmann: »Bei so viel Mist auf einmal habe ich den Eindruck, nicht die Maschinenteile, sondern die Maschinisten müßten ausgewechselt werden.«

Er war so tief in Gedanken, daß er eine Passantin anstieß. Erschrocken entschuldigte er sich, scherte dann aus dem Menschenstrom aus, setzte sich an einer Straßenbahnhaltestelle auf eine Bank, zündete sich eine Zigarette an. Aber das beruhigte ihn nicht. Tiefer und tiefer versank er in seinem Zorn und entschied sich schließlich, den Landgang zu beenden.

Er winkte ein Taxi herbei, kehrte an Bord zurück, ließ sich von Piet Kannegieter über den Verlauf der Löscharbeiten informieren. Einen halben Tag würde das Entladen der oberen Container-Lagen noch dauern, und ebensoviel Zeit mußte fürs Zuladen des neuen Transportgutes einkalkuliert werden. Am Ende jedenfalls würde die ANABEL wiederum mit vier Lagen auf die Reise gehen und damit, wie auf fast jeder Fahrt, sträflich überladen sein.

9.

Das geflügelte Wort von Scylla und Charybdis war ihm geläufig, und das nicht nur, weil er während der Schulzeit die griechischen Sagen gelesen hatte, sondern vor allem, weil er die Klippen und die Meeresstrudel der Straße von Messina kannte, denen die Geschichtsforschung Homers Scylla und Charybdis zuschrieb. Heute war die Meerenge infolge tektonischer Verschiebungen nicht mehr gefährlich, aber das alte Wort kam ihm trotzdem in den Sinn, sobald er die Wahl hatte zwischen zwei gleich großen Bedrohungen oder auch nur, die Redewendung dann etwas lax auslegend, zwischen zwei Übeln. Wie oft hatte er sich auf seinen Reisen zwischen zwei Routen entscheiden müssen, die beide ihre Tücken hatten! Diesmal war es nicht anders, und so ging ihm, dem Seemann Meinert Abeling, flüchtig der Seemann Odysseus durch den Kopf, als er, nachdem sie New Orleans verlassen und auch schon Key West passiert hatten, die neue Fahrtroute festlegen mußte.

Es gab zwei Möglichkeiten, die Atlantik-Überquerung einzuleiten. Je nachdem, zu welcher der beiden er sich entschloß, würde der weitere Verlauf der Reise die ANABEL entweder nördlich oder südlich an den Bermuda-Inseln vorbeiführen.

Er hatte die Wahl zwischen der Floridastraße und dem New Providence Channel. Die Floridastraße böte ihm die Chance, den Golfstrom zu nutzen und dadurch schneller voranzukommen, hätte jedoch ein unter Umständen gravierendes Handikap: Es war Ende September, der Höhepunkt der Hurrikan-Saison, und im Hinblick auf sein hoch beladenes und überdies angeschlagenes Schiff empfahl es sich, Sturmzonen wie diese Wasserstraße zu meiden. Der New Providence Channel hingegen war ein meistens ruhiges Gewässer, aber das zusätzliche Wegstück und der gleichzeitige

Verzicht auf die Nutzung der Golfstromdrift würden die Fahrzeit verlängern, die Reederei also mehr Geld kosten.

Daß er schließlich diese Route wählte, hatte nichts mit Rachsucht zu tun. Zwar war es ihm nicht gerade unangenehm, Schottmann zu melden, er habe sich für den längeren und damit teureren Weg entschieden, doch der Grund dafür lag ausschließlich im seemännischen Bereich, nämlich in der Einschätzung dessen, was er seinem Schiff zumuten durfte und was nicht, und in der Floridastraße könnte es eben auf eine harte, vielleicht zu harte Probe gestellt werden.

Es wurde also der Channel. Die ANABEL dampfte durch das Bahama-Archipel, ließ dabei die Insel Abaco nördlich liegen, und bald schon konnten die Männer von ihrer Steuerbord-Brückennock aus den mächtigen Leuchtturm GREAT ISAAC sehen.

Es war Abend. Sie hatten ruhige See und machten elf Knoten über Grund. Das war das äußerste, was Rogge bei günstigen Wetterbedingungen aus der Maschine herauszuholen vermochte.

Abeling war, was nicht oft geschah, zu einer kleinen Unterhaltung aufgelegt, und so sagte er, als GREAT ISAAC aufgetaucht war und, obwohl das Abenddunkel noch nicht voll eingesetzt hatte, seine Lichtsignale übers Meer schickte, zu Piet Kannegieter:

»Diese Türme haben doch etwas ungemein Beruhigendes; sie sind wie Freunde, auf die man sich verlassen kann.«

»Das stimmt«, antwortete der Holländer, »aber Wärter auf so einem Gemäuer möchte ich nicht sein. Ein Onkel von mir …, nein, es war ein Großonkel, ein früherer Kapitän und alter Kap-Hornier, hat, als seine Fahrenszeit zu Ende war, zehn Jahre lang so ein Licht betreut. Ich weiß nicht mehr genau, ob das in Terschelling oder Ostende war, jedenfalls irgendwo in der Ecke, wo ich zu

Haus bin. Zum Schluß drehte er durch. Noch mit achtzig Jahren, als er den Posten längst nicht mehr hatte, wachte er fast jede Nacht in Schweiß gebadet auf und bezichtigte seine Frau der Sabotage, weil sie, während er schlief, die Nachttischlampe ausgeknipst hatte, und er nannte ihr auch jedesmal mindestens ein Schiff, das deswegen auf ein Riff gelaufen war.«

Abeling lachte. »Die arme Frau!« sagte er und fuhr gleich fort: »Dazu muß es nicht kommen, heute schon gar nicht, weil ja die meisten Leuchtfeuer inzwischen ferngesteuert werden. Den Mann da oben braucht man nicht mehr. Ich bin übrigens auch mit Leuchttürmen großgeworden, mit denen von Hörnum und Kampen und List. Ja, und von meinen Vorfahren erzählt man sich in diesem Zusammenhang noch viel schlimmere Sachen. Damals, das war im siebzehnten und achtzehnten Jahrhundert, gab es bei uns noch keine Leuchttürme. Statt ihrer unterhielten die Sylter sogenannte Dünenfeuer, die den vorbeifahrenden Schiffen den Weg zeigen sollten, und weil sie arm waren – ihre Felder gaben nicht viel her –, bot ihnen von Zeit zu Zeit ein bei Sturm oder schlechter Sicht an ihrer Küste gestrandetes Schiff die willkommene Gelegenheit, Beute zu machen. Eines Tages oder vielmehr eines Nachts, als monatelang nichts Brauchbares angetrieben war, sagten sie sich: Wieso sollen wir eigentlich die fremden Schiffe immer an unserer Insel vorbeiführen? Kurzum, sie versetzten die Dünenfeuer, damit die Schiffe die Orientierung verloren, und prompt gab es Strandgut.«

»Und von so was stammen Sie ab?« fragte Piet Kannegieter.

Wieder lachte Meinert Abeling. »Ja, das tu ich«, sagte er, »aber für diesen Frevel, der allerdings nicht verbürgt ist, können die Nachkommen ja nicht gut einstehen.« Er machte eine Pause, ging ein paarmal hin und her, stellte sich dann wieder neben seinen Ersten und fuhr fort:

»Aber einmal – auch das erzählt man sich, und da weiß ich genausowenig, ob es wahr ist – strandete etwas ganz Ungewöhnliches bei uns. Ein Baby. Ein Mädchen. Quicklebendig trieb es in einer Wiege oder Kiste vor dem Dorf Rantum an. Die rauhbeinigen Sylter waren von solcherart Strandgut nicht gerade erbaut, denn es brachte ihnen nichts ein, im Gegenteil, es würde sie etwas kosten, und darum hatte einer der groben Gesellen, so heißt es, spontan die Idee, das Kind mit seinem schweren Holzschuh zu erschlagen, wie man einen gefangenen Fisch totschlägt; aber im letzten Moment hinderten die anderen ihn daran. Die Kleine kam zu einer Rantumer Familie, wurde von ihr großgezogen und war später eine angesehene Frau. Fünf ihrer Enkel wurden Grönland-Kommandeure. Der berühmteste hieß Lorenz de Haan, genauer gesagt, so wurde er genannt. Er konnte es nicht ausstehen, wenn die Leute zu lange schliefen, und um sie aus den Betten zu treiben, imitierte er den Hahnenschrei. Viele Sylter führen ihre Herkunft auf diese Rantumer Ahnfrau zurück. Ich auch.«

»Eine schöne Geschichte«, sagte Piet Kannegieter, und dann verließ er für einen Moment die Nock, ging zu dem Filipino, der das Ruder bediente, wies ihn an, vier Grad mehr Steuerbord zu halten. Als die Korrektur erfolgt war, kehrte er zurück und wechselte abrupt das Thema. Er zeigte auf die Container, über deren obere Kante sie gerade noch hinwegsehen konnten, und meinte:

»Unser Boss kann mal wieder den Hals nicht voll genug kriegen. Vier Lagen! Drei sind für dieses Schiff erlaubt. Ich möchte zu gern wissen, wieso Sie eigentlich noch immer klarkommen mit dem Mann.«

»Tu ich ja gar nicht«, erwiderte Abeling. Bis jetzt hatte er den Streit mit dem Reeder für sich behalten, doch nun, da die Rückreise angetreten war, hielt er den Zeitpunkt für gekommen, den I WO einzuweihen. So ergänzte er: »Dies ist meine letzte Reise auf der ANABEL.«

»Was? Sie haben gekündigt?«

»Umgekehrt. Er hat mich gefeuert, weil ich ihm ein paar Wahrheiten an den Kopf geworfen habe.« Er berichtete ausführlich von der Auseinandersetzung am Telefon und fügte dann hinzu: »Aber ich bin sicher, wenn er mir nicht zuvorgekommen wäre, hätte ich von mir aus hingeschmissen, es sei denn, er wäre auf meine Forderungen eingegangen.«

Kannegieters Kommentar überraschte ihn: »Ich hätte nicht übel Lust, ebenfalls von Bord zu gehen, denn das einzige, was mich hier bis jetzt gehalten hat, war mein Kapitän.«

»Na, na!«

»Doch, das stimmt.«

»Ich wußte gar nicht, daß ich bei Ihnen so hoch im Kurs stehe.«

»Ist aber so. Wirklich, ich glaube, ich mustere ab. Die ANABEL ist ein Schiff, mit dem man von morgens bis abends nichts als Ärger hat.«

»Da haben Sie allerdings recht.«

»Mensch, das wär' was, wär' für Schottmann ein Schuß vor den Bug: Beide, Kapitän und I WO, gehen von Bord! Ich würde erklären, daß ich die von Ihnen vorgetragene Mängelliste ohne Einschränkung mitunterschreibe, mich also weigere, auf einem Schiff zu fahren, dessen Reeder die Sicherheitsvorschriften gleich haufenweise mißachtet. Hab' die Schäden ja oft genug selbst gemeldet, und nichts wurde gemacht! Na, und jetzt, nachdem ich von Ihnen erfahren hab', daß wieder nichts in Angriff genommen wird, ist das Maß für mich eben voll. Also, je länger ich darüber nachdenke, desto klarer wird mir, daß ich hier abtreten muß.«

»Dann sind wir schon zwei. Willkommen an Bord! Oder vielmehr: an Land!«

»Aye, aye, Sir! Und wenn ich der Crew erzähle, was ihr Käpten sich alles hat anhören müssen, werden es sicher noch ein paar mehr sein, die gehen.«

»Dann macht er unter Garantie 'ne Meuterei daraus, indem er behauptet, ich hätte die Besatzung gegen ihn aufgewiegelt. Aber das soll mir egal sein. Jeder einzelne hat ja wirklich Grund genug, unserem häßlichen Mädchen ade zu sagen.«

»Genau. Was hat Schottmann denn überhaupt zu den Trichinen gesagt, oder wie die Viecher heißen, die er uns mit seiner vergammelten Wurst beschert hat?«

»Chlostridium botulinum heißt das Zeug, und damit fing unser Gespräch an. Die verseuchte Ware gab ja den Anlaß für meinen Anruf.« Abeling berichtete nun auch von diesem Teil der Unterredung, und daraufhin meinte Kannegieter:

»Hoffentlich machen die Mexikaner ihm jetzt die Hölle heiß!«

»Das würde ihn nicht kratzen. Sein Standpunkt ist und bleibt: Wer bei mir einbricht, hat sich die möglichen Konsequenzen selbst zuzuschreiben. Vermutlich käme er damit auch durch. Wenn die Massenerkrankung uns getroffen hätte, sähe es anders aus, aber so, wie die Dinge liegen, hat er vermutlich nichts zu befürchten. Es wird ein paar Briefe hin und her geben, und dann verläuft die Sache im Sande, wie alles andere, was man Schottmann seit Jahren vorwirft. Und noch vorwerfen wird, denn sobald ich von Bord gegangen bin, mach' ich den Mund erst richtig auf.«

Sie unterhielten sich noch eine Viertelstunde über die Reederei, auch über die anderen Schiffe, die unter ihrer Reederei-Flagge fuhren und deren Besatzungen ähnlich unzufrieden waren wie die Männer der ANABEL, und dann verließ Abeling die Nock.

Er betrat das Brückenhaus und ging bis ganz nach hinten durch, wo der Kartenraum war, beugte sich über das große weiße Blatt mit der Überschrift: *September, Routing Chart North Atlantic Ocean,* bog den Schwenkarm der Lampe herunter, um besser sehen zu können, und betrachtete dann das Gewirr der Bahama-Inseln. Einige Dutzend waren auf dem sperrigen kartonierten Papier verzeichnet, aber er wußte, daß es – die kleinen, unbewohnten eingerechnet – an die siebenhundert waren, und dazu kamen die etwa zweitausend über diese Meereszone verstreut liegenden Felsen und Korallenriffe.

Mit dem Zirkel steckte er die Route ab, die er der Floridastraße vorgezogen hatte und von der er hoffte, sie werde sein Schiff bewahren vor den gefürchteten Stürmen, die in dieser Jahreszeit nicht selten die tropischen Breiten im Südosten der USA und die dazugehörigen Küsten heimsuchten. Schon mit 120 bis 130 Kilometern pro Stunde konnten sie verheerende Schäden anrichten, doch es gab, in extremen Fällen, auch Hurrikans mit Sturmstärken bis zu dreihundert km/h, und ganz oben, in einer Höhe von zwölf Kilometern, im Jetstream also und damit für die Schiffahrt nicht, wohl aber für die Luftfahrt von Belang, tobten manchmal Orkane, die eine Stundengeschwindigkeit von fünfhundert Kilometern erreichen konnten.

Er legte den Zirkel aus der Hand, rechnete halblaut vor sich hin: »Zehn Knoten im Schnitt wird die alte Dame ja wohl schaffen; also sind's noch gut drei Tage bis zu den Bermudas.«

Noch einmal nahm er den Zirkel auf, steckte wiederum ab und rechnete weiter: »Die Bermudas am 30. September abends, und dann kommen, bis wir Antwerpen erreicht haben werden, meine letzten zwei Wochen auf der ANABEL; vielleicht, je nach den Windverhältnissen, ein bis zwei Tage mehr. Jedenfalls werde ich Mitte Oktober zwischen Antwerpen und Nordfriesland mit der Eisenbahn unterwegs sein, werde auf meine Insel zurückkehren, aber vorher, im Vorbeigehen sozusagen, denn es liegt ja auf dem Weg, in Husum Station machen. Das wird, soweit es das Chefbüro betrifft, ein Besuch von wenigen Minuten sein, so lange nämlich, wie es braucht, mir Vokabeln wie *Nörgler* und *Miesmacher* und *Querulant* anzuhören und darauf zu antworten mit *Geizhals* und *Ausbeuter* oder auch ganz schlicht und allgemein mit *Arschloch*. In der Buchhaltung, bei den Damen, wird es wegen der Schlußabrechnung dann wahrscheinlich etwas länger dauern und natürlich auch manierlicher zugehen.«

Er dunkelte das Licht im Kartenraum ab und ging unter Deck, suchte seine Kajüte auf.

Er wollte duschen, aber die Maschine schaffte es nicht, genügend heißes Wasser zu produzieren. Es tröpfelte nur. So stand er nackt in der Duschkabine und schimpfte: »Also mal wieder das Prostata-Syndrom!«

Er zog sich an und setzte sich in den Sessel, der vor dem Tisch am Fußboden festgeschraubt war, und dann befaßte er sich noch einmal, fast so, als ginge es um eine Rechtfertigung, mit dem Umweg, den er gewählt hatte. Mit jedem anderen Schiff, dachte er, hätte ich die Floridastraße genommen. Dreimal während meiner Fahrenszeit hat mich da ein Hurrikan erwischt, und dreimal ist es gutgegangen, weil es eben gute Schiffe waren, die ich vom Golf aus nach Europa zu bringen hatte. Ja, selbst mit der ANABEL hätte ich es wahrscheinlich gewagt, wenn nicht die zusätzliche Container-Lage wäre!

In der Tat war die hoch aufgetürmte Fracht der eigentliche Grund gewesen für das Ausweichen in den New Providence Channel. Es ist, dachte er, eine einfache Rechenaufgabe, sich klarzumachen, daß durch die zusätzlich geladenen Container die Gefahr des Kenterns besteht. Die Angriffsfläche vergrößert sich nicht nur, sie sitzt auch an der ungünstigsten Stelle, und nach den Gesetzen der Physik bewegt der Sturm das Schiff weiter oben viel heftiger als weiter unten. Ja, im Grunde ist es die ganz simple Hebelwirkung, die dann zum Tragen kommt und ein unvorschriftsmäßig beladenes Schiff im Handumdrehen destabilisieren kann.

Und so teuer, sagte er sich, wird die neue Strecke nun auch wieder nicht. Er rechnete nach, hatte die Karte zwar nicht mehr vor sich, aber die Fakten im Kopf. Das Ausweichmanöver nach Südosten hatte zur Folge, daß die ANABEL auf der ganzen weiteren Strecke immer eine um rund tausend Meilen nach Süden versetzte Position einnehmen würde, bis die beiden Routen bei Bishop Rock, nahe England, wieder zusammenliefen. Bis dahin würde sie, statt der Orthodrome, dem Großkreis also und damit dem kürzesten Weg, zu folgen, der Loxodrome den Vorrang geben, einem schieflaufenden Kurs, der alle Meridiane unter gleichem Winkel schnitt.

Er schätzte, daß der Umweg die Reederei zehn- bis fünfzehntausend Dollar kostete. Zum einen verlängerte sich der Reiseweg um rund dreihundert Meilen, zum anderen schlug der Verzicht auf die Golfstromdrift noch einmal mit ein bis zwei Knoten zu. Zehn- bis fünfzehntausend Dollar, das war für einen Reedereibetrieb kein nennenswerter Betrag, doch einen Firmenchef, der aus einer dubiosen Quelle Billigfleisch bezog, um die Proviantkosten zu senken, würde die Summe natürlich auf die Palme bringen. Noch hatte Schottmann auf das Ausweichen in den Channel nicht reagiert, aber die Meldung über die Kurskorrektur war ja auch erst vor wenigen Stunden erfolgt. Spätestens morgen, dachte er, wird man mir die Ohren volljammern. Na wenn schon! Kein Reeder der Welt kann einem Kapitän einen Vorwurf daraus machen, daß er seine Navigation nach der Devise betreibt: Sicherheit geht vor Profit!

10.

Der nächste Tag, der 28. September, verlief ähnlich ruhig wie der vorangegangene, abgesehen von dem Ungewitter, das den Kapitän aus dem fernen Husum erreichte. Wieso er dazu komme, brüllte Schottmann ihn durchs Telefon an, bewährte Fahrtrouten zu ignorieren und statt ihrer eine Spazierstrecke zu wählen, auf der sich die ANABEL eine mindestens fünfzigstündige Verspätung einhandeln werde. Wörtlich sagte Schottmann:

»Sie mit Ihrem friesischen Dickschädel sind nicht nur ein störrischer Schiffsführer, sondern auch ein Saboteur, der es jetzt offensichtlich darauf anlegt, die Firma, in deren Diensten er steht, noch steht, zu schädigen! Über den Daumen gerechnet, kostet Ihre Eskapade die Reederei zwanzigtausend Dollar, nicht eingerechnet den viel größeren Schaden, den uns – als Folge der Verspätung – der Wegfall von Frachtverträgen einbringen kann.«

Und in einem wenig später eingegangenen Fax kam der ganze Sermon dann auch noch schriftlich, und das hieß: Schottmann schien den Sachverhalt dokumentarisch belegen zu wollen.

Jim Forester brachte ihm das in der Funkstation eingegangene Schreiben, das dann noch ein paar Zusätze hatte wie zum Beispiel:

»Ich werde klären lassen, ob ich in einem so eindeutigen Fall gezielter materieller Schädigung den Schiffsführer in Regreß nehmen kann.«

Und: »Zu der Zeit, als Sie bei ordnungsgemäßer Durchführung der Reise die Floridastraße passiert hätten, herrschte dort, wie ich inzwischen ermittelt habe, bestes Wetter mit Windstärken zwischen drei und vier.«

Abeling heftete das Schreiben ab und sagte zu Forester, der mittlerweile auch in den Streit eingeweiht war:

»Ich glaube, er wird versuchen, mir so etwas wie Meuterei zur Last zu legen.«

»Damit würde er auflaufen«, antwortete der Funker, »denn Herr auf dem Schiff ist immer noch, jedenfalls auf See, der Kapitän. Selbst wenn Schottmann an Bord gewesen wäre, hätte er Ihnen nicht reinreden dürfen.«

»Da hat er anscheinend andere Vorstellungen.«

»Soll er doch! Aber wenn er Sie verklagt, fällt er auf den Bauch; das steht fest.«

Einen weiteren Tag später, am 29. September also, schenkte ihnen der Morgen ein Bilderbuchwetter mit klarem Himmel und schwachem Wind. Gegen elf Uhr ging Abeling, zum zweitenmal an diesem Vormittag, auf die Brücke. Die Wache hatte Umberto Camacho, der Dritte Offizier, ein Malagueño, den sie, weil er so gut singen konnte, manchmal Caruso nannten. Diese angenehmste der sechs Wachen war, wie auf allen Schiffen der Welt, dem Dritten Offizier vorbehalten, und das nicht etwa, um ihn zu schonen, sondern um dem Kapitän das Leben zu erleichtern, denn dessen Aufgabe war es, den Benjamin unter den Steuerleuten hin und wieder zu kontrollieren. Damit das nicht zu nachtschlafender Zeit anfiel, hatte also der Dritte die begehrte Wache von acht bis zwölf Uhr, entsprechend zwar auch die von zwanzig bis vierundzwanzig Uhr, aber selbst diese war ja so ungelegen nicht.

»Wie geht's zu Haus?« fragte Abeling. Er wußte, daß Umberto Camacho in Andalusien aufgewachsen war, aber bald nach dem Besuch der Seefahrtsschule eine Chilenin geheiratet hatte und mit ihr nach Chorillos, einem Vorort von Valaparaíso, gezogen war, und daß die junge Familie ihr erstes Kind erwartete.

»Danke, gut«, antwortete Camacho, und da der Nachwuchs für ihn das vorherrschende Thema war, fuhr er fort: »In drei Wochen ist es soweit. Dann wird unser Carlito geboren.«

»Sie wissen schon, daß es ein Junge wird?«

»Ja.«

»Und bei Mutter und Kind alles in Ordnung?«

»Alles okay, Gott sei Dank!«

»Fliegen Sie dann von Antwerpen aus erstmal nach Chile?«

»Nein, das kann ich mir nicht leisten. Aber im Dezember hab' ich Urlaub, und dann werde ich von morgens bis abends mit Carlito spielen.«

»Ich drück' Ihnen die Daumen, daß alles klargeht. Chile hat, soweit ich weiß, ein gutes Gesundheitswesen und tüchtige Ärzte.«

»Unser Sohn soll im Deutschen Hospital von Valparaíso geboren werden.«

»Das kenne ich. Es liegt oberhalb der Stadt.«

»Ja, auf dem *Cerro Alegre.*«

Abeling nahm sich das Fernglas, das neben der Backbord-Schiebetür in einer Halterung steckte, und ging damit auf die Nock, blickte lange hindurch. Als er zurückgekommen war und das Glas wieder deponiert hatte, meinte er, und diesmal sprach er nicht spanisch, sondern englisch, um den Rudergänger, den achtzehnjährigen Stanislaw aus Kolberg, in das Gespräch mit einzubeziehen:

»Das Wetter macht mir Sorgen.«

»Sorgen?« Camachos Erstaunen war nicht zu überhören. »Aber besser, als es zur Zeit ist, kann es doch gar nicht werden!«

Und der Kommentar des jungen Polen lautete: »Die halbe Crew sitzt an Deck und sonnt sich. Wenn meine Wache zu Ende ist, setz' ich mich dazu.«

Abeling nickte. »Ja«, sagte er dann zu den beiden, »es ist wirklich ein Wetter fürs Promenadendeck, aber eins gefällt mir nicht: die ungewöhnlich klare Sicht. Wir können fast doppelt so weit sehen wie gestern zur gleichen Zeit, und da hatten wir durchaus gute Sicht. Extrem klares Wetter bedeutet nicht selten die Ankündigung eines Sturms. Als der Hurrikan *Charly* vor ein paar Jahren über Florida hinwegfegte und den Einwohnern von Miami und Umgebung einen Hundert-Millionen-Dollar-Schaden bescherte, waren wir unterwegs von Galveston nach Savannah und befanden uns ungefähr zwischen Fort Lauderdale und den Bimini-Inseln, also genau in der Gegend, die ich diesmal vermieden hab'. Auch da hatten wir vorher eine so unnatürlich klare Sicht, daß wir das Gefühl hatten, die Ferngläser wären uns auf den Nasen festgewachsen; alles war ganz nah und überdeutlich. Ein paar Stunden später ging es dann los, doch da waren wir Gott sei Dank schon wieder ein Stück weiter und kriegten von *Charly* nur eine ziemlich abgeschwächte Version mit. Bloß war auch die noch so haarig, daß er mit uns umsprang, als wären wir sein Spielzeug.«

»Aber wir sind nicht in der Floridastraße«, antwortete Camacho.

»Das nicht«, sagte Abeling, »aber wir sind längst raus aus dem Schutz der Inseln, und vielleicht hat sich ja ein Vetter von *Charly* was Neues ausgedacht, nämlich den Schauplatz seiner miesen Tour mal ein bißchen zu verlegen. Da fällt mir ein chinesisches Märchen ein. Ich glaub', die Kurzform krieg' ich noch zusammen. Der Tod kündigt einem Mann an, daß er ihn demnächst holen werde. Daraufhin sucht der Bedrohte das Weite, reist an einen tausend Meilen entfernten Ort, um sein Leben zu retten, aber genau da steht dann schon der Sensenmann und erwartet ihn.«

Seine Zuhörer sagten kein einziges Wort; sie waren zu betroffen, denn die Parallele zu ihrem Ausweichmanöver war überdeutlich. »Na ja«, beschwichtigte er, »so schlimm muß es ja nicht kommen, aber allzu klare Sichtverhältnisse trüben meine Gedanken, und mir wäre wohler, wenn wir die Bermudas schon mindestens tausend Meilen hinter uns hätten.«

Er beendete das Gespräch, das nicht nur eine meteorologische Lektion für die beiden jungen Seeleute sein sollte, sondern auch Ausdruck echter Besorgnis war.

Er ging nach unten, erledigte an seinem Schreibtisch ein paar Arbeiten, die mit der bevorstehenden Übergabe der ANABEL an seinen Nachfolger zu tun hatten, und nahm dann das Mittagessen zusammen mit den Offizieren der Freiwache in der Messe ein. Es gab Schweinefleisch, Leipziger Allerlei und Salzkartoffeln. Besonders die Sauce war dem Koch vorzüglich gelungen, und Abeling machte ihm deshalb ein dickes Kompliment. Die Nachricht von seiner Entlassung hatte sich mittlerweile herumgesprochen. Auch Heiner Nickelsen wußte Bescheid, und so antwortete er:

»Auf jeden Fall sollen Sie bis Antwerpen essen wie im RITZ. Dafür werde ich schon sorgen, soweit das mit Konserven möglich ist.«

Auf Abelings Einwand, solche Großzügigkeit würde vermutlich neuen Ärger heraufbeschwören, den dann er, der Koch, auszubaden hätte, erwiderte Heiner Nickelsen nur: »Das steh' ich durch.«

Nach dem Essen legte Abeling sich für eine halbe Stunde auf die Couch in seinem Salon. Wieder dachte er an den Hurrikan *Charly* und daran, daß sie sich, während er über ihnen tobte, mit weniger üppigen Mahlzeiten zu bescheiden gehabt hatten. Da gab es, wie bei starkem Sturm üblich, nur Eintopfgerichte, und das aus gutem Grund. Das Hantieren mit mehreren Töpfen auf dem heißen Herd wäre viel zu gefährlich gewesen, und auch an einem mit mehr als nur dem notwendigsten Geschirr gedeckten Tisch wäre es trotz der Schlingerleisten und der ausgelegten nassen Tücher ungemütlich geworden. An solchen Tagen galt für jeden Schiffskoch die Devise: Die Leute zwar sattmachen, aber das mit dem geringsten Aufwand!

Um siebzehn Uhr hatte die Wetterlage sich auffallend verändert. Um das festzustellen, brauchte Abeling nicht erst auf die Brücke zu steigen, nicht mal durchs Bullauge zu sehen. Er wußte auch so, daß der Wind erheblich zugenommen hatte, denn die ANABEL wiegte sich nicht mehr in sanftem, gleichbleibendem Rhythmus, sondern ging, wie die deutschsprachigen Männer der Besatzung es auszudrücken pflegten, gehörig zukehr. Aus der Windstärke drei, die noch während der Mittagsstunden geherrscht hatte, war deutlich mehr geworden, ja, er tippte auf Stärke sechs, immerhin einen Wert, bei dem die Beaufort-Skala von einer steifen Brise und von grober, unruhiger See mit drei bis fünf Meter hohen Wellen sprach. Aber auch diese Zuordnungen benötigte er nicht; ihm genügten die Stöße, die durch den Schiffsleib gingen.

Und noch einmal kam ihm der Hurrikan *Charly* in den Sinn. Da baute es sich ähnlich auf, dachte er; erst die so klare Sicht und dann, Schritt für Schritt, das Anwachsen des Windes von der sanften Drei über die tückische Sechs bis hin zur verheerenden Zwölf und drüber hinaus.

Er ging hinauf in den Funkraum, fragte Forester nach den Wettermeldungen.

»Normal«, lautete die Antwort.

»Keine Sturmwarnung?«

»Bis jetzt nicht.«

»Schlafen die?«

»Na ja, bei Windstärke sechs dürfen sie das ja auch noch.«

»Was sagt das Barometer?«

»Es fällt.«

»Dann werden sie bald aufwachen müssen.«

»Vielleicht flaut ...«

Ein arrhythmischer Wellenschlag traf die Backbordseite mit solcher Vehemenz, daß Abeling, der – im Gegensatz zu Forester – das Gespräch im Stehen geführt hatte, durch den kleinen, mit Geräten vollgestopften Raum geschleudert wurde. Zum Glück landete er auf dem zweiten vorhandenen Stuhl, rieb sich aber die rechte Seite, mit der er gegen die Armlehne geprallt war.

»Der hatte es in sich«, sagte er, und Forester erwiderte:

»Davon eine kleine Serie, und unser altes Mädchen wird zerrissen.«

»Malen Sie nicht den Teufel an die Wand!«

Er verließ den Funkraum, betrat die Brücke. Dort hatte inzwischen Piet Kannegieter die Wache übernommen, und hinter dem Ruder stand Guillermo, ein junger Mann von Mindanao, der sich, eigenem Bekunden nach, nur deshalb auf den Schiffen herumtrieb, weil seine resolute philippinische Mutter ihm aufgetragen hatte, nach seinem von zu Hause weggelaufenen Vater, einem kolumbianischen Matrosen, zu suchen.

»Bis jetzt trifft Ihre Prognose, von der Camacho mir berichtet hat, zu«, begrüßte der I WO seinen Kapitän. »Der Wind frischt auf. Aber mit dem Rest der Voraussage haben Sie sich hoffentlich geirrt, denn einen Hurrikan können wir nun wirklich nicht brauchen.«

»Behalten Sie die Container im Auge!« sagte Abeling. »Sobald sich eins von den Dingern lockert, müssen wir Leute rausschicken zum Nachlaschen. Jetzt ginge das noch, bei Windstärke acht oder neun nicht mehr. Die Gefahr wäre zu groß.«

»Alles klar.«

Abeling ging hinunter in die Kombüse. Heiner Nickelsen war schon dabei, Töpfe und Pfannen zu sichern.

»Hast du fürs Abendbrot ein warmes Essen auf dem Programm?«

»Eigentlich sollte es Nudelauflauf geben, aber ich habe umdisponiert. Es gibt Salat und Corned beef, dazu Brot, Mettwurst und Käse.«

»Gut. Den Auflauf dann morgen, sofern das Wetter mitspielt.«

Und eine weitere Inspektion nahm er vor, schritt sowohl an Steuer- wie auch an Backbord die Phalanx der aufgereihten Container ab, prüfte die Laschstangen, die Twinlocks und die Spannschrauben.

Anschließend ging er zurück in seinen Salon und studierte die zur Ladung gehörenden Papiere, zunächst die Kopien der Konnossemente. Die Originale waren dem Antwerpener Empfänger bereits vom Reederei-Agenten ausgehändigt worden. Sie stellten die Quittung dar, gegen deren Vorlage die Fracht ausgeliefert wurde.

Er überflog die einzelnen Angaben wie Ablader, Empfänger, Lade- und Löschhafen, Containerinhalt, Gefahrenklasse, Gewicht und die Berechnung der Frachtkosten.

Auch den Plan, nach dem die einzelnen Bays gestaut waren, breitete er auf seinem Schreibtisch aus. Mit unterschiedlichen Symbolen und Farbmarkierungen waren die einzelnen Stellplätze deutlich gemacht, so daß jederzeit festgestellt werden konnte, an welcher Stelle des Schiffes sich die einzelnen Frachten befanden. Dieser Bay-Plan las sich wie ein Strategiepapier, wie die Schlachtordnung, nach der ein Heerführer seine Kompanien in Position gebracht hatte.

Soviel war sicher: Die Ladevorgänge entsprachen den Bestimmungen. Mit einer Ausnahme, und die bestand in der zusätzlichen Containerlage. Sie machte ihm Sorgen, und das um so mehr, je stärker der Wind wurde.

11.

Heiner Nickelsen hatte dem Wetter trotzen wollen und zum Abendessen dann doch seinen Nudelauflauf auf den Tisch gebracht, die eigenwillige Korrektur der Korrektur dem Kapitän gegenüber auch begründet, hatte, als der kurz in die Messe hineinsah, gesagt:

»Erstens ist so ein Auflauf weder eine Suppe noch eine Sauce, also nichts, was überschwappen könnte, und zweitens habe ich beschlossen, daß der Wind wieder auf Stärke vier oder drei zurückgeht.«

Was das Überschwappen anging, hatte er recht. Das in einer großen, emaillierten Auflaufform servierte Gericht gehörte zwar zu den heißen und deshalb bei Sturm zu meidenden Speisen, bildete jedoch eine feste Masse, von der sich Stücke herausheben und, mit etwas Geschick, gefahrlos auf die Teller verteilen ließen. Da verbrannte oder bekleckste sich niemand infolge der Turbulenzen.

Doch mit dem Wind hatte der Koch sich vertan, oder vielmehr war sein Entschluß höheren Orts ignoriert worden. Statt der vorher registrierten fünf bis sechs bescherte Beaufort ihnen nun sogar eine Stärke von sieben bis acht, Werte also, bei denen in der von dem englischen Adrimal vor fast zwei Jahrhunderten aufgestellten Skala ein harter, stürmischer Wind mit einer Geschwindigkeit von dreizehn bis fünfzehn Metern pro Sekunde und dazu Wellenhöhen bis zu zehn Metern angegeben wurden. Für die Schiffahrt bedeutete ein solches Wetter, daß ungelaschte Teile, nicht gesicherte Geschirrstücke zum Beispiel, sich selbständig machen konnten.

Trotz des stärker gewordenen Seegangs schmeckte es den Männern. Sogar als einmal die Auflaufform über die Schlingerkante setzte, aßen sie mit großem Appetit weiter, denn Camacho konnte nicht nur singen, er war zudem ein guter Handballspieler und hatte den Irrläufer aufgefangen.

Allerdings, auch wenn sie der Speise kräftig zusprachen, saßen sie nicht gerade unbekümmert in ihrer Messe, denn die arrhythmischen Stöße häuften sich. Immer, wenn ein solcher Brecher gegen die Bordwand schlug, gab es ein Donnergetöse. Es hörte sich an, als stießen zwei Autos in voller Fahrt zusammen. Was jedoch noch mehr an ihren Nerven zerrte, war das durch den Aufprall erzeugte Zittern der ANABEL. Gleichzeitig schien sie förmlich aufzustöhnen, und sie waren froh, wenn sie nach überstandener Prüfung in den gewohnten Wellenrhythmus zurückpendelte und das Zittern zu Ende war.

Nach dem Essen verstärkte Abeling die Wachen, wobei es ihm vor allem darum ging, daß man die Container im Auge behielt. Schließlich war sein Schiff kein erzbeladener Bulkcarrier mit tiefliegendem Schwerpunkt, sondern ein Frachter, der wegen seiner aufgetürmten Decksladung leicht destabilisiert werden konnte.

Er war nun ständig auf der Brücke, und als sich der Sturm bei einbrechender Dunkelheit bis zu Stärke neun, in Böen sogar bis zehn gesteigert hatte, drehte er bei, so daß die Brecher möglichst am Bug abgefangen werden konnten. Das gab zwar einen wilden Tanz auf den Wellen, doch wurden die harten, gefährlichen Schläge gegen die Bordwand auf diese Weise weitgehend vermieden.

Um kurz nach zwanzig Uhr – der Wachwechsel hatte gerade stattgefunden – war er dann mit all seinen Schrecknissen da, der Hurrikan. Ein Wellenberg von etwa zwölf Metern Höhe hob die ANABEL mit einer solchen Wucht empor, daß die Männer fürchteten, den Sturz zurück ins Tal würde sie nicht überstehen. Doch sie tat es. Zwar krachte es, als bräche der Kiel auseinander, aber das Schiff blieb heil, schwamm weiter, wiegte sich wieder ein, so daß für den Moment auch die Gefahr des Kenterns gebannt war.

»Mierda!« schimpfte Camacho, und Abeling empfand den derben Fluch als durchaus angebracht. Doch weil er gerade mit dem Chief Ing. telefoniert und seinen Blick für ein, zwei Minuten vom Vorschiff abgewendet hatte, wußte er nicht, daß der Ausruf des Dritten weder dem gewaltigen einzelnen Stoß noch der allgemeinen Lage gegolten hatte, sondern etwas anderem. Als seine Augen nun der ausgestreckten Hand des Spaniers folgten, sah er, was geschehen war: In der obersten Lage an Steuerbord hatten sich mehrere Container gelöst. Vier waren über Bord gegangen, zwei hingen schief und drohten, ebenfalls heruntergerissen zu werden.

»Scheiße!« fluchte jetzt auch er, reagierte dann aber sofort, schickte den Läufer, der beim Wachwechsel zusätzlich auf die Brücke bestellt worden war, mit der Order zum Bootsmann, alle transportablen Scheinwerfer nach achtern zu bringen und ihre Lichter auf das Wasser am Heck zu richten. Dort nämlich war eine akute Gefahr entstanden. Sollten die in der tobenden See treibenden Container den Propeller und das Ruderblatt beschädigen, würde selbst die beste Maschine der Welt nichts mehr nützen. Das Schiff würde es den vagabundierenden Containern gleichtun und hilflos durch das aufgebrachte Meer taumeln.

Als nächstes wurde das Deckspersonal noch einmal verstärkt. Alle Nautiker der Besatzung waren nun oben, hielten sich aber, weil das gefährdete Heck von der Brücke aus nicht kontrolliert werden konnte, zum Teil auch in den Nocken und auf dem höhergelegenen Peildeck auf.

Als die Lichter erstrahlten und den Bereich des quirligen Schraubenwassers ausleuchteten, zeigte sich, wie heikel die Lage geworden war. Einer der vier Container fehlte zwar, war jedenfalls nirgendwo auszumachen und befand sich demnach weit genug vom Schiff entfernt oder war gesunken, aber die anderen drei schlugen ihre Purzelbäume in bedrohlicher Nähe. Zwei von ihnen trieben dann zum Glück rasch ab, waren binnen weniger Sekunden um etliche Meter nach Steuerbord versetzt, und es schien, als drifteten auch sie aus der kritischen Zone heraus. Der letzte jedoch hielt sich beharrlich in der Nähe des Schraubenbrunnens.

Abeling, der das Geschehen von der Steuerbordbrückennock aus verfolgte, gab eine Kurskorrektur durch, doch bevor der achtzehntausend Tonnen große Koloß reagieren konnte, sah er – und mit ihm sahen es seine Männer –, daß sich am Heck die tiefe Schlucht eines Wellentals auftat und der Container gleich darauf in den plötzlich entstandenen freien Raum stürzte. Jeder war so gut wie sicher, daß die nächste Welle den Kasten aufheben und gegen das Achterschiff werfen würde.

Aber es ging noch einmal gut. Zwar hievte die neue Welle den Container, wie vermutet, ein gewaltiges Stück in die Höhe, schleuderte ihn dann jedoch zur grenzenlosen Erleichterung aller haarscharf am Heck vorbei in den Abgrund. Für einige Sekunden entschwand er ihren Blicken, und als er erneut auftauchte, hätte man meinen können, es wäre ein anderer, so weit hatte er sich vom Schiff entfernt. Daß es aber doch derselbe war, erkannten sie an seiner Farbe, die im Scheinwerferlicht gerade noch auszumachen war.

Sie atmeten auf, auch wenn sie wußten, daß die Gefahr nicht gebannt war. Weitere Container konnten sich losreißen, und das böse Spiel würde von neuem beginnen. Die ANABEL war nun mal in diesen verdammten Hurrikan hineingeraten und hatte ihn, koste es, was es wolle, abzureiten. Mit etwas Glück konnte das zwei, drei Stunden dauern, es konnte aber auch eine ganze lange Nacht daraus werden.

Wieder ging Abeling das chinesische Märchen durch

den Kopf, und er hoffte inständig, sein Ausweichen in den Providence-Channel würde nicht dazu führen, daß der Tod sich ihnen südlich der Bermuda-Inseln in den Weg stellte, während er sie auf der Florida-Route ungeschoren gelassen hätte. Doch dann riß er sich von der alten Geschichte los, betrat das Brückenhaus, rief den Funker an und fragte, ob inzwischen neue Wettermeldungen eingegangen seien.

»Ja«, sagte Forester, »gerade eben hat die Station WASHINGTON NSS einen tropischen Wirbelsturm gemeldet, und zwar exakt für die Zone, in der wir jetzt sind.«

»Geschwindigkeit?«

»Hundertfünfzig Kilometer pro Stunde. Tendenz steigend.«

Er unterrichtete die Crew, nicht nur das Brückenpersonal, sondern auch die Freiwachen, und wies alle Besatzungsmitglieder an, sich für jede Art von Notfällen bereitzuhalten. Im Augenblick hatten sie eine relativ erträgliche Fahrt. Das bedeutete zwar noch immer heftigen Seegang und so manchen gewaltigen Schlag, aber im großen und ganzen schien es so, als wäre ihr Schiff imstande, dem Sturm zu trotzen.

Abeling überlegte, ob er diese Phase, von der er nicht wußte, wie lange sie andauern würde, für ein Nachlaschen der Container nutzen sollte. Er prüfte durchs Fernglas jene Stelle, von der aus die vier Kästen über Bord gegangen waren. Mit Besorgnis stellte er fest, daß sich nun auch an den Nachbar-Containern mehrere Twistlocks und Bridge-Fittings gelockert hatten. Noch hielten sie, hatten aber so viel Spielraum, daß sie, je nach den Bewegungen des Schiffes, mal in die eine, mal in die andere Richtung rückten. Jederzeit konnten sie vollends nachgeben.

Als hätte der Dritte seinem Kapitän die Gedanken von der Stirn abgelesen, fragte er:

»Nachlaschen?«

Abeling schüttelte den Kopf. »Einen Moment lang hatte ich die Idee, aber es wäre einfach zu riskant für die Leute. Sie könnten über Bord gehen oder von losen Eisenteilen erschlagen werden.«

Und wie um diese Gefahren zu verdeutlichen, setzten die harten Stöße jetzt wieder in voller Stärke ein. Rums! machte es, und ein Container stürzte ins Meer.

Mittlerweile war es gänzlich dunkel geworden, und es machte die Szenerie noch gespenstischer, daß die Männer nur ihr hin und her geworfenenes Schiff sahen und dazu das kleine, vom Licht der Scheinwerfer angestrahlte Stück Meer hinter ihnen, die riesige, schwarze, wildbewegte See jedoch unsichtbar blieb.

Die Windstärke hatte die Zwölf erreicht, jene Größe, die lange Zeit hindurch als Kulminationspunkt der Stürme galt, bis die Meteorologen herausfanden, daß es noch schlimmere gab, und die Skala bis zur Siebzehn ausweiteten. Die ehemals magische Zwölf also war nun da, und natürlich kannten die Männer auch die dazugehörigen Attribute: Windgeschwindigkeit fünfundvierzig Meter pro Sekunde; die See gewaltig schwer mit über zwölf Meter hohen Wellen; starke Sichtbeeinträchtigung wegen der Schaum- und Gischtbildung. Das mußte nicht alles auf einmal eintreten, und sie hatten ohnehin ihre eigenen Wahrnehmungen: das Stöhnen und Ächzen der Materie, den Tanz auf den Wellenbergen, so als wäre die ANABEL eine Gummi-Ente, die Schläge der Brecher, weil trotz größter Bemühungen das Schiff nicht ständig so gelegt werden konnte, daß ein Ausweichen gelang. Ja, hin und wieder, wenn sich das Heck aus dem Wasser hob, konnte es passieren, daß der Propeller in der Luft rotierte und auch dem Ruderblatt das zum Gegensteuern erforderliche Wasser fehlte. Zwar waren das immer nur Augenblicke, aber sie machten doch deutlich, was geschehen würde, wenn diese beiden Schiffsteile gänzlich ausfielen. Und dann, es war einundzwanzig Uhr neun, geschah genau das, wenn auch nicht als Folge eines Zusammenstoßes mit treibenden Containern, nein, das Unglück kam aus dem Herzen der ANABEL, aus der Maschine.

Sie hörten es. Oder vielmehr: Weil sie plötzlich nichts mehr hörten außer dem Lärm des Orkans, wurde ihnen klar, daß die Hauptmaschine ausgefallen war. Wie gelähmt standen sie da, sahen sich entsetzt an. Das regelmäßige Stampfen war die Begleitmusik gewesen, die ihnen – allen Sturmgefahren zum Trotz – die beruhigende Gewißheit gegeben hatte, daß ihr Schiff mit eigener Kraft fuhr und daß es manövriert werden konnte. Das plötzliche Ausbleiben dieser wunderbaren Musik war wie ein Schock. Und da kam auch schon der Anruf aus der Tiefe. Rogge meldete:

»Ausfall der Hauptmaschine.« In der spröden Art des Chiefs folgte dann noch der Kommentar: »Soweit erkennbar, waren siebzehntausend Betriebsstunden ohne Überholung wohl doch zu viele. Den genauen Grund müssen wir noch feststellen.«

»Mensch, Rogge«, nie zuvor hatte Abeling seinen Leitenden Ingenieur so angeredet, »stellen Sie ihn schnell fest! Und vor allem: Reparieren Sie schnell! Wir haben hier oben einen wahren Hexenkessel, aus dem wir ohne die Maschine nicht wieder rauskommen.«

»Wir tun unser möglichstes.«

»Okay.«

Der nächste Anruf kam elf Minuten später, und Abeling riß förmlich den Hörer hoch. Rogge sagte:

»Wir haben Brüche an den Kolbenringen, dadurch Abfall des Kompressionsdrucks und Eindringen von Gasen und Verbrennungsrückständen in den Triebraum. Demzufolge eine totale Verschmutzung des Schmieröls. Und durch das schwere Wetter kommt es zum Aufwühlen dieser Rückstände, und zwar so stark, daß die Filter versagen. Folglich ist der ganze Dreck in die Lager der Kurbelwelle geraten. Die haben sich erhitzt und angefangen zu fressen. Das hat die Maschine nicht verkraftet.«

»Mein Gott, Herr Rogge, haben Sie es nicht etwas weniger beschissen?«

»Leider nicht. Und es ist nicht sicher, daß wir sie wieder hinkriegen.«

»Sie wissen, das würde unser Ende bedeuten.«

»Klar weiß ich das, und natürlich versuchen wir, sie nochmal in Gang zu bringen, aber die Chance, daß es gelingt, liegt bei höchstens dreißig Prozent.«

»Tun Sie, was in Ihrer Macht steht! Sind alle Ihre Männer unten?«

»Alle. Verlassen Sie sich drauf, wir reißen uns Arme und Beine aus.«

»Viel Glück!«

Abeling wußte: Die Lage war fatal. Und es kam noch schlimmer. Hervorgerufen durch den Ausfall der Hauptmaschine und die katastrophale Wetterlage, begann die ANABEL unkontrolliert zu schlingern mit Rollwinkeln von über vierzig Grad nach jeder Seite. Dadurch versagten die Hilfsdiesel, die das Schiff mit Elektrizität versorgten. Es kam zum Blackout. Abeling entschloß sich, SOS zu funken, was mit Hilfe der Batterien zum Glück noch möglich war. Allerdings gab es dabei, wie Forester wenig später meldete, hin und wieder Aussetzer. »Wieso denn das?« fragte Abeling und bekam von Forester zur Antwort:

»Wissen Sie noch, welchen Ärger ich mit Schottmann hatte, als ich zu ihm sagte, die gesamte Funkstation sei der letzte Schrott? Er warf mir an den Kopf, ich hätte meine Ausbildung ja wohl in einem Häkelkurs absolviert, sonst wären die mir anvertrauten Geräte besser gewartet worden.«

Die lange Erklärung des Funkers machte Abeling nervös, aber zugleich verstand er nur zu gut, daß der

Mann seine Unschuld beweisen wollte, und so erwiderte er:

»Ich weiß. Und ich weiß auch, daß Sie ihm damals geantwortet haben, Schrott lasse sich nur schwer warten. Okay, versuchen Sie, irgendwie Kontakt zu bekommen!«

Forester schickte also weiter seinen Appell in den Äther, und Abeling gab von der Brücke aus das MAYDAY, dazu die Koordinaten: 31 Grad, 30 Minuten Nördliche Breite, 66 Grad, 43 Minuten Westliche Länge.

Inzwischen traten an Deck die Folgen des Maschinenausfalls in ihrer ganzen Tragweite zutage. Jede weitere Navigation war unmöglich und die ANABEL den Elementen hilflos ausgesetzt. Abeling ordnete das Klarmachen der Rettungsboote an. Daß die Männer mittlerweile ihre Schwimmwesten trugen, verstand sich von selbst.

Um überhaupt noch etwas sehen zu können, wurden alle an Bord befindlichen batteriebetriebenen Lampen eingesetzt, die aber jeweils nur einen begrenzten Umkreis erhellten. Schon gar nicht beleuchteten sie das Geschehen außerhalb der Bordwände, und somit ließ sich auch nicht mehr ausmachen, ob treibende Container das Schiff gefährdeten.

Und dann war es in der Tat die Ladung, die der ANABEL den Garaus machte. Ein extrem schwerer Brecher, der schwerste bis dahin, traf sie mit einer solchen Wucht, daß in der betroffenen Sektion sämtliche Laschings rissen und alle Container herausgeschlagen wurden. Damit nicht genug. Die Container nahmen, als sie über Bord gingen, den defekten Rollpontondeckel von Luke fünf mit. In einem einzigen, nur Sekunden währenden Vorgang riß der tonnenschwere Verschluß ab und folgte der verlorengegangenen Ladung ins Meer.

Abeling stürmte zum Telefon, rief im Maschinenraum an, beorderte alle Mann nach oben und erklärte dann:

»Wahrscheinlich gehen wir in Kürze unter!«

Und er hatte recht mit seiner düsteren Ankündigung. Bei Luke fünf klaffte nun ein Riesenloch, und da fast pausenlos gewaltige Wassermassen übers Deck gingen, flossen ganze Kaskaden durch die Öffnung. Er erkannte, daß die ANABEL verloren war, und löste Generalalarm aus. Ohrenbetäubend heulten die batteriebetriebenen Sirenen auf.

Die Männer reagierten sofort auf das schrille Signal, sei es, daß sie zu den Booten oder zu den Rettungsinseln liefen, sei es, daß sie noch schnell einen Ring aus der Halterung rissen oder nur mit der angelegten Schwimmweste ins Wasser sprangen.

Er selbst blieb auf der Brücke, bis die ANABEL sich auf die Seite legte und zu sinken begann. Dann sprang auch er.

Die kochende See machte, daß er wie ein Stück Kork hin und her geworfen wurde, mal über, mal unter Wasser geriet, manchmal zehn, zwölf Sekunden, die ihm wie Ewigkeiten vorkamen, in der Tiefe blieb, dann plötzlich ins Freie katapultiert wurde, oft nur für ein Atemholen, weil die nächste Woge ihn erfaßte und nach unten drückte.

Er hatte mit dem Leben abgeschlossen, hatte sich gesagt: Ob Boot oder Rettungsinsel, ob Ring oder Weste oder ein Stück Treibgut, nach menschlichem Ermessen kann es aus dieser Hölle kein Entrinnen geben. Und er hoffte, die Qual werde sich nicht hinziehen. Von der Wassertemperatur her würde es ein langes Ringen werden, denn bei vierundzwanzig Grad starb man nicht an Unterkühlung. Blieb zu wünschen, daß er bald für einen Zeitraum unter Wasser kam, der zum Ertrinken ausreichte.

Es mochten drei oder vier Minuten vergangen sein,

da wurde er gegen eine Rettungsinsel geworfen, und – o Wunder – auf dieser Insel funktionierte die Batterie, so daß die äußere Signallampe brannte und ihr kleines Licht ihn für die anderen sichtbar machte.

Ein paar Arme packten ihn, hievten ihn über den prallen Rand und zogen ihn ins Innere des geräumigen, für zwölf Personen vorgesehenen Floßes, in das sich aber, den gerade erfolgten Zugang nicht eingerechnet, nur vier Besatzungsmitglieder hatten retten können.

Sofort machte er es den anderen nach und zurrte sich fest, denn ohne Sicherung würde er sich keine Minute auf der Insel halten können.

»Danke«, sagte er. Und dann: »Mein Gott, nicht mehr als vier!«

Es waren: der Koch Heiner Nickelsen, der Chief Ing. Berthold Rogge, der Filipino Guillermo und Umberto Camacho, Caruso also.

12.

Nach dem Untergang der ANABEL hielt der Sturm noch sieben Stunden in unverminderter Stärke an, und in diesen sieben mit Angst und Schrecken angefüllten Stunden wurden die fünf Männer fast ohne Unterlaß auf ihrer Rettungsinsel durcheinandergeschüttelt, so daß Meinert Abeling, als der mit Abstand älteste, mehrmals die Besinnung verlor.

Für ihn selbst waren das gnädige Minuten, für die anderen jedoch solche der Sorge, er könnte infolge seiner totalen Erschöpfung sterben. Jedesmal setzte eine fieberhafte Tätigkeit ein, bei der es vor allem darum ging, Mund und Nase des Ohnmächtigen vor den sich über ihn ergießenden Wassermassen zu schützen; denn auch diese Gefahr bestand während der Sturmnacht von Bermuda: auf der Rettungsinsel zu ertrinken!

Es war nicht einfach, den Bewußtlosen dann so zu drehen und zu wenden, daß er möglichst wenig Wasser schluckte. Nicht nur er, auch die anderen waren ja angebunden und daher in ihrer Bewegungsfreiheit eingeschränkt. Doch sie schafften es immer wieder, das Wasser von ihm abzuwehren und zwischendurch auch noch zu lenzen, damit das Floß nicht vollief. Schließlich, gegen fünf Uhr am Morgen, begann der Sturm, sich zu legen. Zwar tanzte die Insel noch eine ganze Weile auf den Wogen, aber ihre Kapriolen, die Sprünge und die Stürze im Wellengebirge, waren nun so, als hätte der Betreiber einer Achterbahn endlich, endlich einen niedrigeren Gang eingeschaltet. Es war eine große Linderung, daß die Leinen, mit denen sie sich festgezurrt hatten, nun nicht mehr so tief in die stellenweise schon blutende Haut einschnitten, und geradezu ein Labsal war es, als nach Ablauf der achten Stunde die Fesseln losgebunden werden konnten, die ihnen einerseits das Leben erhalten, sie andererseits so höllisch gepeinigt hatten.

Die Rettungsinsel war nicht nur mit zwei kleinen Leuchten ausgerüstet, sondern, wasserdicht verpackt, mit nahezu allem, was zum Überleben auf See notwendig war. Ein Kompaß, eine Halogen-Taschenlampe, Leuchtraketen, vielerlei Werkzeug, Medikamente, Proviant, Frischwasser und zwei Paddel gehörten zur Equipierung, ebenso ein zusätzlicher, abknöpfbarer Isolationsboden, der in kalten Zonen die Insassen vor Unterkühlung bewahren sollte. Und es gab zwei Dutzend schwimmfähiger Leinen an Bord, ohne die sie verloren gewesen wären.

Nachdem sie ihre Wunden behandelt und sich mit Zwieback, etwas Corned beef und Trinkwasser gestärkt hatten, fragte Meinert Abeling, und er sprach damit alle an:

»Wie lief es bei Ihnen nach Ihrem Sprung in den Atlantik?«

Rogge antwortete als erster, und je länger er sprach, desto mehr versetzte er seinen Kapitän in Erstaunen, denn der konnte sich nicht entsinnen, jemals einen so langen zusammenhängenden Rapport des Chiefs vernommen zu haben:

»Ihr Anruf runter in die Maschine, also daß alle sofort raufkommen sollten, schlug bei uns wie eine Bombe ein. Zwar wußten wir am besten, wie schlimm es um den verdammten Viertakter stand, aber daß es auch an Deck so viel Ärger gab, ahnten wir ja nicht. Also, wir ließen alles stehen und liegen und stürmten nach oben. Wir, das waren der Assi, Ruben, die beiden Schmierer Héctor und Pablo und ich. Da liefen wir sofort auseinander, und jeder tat, was er für richtig hielt. Für mich hieß das, ich würde mich Heiner und Camacho anschließen, die gerade dabei waren, dieses Floß zu wassern. Ehrlich gesagt, viel Vertrauen in das Ding hatte ich nicht, weil auf unserem Schiff fast nichts mehr ganz intakt war. Ich rief das den beiden auch zu, aber Camacho schrie zurück, genau dieses Exemplar sei kürzlich neu ausgestattet worden. Also war ich, eigentlich mehr aus Zufall, bei den richtigen Leuten gelandet. Die Insel blies sich auf, sobald sie im Wasser war, und automatisch gingen auch die beiden Lichter an, eins außen, das andere innen. Da die ANABEL sich schon bedenklich auf die Seite gelegt hatte, war keine Zeit zu verlieren. Im letzten Moment kam Guillermo noch dazu, so daß wir zu viert in dem Ding saßen. Wir kappten die Verbindung zum Schiff, und sofort riß uns eine gewaltige Welle mit sich. Da wußten wir, was als erstes zu tun war, nämlich uns anzuzurren. Und dann ging die Reise los, rein ins Dunkel. Irgendeine Orientierungsmöglichkeit gab es nicht; die beiden Lichter haben ja nur einen minimalen Radius. Na ja, und nach einer Weile stießen dann Sie zu uns.«

»Ja«, sagte Abeling, »ich knallte plötzlich mit dem Kopf gegen das Floß.«

»Und das kriegten wir mit«, sagte nun Heiner Nickelsen, »und wir sahen Sie auch, weil Sie genau neben der Außenleuchte landeten. Aber erkennen konnten wir Sie nicht. Wir griffen einfach nach dem menschlichen Bündel, das uns da über den Weg gekommen war …«

»… und hätten Sie«, mischte Camacho sich ein, »um ein Haar wieder verloren, denn die nächste Welle haute mich um, so daß ich Sie loslassen mußte. Heiner kippte auch zur Seite, aber er konnte Sie trotzdem noch festhalten.«

»Ja«, bestätigte der Koch, »mit einer Hand. Die andere war abgerutscht. Aber ich wußte, wenn ich den Arm, den ich da erwischt hatte, losließe, wäre das für immer. Und dann hatte Camacho sich auch schon wieder aufgerichtet, und gemeinsam hievten wir Sie rein, bestimmt etwas ruppig, aber in der Eile ging das nicht anders.«

»Mein Gott, bin ich euch dankbar!« Abeling hob, um seine Worte zu bekräftigen, beide Hände kurz in die Höhe, und dann fragte er: »Was glauben Sie, haben es noch mehr von uns geschafft? Hat einer von Ihnen irgendwas gesehen, woraus sich schließen ließe, daß da noch der eine oder andere …«, er beendete den Satz nicht, aber jeder wußte, was gemeint war.

»Ich glaube«, erwiderte Guillermo, »der Erste und der Assi wollten nicht einfach ins Wasser springen, wie andere das taten. Cabrera rief dem I WO zu, das wäre bei diesem Wellengang reiner Selbstmord. Ob sie sich dann ein Boot oder eine Rettungsinsel gesucht haben, weiß ich nicht. Ich hörte diesen einen Satz, und dann sah ich sie nicht mehr. Es war ja auch stockdunkel, und ich hab' sie nur deshalb gesehen, weil der Erste eine Lampe in der Hand hatte. Als er weg war, war auch das Licht weg.«

»Wir haben«, sagte Rogge, »großes Glück gehabt, daß wir ausgerechnet …«, er schlug mit der flachen Hand auf den prallen, wulstigen Rand, »dieses Exemplar erwischt haben, das, ausgenommen Bedachung und Sender, alles an Bord hat, was nötig ist. Wenn unser Boss sehen könnte, was für schöne Sachen hier in den Seitentaschen stecken, würde er uns wahrscheinlich Verschwendungssucht vorwerfen.«

Den bissigen Kommentar nahm ihm niemand übel, steckten sie doch alle voller Wut, weil sie wußten: Ohne die vierte Containerlage und bei einer nach Vorschrift durchgeführten Wartung der Maschine gäbe es die ANABEL noch.

»Was glauben Sie, Herr Kap'tän«, fragte Guillermo, und man hörte unterdrücktes Weinen heraus, »wird man ..., wird man uns finden?«

Abeling wollte den Männern Mut machen, und so galt es auch den anderen, als er dem jungen Filipino antwortete:

»Aber sicher! Auf der Route zwischen den Bahamas und Bishop Rock, also dem Englischen Kanal, sind ständig Schiffe unterwegs, in beiden Richtungen. Von denen kommen natürlich nur die in Frage, die in der Nähe sind, aber das dürften immer noch zehn, zwölf, wenn nicht zwanzig sein. Und da wir SOS und MAYDAY ausgesandt haben, ist damit zu rechnen, daß Hilfe eintrifft, sobald es hell wird.«

Und Camacho fügte hinzu: »Wir haben den großen Vorteil, daß wir mindestens zwei Wochen durchhalten können. Die Trinkwasser- und Proviantvorräte sind für eine Woche berechnet, aber ausgehend von zwölf Leuten. Also ...«, er gab dem Benjamin einen freundschaftlichen Knuff in die Rippen, »deine Mami wird ihren Liebling bald wieder in die Arme schließen.«

Endlich kam der Tag. Sie verfolgten sein Heraufdämmern mit ungläubigem Staunen. Obwohl die Turbulenzen schon vor Stunden aufgehört hatten, erlebten sie das

Einsetzen der Ruhe jetzt ein zweites Mal. Es waren skeptische, ja, argwöhnische Blicke, die sie über die glatte, graugrüne See schickten, so als fürchteten sie, einem Trugbild erlegen zu sein, einer Fata Morgana des Meeres, und der Sturm könnte jeden Moment von neuem losbrechen. Camacho griff sogar über die Kante hinweg ins Wasser, wie um zu prüfen, was seine Augen wahrnahmen. Und während er es aus der hohlen Hand zurückfließen ließ, sagte er: »Nicht zu fassen! Das soll dasselbe Zeug sein, das uns vorher so traktiert hat?«

Sobald die Sonne hoch genug stand, gingen sie daran, ihre Kleidung zu trocknen. Sie zogen sich aus, legten die einzelnen Stücke auf den Rand der Rettungsinsel und errichteten anschließend ein provisorisches Sonnensegel, wobei sie den zusätzlichen Boden, der mit Druckknöpfen auf dem Grund ihres Fahrzeugs befestigt war, zu Hilfe nahmen, und setzten sich dann unter das schattenspendende Dach.

Am frühen Nachmittag – da war ihre Kleidung schon getrocknet, und sie hatten sich wieder angezogen –, kam sogar ein bißchen Abwechslung in das eintönige Dahintreiben. Immer häufiger stießen sie auf Treibgut. Blech- und Plastikkanister, Bretter, Bootsplanken, Kisten, hölzerne Hauswände und sogar vier, fünf Meter lange, aus dem Boden gerissene Palmen trieben im Meer und kündeten davon, daß der tropische Wirbelsturm auch an Land furchtbar gewütet hatte.

Und dann kam plötzlich – Heiner Nickelsen entdeckte es – ein ganzes Blockhaus auf sie zu. Sofort machte das Fernglas, das auch zur Ausstattung der Rettungsinsel gehörte, die Runde. Alle meinten, daß es sich vielleicht lohnen würde, die gut mannshohe, etwa drei mal vier Meter messende, fast unbeschädigt wirkende Hütte näher in Augenschein zu nehmen. Camacho und Heiner Nickelsen ergriffen die Paddel und hielten auf das zwar verkantete, aber in gleichförmigen Bewegungen durchs Wasser gleitende Häuschen zu. Es hatte sogar ein Fenster; Reste der Glasscheibe steckten im Rahmen der etwa fünfzig mal fünfzig Zentimeter großen Öffnung.

Sobald sie ganz nah herangekommen waren, paddelten sie zunächst einmal um die Hütte herum und legten dann an der Tür an. Camacho stand auf, beugte sich vor, zog am Griff und schaffte es, sie zu öffnen. Sofort schlug starker Verwesungsgeruch ihm entgegen. Er sprang trotzdem hinüber, und Heiner Nickelsen folgte ihm. Sie entdeckten zwei tote Ziegen auf dem Fußboden.

Und noch etwas entdeckten sie. Neben dem Fenster hing ein aus Holz geschnitztes Kruzifix an der Wand. Camacho bat, es sich holen zu dürfen. Niemand hatte einen Einwand, zumal der Spanier seiner Bitte die Erklärung hinzugefügt hatte, er berge den Gottessohn für sie alle und ganz sicher begünstige das Mitführen der Figur ihre Rettung. Was Abeling, Rogge und Guillermo von einer solchen Verheißung hielten, kam nicht zur Sprache. Nur Heiner Nickelsen fühlte sich zu einem Kommentar bewogen.

»Den beiden Kreaturen hat er nicht geholfen«, sagte er.

Unbeirrt von dieser Feststellung, ließ Camacho sich ein Werkzeug reichen und löste das Kruzifix von der Wand, kletterte in die Rettungsinsel zurück, legte seine Beute auf das Korkpolster einer Schwimmweste und griff nach dem Paddel. Heiner Nickelsen tat es ihm gleich, und mit kräftigen Stößen entfernten sie sich von dem Häuschen.

Eine viel aufregendere Begegnung fand vierundzwanzig Stunden später statt. Gegen vierzehn Uhr, sie hatten sich gerade mit Zwieback, Dosenfleisch und Frischwasser gestärkt, und Meinert Abeling rauchte die letzte seiner in der Hemdtasche mitgeführten und von der Sonne getrockneten Zigaretten, da rief Guillermo, der das Fernglas hatte:

»Ich glaube, ich seh' eine Rettungsinsel!«

Er zeigte voraus, und wie elektrisiert blickten nun auch die anderen in die angegebene Richtung. Nacheinander guckten sie durch das Glas, und dabei ergab es sich ganz von selbst, daß die alte Rangordnung eingehalten wurde. Abeling setzte es als erster an die Augen, nach ihm Rogge, dann Camacho und schließlich der Koch, ehe Guillermo es wieder übernahm. Alle meinten, was da, rund und rot, im Wasser treibe, sei in der Tat ein Floß wie das ihre.

Heiner Nickelsen und Camacho griffen erneut nach den Paddeln, fuhren auf das gesichtete Objekt zu, legten sich dabei mächtig ins Zeug, und schon nach etwa zehn Minuten gab es keinen Zweifel mehr: Da kam ihnen ein zweites Überbleibsel der ANABEL entgegen, es sei denn, in der Nacht des Hurrikans war außer ihrem noch ein anderes Schiff gesunken oder in Seenot geraten, jedenfalls von der Besatzung aufgegeben worden.

»Ist jemand an Bord?« fragte Heiner Nickelsen.

Rogge, der jetzt das Glas hatte, antwortete: »Das läßt sich noch nicht sagen. Wenn Leute drauf sind, werden sie von den Wänden verdeckt, liegen also. Sitzen oder stehen sehe ich jedenfalls niemanden.«

Eine Viertelstunde noch mußten sie sich gedulden, aber dann waren sie der Insel so nahe, daß sie hineinsehen konnten. Was sie erspähten, erzeugte in ihnen eine Mischung aus Hoffnung und Schrecken. Zwei Männer lagen reglos auf dem Boden, und der Kunststoff um sie herum hatte an mehreren Stellen große dunkle Flecken, die nach getrocknetem Blut aussahen.

»Jetzt kann ich sie erkennen«, sagte Rogge. »Es sind Piet Kannegieter und Luís Cabrera, der Assi.«

Als die Schlauchboote sich schließlich berührten und Guillermo sie mit einer Leine verbunden hatte, kletterten

Abeling und Rogge hinüber und hoben die beiden, die entweder tot oder bewußtlos waren, vorsichtig in ihr eigenes Floß. Nach der ersten, flüchtigen Untersuchung sagte Abeling:

»Unser Assi lebt nicht mehr, aber Piet Kannegieter atmet, wenn auch nur schwach.«

Sie drehten den Verletzten um und entdeckten auf seinem Rücken ein entsetzliches Gemenge von Haut- und Fleischfetzen, verkrustetem Blut und zerrissenem Hemdenstoff. Sofort begannen sie, die Wunden zu säubern, wobei sie Trinkwasser verwendeten, rieben sie schließlich mit einer Heilsalbe ein. Danach drehten sie auch Luís Cabrera um. Er wies die gleichen Rückenverletzungen auf, doch außerdem war bei ihm die Wirbelsäule gebrochen, wie Abeling durch Betasten feststellte.

Während der ganzen Zeit hockten Camacho, Heiner Nickelsen und Guillermo auf dem Boden, bereit, helfend einzugreifen, aber fürs erste beschränkte sich ihre Unterstützung auf gelegentliche Handreichungen.

Plötzlich kam von Kannegieter ein leises Stöhnen. Er öffnete die Augen, sah in die Runde, preßte schließlich die ersten Worte heraus:

»Was ist los? Mein Gott, mein Rücken!«

»Wir haben dich gerade gefunden«, antwortete Rogge, »dich und den Assi. Er ist leider tot. Was ist mit euch passiert, Piet? Ihr seid beide am Rücken verletzt, aber bei dir scheinen die Knochen heilgeblieben zu sein.«

Es dauerte eine ganze Weile, bis Kannegieter weitersprach.

»Ein Container«, sagte er schließlich, »ich bin sicher, es war einer …, aber sehen konnte ich ihn nicht … Wir hatten … zu zweit die Rettungsinsel erwischt, klammerten uns fest …, wollten rein, da kam …, da kam von hinten …, so muß es gewesen sein …, dieser verfluchte Kasten. Luís, glaub' ich, kriegte eine Ecke ins Kreuz, und mich …, ja, mich hat der Bursche wohl nur gestreift.«

»Gestreift?« Rogge war kurz davor, aufzulachen, hätte es wohl auch getan, wenn die Situation nicht so verteufelt ernst gewesen wäre. »Das ist die Untertreibung des Jahrhunderts! Das Miststück hat deinen Rücken regelrecht umgepflügt! Muß verdammt weh tun.«

»Und ob! Es ist wie Feuer. Habt ihr nicht irgendein starkes Schmerzmittel? Ich halt' es kaum noch aus.«

Abeling kramte im Medikamentenkasten, fand, wonach er gesucht hatte, fragte nicht lange, zog die Spritze auf und setzte Piet Kannegieter eine Dosis Morphium, gab es ihm subkutan und erntete schon bald ein dankbares Lächeln.

Der Kapitän und der Chief Ing., die beiden erfahrensten unter den Männern, besorgten weiterhin die Behandlung des Verletzten, nutzten die Phase der Linderung, um auf seinem Rücken erneut eine Schicht Heilsalbe zu verreiben und danach die ganze zerfurchte Fläche zu verbinden. Dabei ging mehr als die Hälfte ihres Mullvorrats drauf, aber es war jetzt das Wichtigste, dieses blutige Waschbrett einigermaßen fachgerecht abzudecken.

»Wie ist«, wollte Abeling wissen, »der Assi mit seinem gebrochenen Rückgrat überhaupt noch in die Rettungsinsel gekommen?«

»Der Container wird ihn reingeworfen haben«, antwortete Kannegieter. »Ich dagegen mußte noch 'ne ganze Weile strampeln, ehe ich drin war.«

»Und wie hast du es dann bloß geschafft, dich anzubinden?« fragte Rogge.

»Das weiß ich selbst nicht. Aber es glückte. Erst hab' ich den Assi angezurrt, den ich nur für bewußtlos hielt, und dann mich. So ein Körper scheint ein komischer Vogel zu sein, wartet mit den Höllenschmerzen, bis man die absolut lebensnotwendigen Maßnahmen erledigt hat. Aber dann legt er los. Ich hatte gerade den letzten Knoten gemacht, da war es, als hätte man mir Benzin über den Rücken gekippt und dann angezündet.«

»Wir flicken dich wieder zusammen.« Rogge strich ihm über die Stirn. »Glaub mir, alles wird gut!«

»Aber«, sagte Kannegieter, »so richtig gerettet … seid ihr, wie mir scheint, noch nicht, oder seh' ich das falsch?«

»Wir warten darauf, daß man uns findet.« Rogge strich ihm, der nun die Augen geschlossen hatte, ein zweites Mal über die Stirn, und dann sagte er: »He, alter Junge, nicht einpennen! Mußt erstmal was essen und trinken!«

Er flößte ihm Wasser ein, aber essen wollte Kannegieter nicht, und also überließen sie ihn nun seinem Schlaf.

»Was machen wir mit Cabrera?« fragte Guillermo.

»Bestatten«, antwortete Abeling. »Wir haben keine Wahl. Wer weiß, vielleicht dauert's doch noch etwas länger, bis man uns findet, und ihn die ganze Zeit hierlassen, das geht nicht; wir sind in den Subtropen.«

Sie untersuchten die andere Rettungsinsel, stellten fest, daß es keinerlei Vorräte gab, ebensowenig einen Sender, den sie so dringend gebraucht hätten. Nur der zweite Boden war da. Den holten sie sich und wickelten den Toten hinein, verschnürten das Bündel. Dann lösten sie die Verbindungsleine und überließen die leere Insel der Strömung. Langsam trieb sie davon.

»Aber«, meinte Abeling, »wir warten mit der Bestattung, bis Kannegieter aufgewacht ist. Er war Cabreras letzter Partner und sollte deshalb dabeisein.«

Nach anderthalb Stunden war es soweit. Wieder brauchte Kannegieter einige Sekunden, um sich zurechtzufinden. Seine Schmerzen schienen sich noch in Grenzen zu halten. Rogge erklärte ihm, daß sie nun den Assi der See übergeben müßten, und zeigte auf das verschnürte Bündel.

Der Erste warf einen Blick darauf, und dann sagte er: »Gut, daß ihr ihn verpackt habt. Es gibt ihm ein bißchen Würde. So einfach rein, das wär' nicht schön gewesen.«

Heiner Nickelsen und Guillermo legten ihren toten Kameraden an die Kante. Außer Piet Kannegieter knieten sich alle hin. Das war wegen des schwankenden Untergrunds sicherer als das Stehen und hatte auch einen Anstrich von Gebet, und vielleicht war es diese Haltung, die sie bewog, die Hände zu falten, obwohl das Vaterunser noch nicht an der Reihe war.

»Luís Cabrera«, sagte Meinert Abeling, »du verläßt uns jetzt, gehst auf die große Reise. Unsere Gedanken begleiten dich. Du warst ein guter Gefährte, hast dich auf unserem schwierigen Schiff vor keiner Aufgabe gescheut, hast immer deinen Mann gestanden, hast deinen Kollegen geholfen, sooft es nottat. Dafür danken wir dir. Bestimmt hätten die Deinen dich gern in Santiago de Compostela aufgebahrt, und euer Priester hätte viel bessere Worte gefunden als ich, und deine Familie hätte dich in ihrer Erde beigesetzt, da drüben in Galicien, von dem du uns so oft erzählt hast. Aber wir können dich nicht nach Hause bringen, und so muß es die See sein, die dich aufnimmt. Für deinen Weg in den Himmel macht das keinen Unterschied. Gott wird dich empfangen in seinem Reich.« Er hielt inne, und die anderen spürten, daß er noch etwas zu sagen hatte, was ihm nicht so ohne weiteres über die Lippen wollte. Dann kam es doch. Er scheute sich nicht, seiner kleinen, demütigen Rede einen unchristlichen Gedanken nachzuschicken.

»Wir werden jetzt beten und, wie es Brauch ist, unseren Schuldigern ihre Schuld vergeben, aber ich sage dir, für mich besteht da eine Ausnahme. Unserem Reeder vergebe ich nicht, und er wird es zu spüren bekommen. Das verspreche ich dir!

Luís Cabrera, wir überlassen dich jetzt dem Element, das seit deinem zwanzigsten Jahr zu deinem Leben gehört hat. Bitte, lieber Gott, nimm unseren Freund gnädig auf, ebenso all jene, die mit ihm gemeinsam den großen Sturm nicht überlebten, und behüte und beschütze uns andere, die wir das Glück hatten, ihm zu entkommen.

Vater unser, der du bist im Himmel ...«

Er sprach das Gebet zu Ende, langsam und auch ein wenig stockend, weil es ungewohnte Worte waren, mit denen er es diesmal im Englischen zu tun hatte. Nach dem »Amen« nickte er Heiner Nickelsen und Guillermo zu. Behutsam nahmen die beiden das rote Bündel auf und schoben es ins Wasser.

Ein Gefühl tiefer Ergriffenheit kam dann noch einmal in allen auf, als Camacho ein altes spanisches Kirchenlied anstimmte und dabei sein hölzernes Kruzifix übers Meer hielt.

13.

Sie wurden auf eine harte Probe gestellt. Stunde um Stunde, Tag um Tag trieben sie auf dem Atlantik, litten unter der glutheißen Sonne, hielten verzweifelt Ausschau nach einem Zeichen, das Rettung verhieß. Aber nichts geschah.

Am Morgen des achten Tages, sie hatten gerade etwas Zwieback und Trinkwasser zu sich genommen, sagte Rogge:

»Ich weiß gar nicht, woraus wir noch Hoffnung schöpfen sollen. Wenn sieben Tage ergebnislos verstreichen, können daraus auch zehn oder fünfzehn werden, und irgendwann sind wir beim letzten Happen und beim letzten Tropfen angelangt, und von da an ist klar, daß wir unserem Assi folgen müssen.«

Abeling ärgerte sich über die düstere Prognose, und

obwohl sie alle, er selbst auch, wechselnden Stimmungen ausgesetzt waren und die Lage mal rosiger, mal schwärzer sahen, fuhr er dem Chief Ing. über den Mund:

»Unsinn, die suchen doch auch jetzt noch nach uns!«

»Und wenn wir mittlerweile hundert oder hundertfünfzig Meilen vom Unglücksort entfernt sind?«

»Man wird das Zielgebiet immer weiter ausdehnen. Die Leute von der US-COAST-GUARD und die von AMVER kennen schließlich die Strömungsverhältnisse.«

»AMVER?« fragte Heiner Nickelsen. »Was ist das? Hab' nie davon gehört.«

Camacho antwortete, und Abeling hatte den Eindruck, er tat es vor allem, um ihm beizustehen:

»Das ist eine rund um die Uhr arbeitende Station, die in Seenotfällen die Rettungsmaßnahmen koordiniert. Mit vollem Namen heißt sie AUTOMATED MUTUAL ASSISTANCE VESSEL RESCUE. Sie kontrolliert die Schiffsbewegungen im Atlantik und weiß zu jeder Zeit, wer wann wo ist, woher er kommt, wohin er fährt und was er geladen hat.«

»Unsere Reederei«, ergänzte Abeling, »ist zwar kein Mitglied bei diesem New Yorker Verein, der natürlich nicht gratis arbeitet, aber in schweren Unglücksfällen schaltet er sich trotzdem ein. Also, Leute, es besteht kein Grund, die Hoffnung aufzugeben!«

»Wieviel Proviant haben wir denn überhaupt noch?« fragte Guillermo.

»Für eine Woche«, antwortete Heiner Nickelsen. »Wenn es bis dahin mal regnet, kommen wir mit dem Wasser vielleicht noch ein paar Tage länger aus.«

Piet Kannegieter, der nach wie vor unter starken Schmerzen litt, meldete sich zu Wort:

»Da ihr grad vom Wasser redet ..., ob ich einen Schluck von meiner Abendration haben kann? Mein Hals ist total ausgetrocknet.«

»Kranke haben einen Sonderstatus«, antwortete Abeling, füllte einen Becher und gab ihn dem Holländer. »Dies ist also keine Abend-, sondern eine Zusatzration«, erklärte er.

Kannegieter bedankte sich und trank.

»Was das Wasser angeht«, sagte Camacho, »hab' ich mal von einer abenteuerlichen Geschichte gehört, von einem Selbstversuch, den ein französischer Arzt vorgenommen hat, auf hoher See. Kennt ihr den Fall?«

Niemand wußte davon, und so fuhr der Dritte fort:

»Alain Bombard hieß der Mann, ein Franzose, wie gesagt. Den wurmte es, daß nach Schiffsuntergängen so viele Menschen umkommen, auch wenn sie die Katastrophe erstmal überlebt haben. Sie sitzen in den Rettungsbooten, denken, sie haben das Schlimmste hinter sich, und was passiert? Sie verdursten! Also, er behauptete, die meisten brauchten nicht zu sterben; sie müßten einfach Meerwasser trinken.«

»Meerwasser?« Heiner Nickelsen schüttelte energisch den Kopf. »Davon wird man, soviel ich weiß, wahnsinnig.«

»Ja«, Camacho nickte, »das ist die eine Theorie. Die andere lautet: Man muß nur früh genug damit anfangen, und dann passiert das nicht. Ich glaube, es war in den fünfziger Jahren, daß Bombard sein Experiment startete. Er fuhr mit einem kleinen Boot von den Kanarischen Inseln ab, um den Atlantik zu überqueren, und zwar ohne Proviant und ohne einen einzigen Tropfen Trinkwasser an Bord. Und, was soll ich euch sagen, der Versuch gelang, und das, wie er erklärte, nur deshalb, weil er gleich vom ersten Tag an Meerwasser getrunken hat. Er sagte, entscheidend ist, daß man damit anfängt, solange noch körpereigene Reserven da sind. Man darf das Salzwasser also nicht erst zu sich nehmen, wenn man schon völlig ausgelaugt ist. Dann nämlich geht's schief. Er trank von Beginn an täglich dreiviertel Liter und nahm außerdem, ebenfalls täglich, zwei Teelöffel Plankton ein, das für die Zufuhr von Vitaminen sorgte. Nach fünfundsechzig Tagen kam er auf Barbados an. Er hatte viertausend Kilometer zurückgelegt, dabei zwar fünfundzwanzig Kilo verloren, aber überlebt und bewiesen, daß er mit seiner Theorie richtig lag.«

»Mann, das find' ich toll!« sagte Guillermo. »Das müßten wir auch machen.«

»Ich hätte Zweifel«, meinte Heiner Nickelsen. »Zumindest könnte ich mir vorstellen, daß es nicht bei jedem klappt.«

»Aber versuchen sollten wir es«, erklärte Camacho, »wenn unsere Vorräte zu Ende sind. Zum Sterben hinlegen können wir uns ja immer noch. Also trinken wir erstmal das Zeug, und dann werden wir sehen, was es uns bringt, den Wahnsinn oder ein glückliches Überleben.«

Sie diskutierten noch lange über Bombards kühnes Experiment, und dann erzählten sie sich Geschichten von dramatischen Havarien, von wunderbaren Rettungen aus Seenot, aber auch von traurigen Fällen, in denen der Tod gesiegt hatte.

Gegen Mittag bekam Piet Kannegieter hohes Fieber. Zuerst meinten sie, seine Schweißausbrüche seien auf die enorme Hitze zurückzuführen, denn die Sonne brannte besonders heiß. Doch sein Zustand verschlechterte sich zusehends. Ganze Rinnsale liefen ihm von der Stirn, und er fühlte sich immer schwächer. Abeling gab ihm schließlich das Fieberthermometer, und als er es nach einigen Minuten aus dem Mund nahm, zeigte es fast vierzig Grad an.

Kannegieter lag, wie meistens, auf dem Bauch.

»Mal sehen, was los ist«, sagte Abeling zu ihm und fing an, den über und über mit Schorf bedeckten Rücken zu untersuchen, tastete jede Handbreit der zerschundenen Fläche ab, und als er am rechten Schulterblatt angekommen war, stöhnte der Verletzte auf. Abeling besah sich die Stelle genau. »Da sitzt Eiter«, sagte er dann, »Gott sei Dank, denn dagegen können wir was machen. Wär' viel schlimmer, wenn wir nichts gefunden hätten.« Er ließ sich von Rogge ein Stück Verbandsmull geben, rieb damit ganz vorsichtig etwas Schorf ab.

Auch Rogge untersuchte die Schulterpartie. »Der Käpten hat recht«, sagte er, »da ist Eiter. Aber das kriegen wir hin.«

»Wollt ihr schneiden?«

»Nur ein bißchen pieksen«, erwiderte Abeling, »damit der Eiter abfließen kann. Es wird ziemlich schmerzhaft sein, Ihnen aber hinterher Erleichterung verschaffen.« Er zog den Medikamentenkasten näher heran, entnahm ihm eine Ampulle. »Sie kriegen jetzt eine Spritze; es ist allerdings unsere letzte.«

»Dann will ich sie nicht!« Der Protest des Ersten kam energisch und seine anschließende Erklärung ebenso: »Wir müssen eine eiserne Reserve behalten. Für jeden von uns kann es so kommen, daß er sie noch dringender braucht als ich jetzt.«

»Okay.« Abeling legte die Ampulle zurück, griff nach dem Skalpell, das ebenfalls zur Erste-Hilfe-Ausrüstung gehörte, und säuberte die Klinge mit einer aseptischen Lösung. Rogge steckte dem Patienten das aufgerollte Ende eines Schwimmwestengurtes in den Mund. »Beiß drauf, wenn's weh tut!« sagte er.

Es wurde dann kein Pieksen, sondern ein mehrfaches tiefes Schneiden, weil einige Hautpartien brandig geworden waren und entfernt werden mußten. Kannegieter gab keinen einzigen Laut von sich. Rogge war es, der einmal kurz aufschrie, weil der Erste ihn in einem Reflex mit aller Kraft in den Arm gekniffen hatte. Und dann floß der Eiter.

Abeling gab Kannegieter ein paar Aspirin-Tabletten, um das Fieber zu senken, und nach gut einer Stunde war die Temperatur dann tatsächlich auf 38,4 Grad zurückgegangen.

»Auch die Schmerzen lassen etwas nach«, sagte der Kranke, und Rogge erwiderte darauf:

»Klar, die Beule ist ja nun offen, die Spannung ist raus, und das schafft, wie der Käpten versprochen hat, Erleichterung. Mensch, das pulschte da raus wie 'ne Ladung Altöl beim Wechsel, das Ganze nur eben in Gelb!«

Etwas später, die Dämmerung hatte schon eingesetzt, wollte Kannegieter sogar seine Notdurft zum erstenmal so erledigen, wie die anderen es machten, bei einem kurzen, außenbords genommenen Bad. Heiner Nickelsen und Guillermo halfen ihm über die Kante. Als er zurück war, meinte er: »Also, Leute, von jetzt an nur noch so!«

In dieser Nacht hatte Camacho die Wache ab zweiundzwanzig Uhr. Sie waren, um auf keinen Fall ein während der Dunkelheit vorbeifahrendes Schiff zu verpassen, übereingekommen, im Zwei-Stunden-Wechsel Ausschau zu halten. Nur Piet Kannegieter hatten sie von der Regelung ausgenommen, denn zu diesem Dienst gehörte es, durchs Nachtglas den Horizont abzusuchen, wobei der Wachhabende die jeweils notwendigen Drehungen mit seinem Körper oder per Paddel mit dem Floß ausführte. Sowohl für die eine wie für die andere Methode war der Holländer noch viel zu schwach.

Es war wenige Minuten vor Mitternacht. Gerade hatte Camacho dem Floß einen winzigen Drall nach Backbord gegeben. Als es sich langsam in die gewünschte Richtung drehte, stockte ihm plötzlich der Atem. Er glaubte ein Licht erkannt zu haben, wollte aufschreien, wollte seine wunderbare Entdeckung den anderen mitteilen, hielt sich aber im letzten Augenblick zurück, dachte: Womöglich ist es nur eine Halluzination! So rieb er sich erstmal die Augen, sah dann erneut durchs Glas.

Das Licht war noch da. Er schwenkte das Glas ein kleines Stück nach links, fand dort nur schwarze Nacht, sah nach rechts, fand das Licht wieder, ließ das Glas weiterwandern, erkannte ein zweites Licht und war nun sicher, es mit den Topplaternen eines Schiffes zu tun zu haben, denn eine andere Zuordnung dieser beiden Lampen konnte es hier draußen kaum geben.

»Ein Schiff! Ein Schiff!« schrie er.

Die anderen waren sofort hellwach. Das Glas wechselte von Hand zu Hand. Meinert Abeling riß den Satz Leuchtkörper aus einer Seitentasche der Rettungsinsel heraus, reichte ihn Camacho, der sofort eine der Raketen abschoß. Inzwischen hatte Guillermo die Halogen-Lampe hervorgeholt. Ihr grelles Licht glitt in die Richtung des Schiffes.

»Aber ich kann nicht morsen!« rief er.

Camacho nahm ihm die Lampe ab und meldete SOS, gab auch den Schiffsnamen ANABEL und das Rufzeichen an.

Ganz schwach drang ein dumpfes, langanhaltendes Tuten zu ihnen herüber.

»Sie sind weit entfernt«, sagte Abeling, »sonst wäre es lauter.«

Gleich darauf blitzte drüben die Morselampe auf, und mit leicht zitternder und dennoch lauter Stimme übersetzte Camacho die Nachricht, die ihnen übersandt wurde:

»Wir kommen! Wir holen euch!«

Es war ein Freudentaumel, den diese fünf Worte auslösten. Gewiß, schon das Tuten hatte die Männer in gespannteste Erwartung versetzt, aber bei aller Verheißung war es vorerst doch nur ein anonymes Signal gewesen, konnte ja auch einem bordinternen Vorfall gegolten haben oder einem jenseits der Topplaternen vorbeifahrenden Schiff. Jetzt jedoch hatten, über die weite Distanz hinweg, Worte sie erreicht, Worte, die für sie bestimmt waren und die keine andere Deutung zuließen als diese eine: Rettung!

Bis auf Piet Kannegieter waren alle aufgesprungen, so daß ihr kleines Fahrzeug zu schlingern begann.

»Runter mit euch!« rief Abeling, nachdem er sich als erster wieder gesetzt hatte. Sie gehorchten augenblicklich, aber der Jubel blieb. Sie redeten wild durcheinander, so daß er sie ein zweites Mal zur Ordnung rief:

»Bitte, Leute, dreht jetzt nicht durch! Schließlich gibt's was zu tun. Wir müssen ihnen ununterbrochen unser Licht hinhalten, damit sie auf uns zusteuern können.«

Camacho nahm die Lampe wieder auf. »Soll ich nicht erst noch antworten?« fragte er.

»Klar«, erwiderte Abeling, »morsen Sie: Danke, danke, danke!«

Der Spanier blitzte die Botschaft hinüber, und von da an hielt er die Lampe mit beiden Händen ständig in Richtung auf das Schiff.

Was dort geschah, konnten sie bei der großen Entfernung zunächst nur ahnen, aber nach etwa zehn Minuten entdeckten sie ein weiteres Licht, und als sie dann erkannten, daß es schaukelte und immer deutlicher wurde, hatte ihre Freude keine Grenzen mehr. Schließlich hörten sie auch den Motor.

Obwohl Camacho auf der Floßkante kniete und nach vorn blickte, bekam er mit, was hinter ihm geschah. Heiner und der Mann von Mindanao lagen sich in den Armen, ließen sich wieder los und teilten gegenseitig übermütige Schläge aus. Immer noch einmal trafen ihre Fäuste aufeinander.

»Spinnt ihr?« rief er, sich kurz umdrehend, den beiden zu, lachte aber dabei.

Auch Abeling war das kleine Intermezzo nicht entgangen. Die Jungens, hatte er gedacht, brauchen diese körperliche Entladung jetzt wohl.

Camacho senkte den Strahl der Halogen-Lampe, um die Retter nicht zu blenden. Das Boot kam heran. Der Mann am Steuer drosselte den Motor. Die Seitenplanke schlug leicht gegen die Vinylwand. Als erster wurde Piet Kannegieter übernommen, dann Rogge, dann Guillermo, dann der Koch, dann Camacho und schließlich Abeling.

Die Rettungsinsel kam in Schlepp, weil sie bei der Seeamtsverhandlung als Indiz zur Verfügung stehen mußte.

Das Boot legte ab. Camacho hielt sein Kruzifix im Arm, als wär's ein kleiner siebter Schiffbrüchiger. Eine knappe Stunde nach Entdeckung der beiden Topplaternen befanden sie sich in Sicherheit.

Piet Kannegieter lag in einem frischbezogenen Bett. Der Zweite Offizier des fremden Schiffes kümmerte sich um ihn, besah sich die Verletzungen und rief dann ein ums andere Mal aus: *»It's terrible!«* Er entfernte einen Rest Eiter, säuberte den ganzen Rücken, brachte dort, wo Abeling geschnitten hatte, eine dicke Kompresse an, befestigte sie mit Heftpflaster. Auch er griff, ohne zu zögern, nach einer Morphium-Ampulle, injizierte. Als die Nadel wieder draußen war, nahm Kannegieter die Hand seines Wohltäters, drückte sie und sagte: »Euch hat der Himmel geschickt!« Und dann fragte er: »Seit wann sucht ihr uns?«

»Wir haben euch nicht gesucht«, antwortete der Mann, ein rotblonder Hüne mit Sechstagebart, »wir wußten ja gar nichts von euch.«

»Also war's wirklich der Himmel.«

Die anderen saßen in der Messe dem etwa vierzigjährigen Kapitän gegenüber, während der Steward den Tisch für sie deckte.

Nach acht Tagen der verzweifelten Ausschau und der

schwindenden Hoffnung waren sie nun einfach glücklich. Das Schiff, das sie aufgenommen hatte, war der viertausend Tonnen große dänische Frachter LITTLE MERMAID, mit Stückgut unterwegs von Miami nach Liverpool.

Und als sie dann die erste warme Mahlzeit verzehrten, erfuhren sie, daß der Kapitän sie gegen sieben Uhr am nächsten Morgen den amerikanischen Behörden auf Bermuda-Island überstellen würde. Die entsprechenden Informationen waren schon per Funk durchgegeben worden und würden natürlich eine verstärkte Suche nach weiteren Schiffbrüchigen auslösen. Sogar ein Krankenhaus war unterrichtet, in dem Piet Kannegieter gleich nach der Ankunft ärztliche Betreuung erfahren sollte.

14.

Das Überleben war eine Sache, das Weiterleben eine andere. Meinert Abeling wußte, nach dem Kampf gegen die Wellen des Atlantischen Ozeans stand ihm ein zweiter bevor, bei dem es gleichfalls, wenn auch in anderer Weise, hart auf hart gehen würde, noch nicht so bald, vermutlich erst in einem Jahr, dafür aber in doppelter Gestalt. Zum einen mußte er sich vor dem Seeamt verantworten, das für die fachmännische Untersuchung von Havarien zuständig war, zum anderen würde der Staatsanwalt gegen ihn ermitteln, und zwar, da es Tote gab, unabhängig davon, ob ein privater Kläger auf den Plan trat oder nicht.

Die endgültige Bilanz der Sturmnacht von Bermuda war entsetzlich. Nur Piet Kannegieter, Berthold Rogge, Umberto Camacho, Heiner Nickelsen, Guillermo, der Junge von Mindanao, und er hatten überlebt. Die US-

Coastguard hatte wenige Tage nach dem Untergang fünf Besatzungsmitglieder tot aus den Fluten geborgen. Drei waren Wochen später an der Küste von Bermuda-Island angetrieben. Die übrigen galten als verschollen, was ihrer Aufnahme in die Totenliste gleichkam, denn nun, ein Vierteljahr nach dem Unglück, bestand keine Aussicht mehr, daß man sie noch lebend finden würde.

Jetzt, Anfang Januar, war er auf seine Insel zurückgekehrt. In den Wochen davor hatte er sich teils in Hamburg aufgehalten, um für die ersten bürokratischen Erfordernisse zur Verfügung zu stehen, und teils war er unterwegs gewesen, nicht mit einem Schiff, sondern mit der Bahn und dem Flugzeug, um Angehörige seiner Toten zu besuchen. Er hatte ihnen sein Mitgefühl persönlich aussprechen und zugleich ihre Hilfe erbitten wollen, denn er brauchte Zeugenaussagen. Die Überlebenden, dessen hatte er sich versichert, würden das Ihre zu seiner Entlastung beitragen, doch der Anwalt hatte ihm geraten, auch bei den Verwandten der Opfer Auskünfte einzuholen. Vier wichtige Erklärungen hatte er zusammengetragen, hatte sie, was allerlei behördlichen Umstand und damit auch Zeit verlangte, ins Deutsche übersetzen und von den jeweiligen konsularischen Vertretungen beglaubigen lassen.

Nun, wieder in seinem Keitumer Haus, las er sich die Texte noch einmal durch.

In Kolberg hatte er mit der Mutter des Leichtmatrosen Stanislaw einen ganzen Vormittag lang gesprochen, seine Niederschrift ihres Berichts dann von ihr unterzeichnen und anschließend auf dem dafür zuständigen Amt dokumentarisch absichern lassen.

Auf der Insel Röm war er mit dem Vater des Bootsmannes Olaf Jensen zusammengetroffen und hatte von ihm eine in dänischer Sprache handschriftlich festgehaltene Information bekommen.

Sein Besuch bei der Familie Cabrera im spanischen

Santiago de Compostela war ihm besonders nahegegangen. Nicht weniger als sechs Angehörige hatte er dort vor sich gehabt. Er hatte ihnen von einer würdevollen Seebestattung, von Andacht und Gebet, von Gesang und Kruzifix erzählt, aber die schrecklichen Einzelheiten wie der Containeraufprall und das zerbrochene Rückgrat waren natürlich unerwähnt geblieben. Er hatte nur berichtet, die beiden Schiffbrüchigen, der I WO und ihr Luís, hätten sich mit letzter Kraft in ein Rettungsfloß werfen können, doch der Körper des einen, der von Luís, habe der vorausgegangenen übergroßen Anstrengung nicht standgehalten. Alle, die Eltern und die vier Geschwister, weinten, aber am Ende gaben sie ihm die Antworten, die er brauchte.

Daß er schließlich sogar die weite Reise in die USA unternahm, hatte mit seiner Sympathie für Jim Forester zu tun, und zugleich hoffte er, Briefe des Funkers an die Ehefrau einsehen zu dürfen, in denen dieser ja vielleicht über seine Station berichtet hatte. Und tatsächlich, unter den vielen Briefen gab es einen, in dem Forester seiner ganzen Wut und Verzweiflung über den Zustand der Funkgeräte Ausdruck gegeben hatte.

Er war zufrieden mit seiner Ausbeute, fühlte sich gewappnet, hatte nun, die ihm zugesagten entlastenden Zeugenaussagen der Überlebenden eingerechnet, neun Erklärungen, die das Fehlverhalten des Reeders vor Gericht belegen und damit seine eigene Schuld vielleicht etwas mindern würden.

Daß eine solche vorlag und daher sowohl das Seeamt wie auch die Staatsanwaltschaft in Aktion treten würden, hatte ihm sein Anwalt ganz unverblümt mitgeteilt. Stundenlang hatte er Dr. Haberland in dessen Praxis in Hamburg gegenübergesessen, und als er sich schließlich verabschiedete, schwirrte ihm der Kopf von Paragraphen und Prognosen.

Haberland hatte ihm klargemacht, daß er durchaus

mit einer Haftstrafe rechnen müsse, da ihm grob pflichtwidriges Verhalten gegen Rechtsvorschriften zur Verkehrssicherung vorzuwerfen sei. Er selbst hatte ins Feld geführt, die Mängel, die an Bord bestanden hätten, seien allesamt auf den vom Reeder ausgeübten Zwang zurückzuführen, doch der Anwalt hatte darauf erwidert, der Reeder hätte noch so massiv verlangen können, notwendige Maßnahmen zu unterlassen oder offizielle Bestimmungen zu ignorieren, die Entscheidung darüber, ob derlei Wünschen entsprochen werde oder nicht, liege nun mal beim Kapitän. Wörtlich hatte er hinzugefügt: »Sie hätten ihm erklären müssen, Sie seien erst zur Weiterfahrt bereit, wenn er alle Mißstände behoben hätte.« »Ich hab' ihn doch konfrontiert mit der verdammten Mängelliste!« hatte er entgegnet und daraufhin vom Anwalt zu hören bekommen: »Okay, Sie haben verbal reagiert, doch dann sind Sie weitergefahren, und genau das wird der Richter Ihnen vorhalten.«

Auf seine Frage, ob der vom Reeder ständig ausgeübte Druck die Fortsetzung der Fahrt nicht doch in einem anderen Licht erscheinen lasse, war wiederum eine ganz simple und in ihrer Logik nicht zu erschütternde Antwort gefolgt: »Nein, denn so, wie Sie mir das letzte Telefongespräch mit Herrn Schottmann geschildert haben, ist die Kündigung bereits vor Ihrer Abreise aus New Orleans ausgesprochen worden. Sie konnte also nicht mehr als Drohung verstanden werden, und somit waren Sie absolut frei in Ihren Entscheidungen, hätten, ohne auch nur die geringste neuerliche Repressalie befürchten zu müssen, erklären können: ›Keine einzige Meile mehr mit diesem Schrottkahn!‹ Wieder muß ich sagen: Sie sind weitergefahren und haben, da Sie den schlechten Zustand des Schiffes kannten, den Tod von Menschen billigend in Kauf genommen. Es ist nicht einmal auszuschließen, daß der Staatsanwalt Ihnen dreizehnfachen Mord zur Last legen wird.«

»Wieso denn das?« hatte er sich empört. »Habe ich meine Leute etwa eigenhändig umgebracht?«

»Tut mir leid«, war Haberlands Antwort gewesen, »aber ob der Verstoß gegen Rechtsvorschriften durch Tun oder durch Unterlassen begangen wird, ist einerlei; beides ist strafbar. Und es unterliegt keinem Zweifel, daß die Tathandlung die konkrete Gefahr ausgelöst hat. Die Gefährdung hat ja durch den Untergang des Schiffes die beste ..., nein, ich sollte wohl sagen: die schlimmste Bestätigung gefunden. Das Gericht wird übrigens durchaus von Vorsatz sprechen, denn bei der Anzahl und der Schwere der Verstöße kann man sich nicht damit herausreden, man habe das alles nicht gewollt. Daß Sie die möglichen Folgen in Kauf nahmen, genügt für das Erkennen auf Vorsatz.«

Einmal hatte er den Mann, der ihm doch helfen sollte, mit den Worten unterbrochen: »Allmählich krieg' ich den Eindruck, Sie sind der Anwalt der Gegenseite!«

Der Jurist hatte das nicht übelgenommen, sondern nur gesagt, so etwas höre er nicht zum erstenmal, dann aber erklärt und ihn damit beruhigt: »Jeder hat da so sein Prinzip. Ich halte nichts davon, einem Mandanten vorzugaukeln, er sei schon so gut wie raus aus der Bredouille. Ich mache es lieber umgekehrt, sage klipp und klar, was im schlimmsten Fall passieren kann, und wenn es dann hinterher besser kommt, freuen wir uns beide.«

Auf die Frage, wie er denn Schottmanns Aussichten einschätze, hatte Haberland geantwortet: »Es ist das alte Lied: Die moralisch Schuldigen sind viel schwerer zu packen als diejenigen, die man mit Hilfe der Paragraphen festnageln kann. Ich bin sicher, die Strategie der Schottmannschen Verteidigung wird darauf abzielen, daß alle Maßnahmen, die wir als Repressalien ansehen, nur Vorschläge waren, und Vorschläge sind nicht verboten und damit irrelevant. Dennoch, mit Hilfe der Zeugenaussagen werden wir beweisen, daß die Mißstände an Bord dem Reeder sehr wohl bekannt waren. Straffreiheit wird es auch für ihn nicht geben, aber es kann sein, daß er mit einer Geldbuße davonkommt.«

Er verschloß die Akte mit den Zeugenaussagen in seinem Schreibtisch. Es waren Kopien; die Originale hatte er Haberland überlassen.

Er zog seinen Mantel an, machte sich ohne ein bestimmtes Ziel auf den Weg, ging zum Kliff und dann nordwärts, dachte nach über seine Lage. Neben allem, was er von Haberland gehört hatte, wußte er über die seeamtliche Untersuchung von Havarien auch so manches aus eigener Erfahrung und von Kollegen, die – ob nun schuldhaft oder nicht – in eine Havarie verwickelt gewesen waren.

Ganz sachlich, ja, spröde würde es anlaufen: *Zur Verhandlung steht heute der Untergang der ANABEL, Unterscheidungssignal QRPV, klassifiziert vom Bureau Veritas, erbaut im Jahre 1975 in Split, vormals Jugoslawien, und beheimatet in Panama City. Rauminhalt …*

Und dann würde eine schier endlose Aufzählung all der Gegenstände erfolgen, die laut Werftplan zum Schiff gehörten wie Lukendeckel und Ankergeschirr und Rettungsmittel, fünfflügeliger Propeller, Halbschweberuder, wasserdichte Querschotten, Kreisel-Ballastpumpen, Lenzpumpen, Davits, Decca Radar, Funkpeiler, Echolot, Echograph und so weiter und so weiter.

Der Schilderung des eigentlichen Geschehens würde die Verlesung einer weiteren Liste vorausgehen. Alle Männer der Besatzung, vom Kapitän bis zum Moses, würden erwähnt werden, nicht nur jeweils mit ihrem Namen, sondern mit allen wichtigen biographischen Angaben wie Alter, Herkunft und Berufsbezeichnung. Zu dieser gehörten auch die entsprechenden Zertifikate, ja, sogar die Behörden, Schulen oder Institute, die sie ausgestellt hatten, denn diese ließen Schlüsse auf den Grad der Eignung zu. Nur allzu gut erinnerte er sich des eigenen

Verfahrens, bei dem sich herausstellte, daß sein Dritter Offizier, der den Crash von Cherbourg verursacht hatte, kein gültiges Patent besaß.

Anschließend würde dargelegt werden, wie der Untergang der ANABEL vom Aufkommen des Sturms bis hin zum Kentern und Sinken abgelaufen war, und dabei würde auch zur Sprache kommen, wieso denn überhaupt dreizehn Seeleute hatten sterben müssen an einem Ort, an dem man nicht durch Unterkühlung den Tod fand, und in einer Zeit, in der die Satellitenbeobachtung so weit fortgeschritten war, daß ihr, wie oft gesagt wurde, selbst Objekte von der Winzigkeit eines Tennisballs nicht entgingen.

Das werde ich dann erklären müssen, dachte er, und das kann ich auch, wenngleich nur anhand von Vermutungen. Von den beiden Rettungsbooten kam das motorbetriebene gar nicht erst zum Einsatz, weil es infolge der Schlagseite, die innerhalb weniger Minuten eingetreten war, in den Davits festsaß. Das andere Boot ist möglicherweise gewassert worden, aber durch den mächtigen Sturm umgeschlagen. Ja, und die Erfolglosigkeit der Suchaktionen? Tatsache ist, wie die späteren Nachforschungen ergeben haben, daß das MS REINA DEL MAR aus Cartagena/Columbia, das sechzig Meilen vom Unglücksort entfernt war, sich sofort in Richtung auf die empfangenen Koordinaten in Marsch gesetzt hat. Außerdem sind nach Eingang der SOS-Meldung Suchflugzeuge von Bermuda-Island aus gestartet. Daß sie erst so spät und dann auch nur mit so traurigem Resultat fündig wurden, wird am gewaltigen Wellengang gelegen haben, den man selbst mit Schwimmweste nicht überstehen konnte, und an den enormen Versetzungen, die dazu führten, daß das Suchgebiet nicht mehr stimmte. Immerhin ist auch meine eigene Rettungsinsel durch Wind und Strömungsverhältnisse mehr als hundert Meilen abgetrieben.

Ja, das alles und noch viel mehr würde er mitteilen. Er wußte auch, mit welcher Besetzung er es zu tun haben würde, mit einem Seeamtsdirektor als Vorsitzendem, mit einem Ingenieur und zwei Kapitänen als Beisitzern, ferner mit einem Schriftführer, der meistens ein Regierungsbeamter war, und schließlich gehörte auch ein Bundesbeauftragter dazu, nicht selten ein hochrangiger Marineoffizier, ein Konter- oder Vizeadmiral etwa. Die werden, dachte er, vom grünen Tisch aus den Untergang analysieren und nicht umhinkönnen, die Schuld dort festzumachen, wo es von den Paragraphen her möglich ist, beim Schiffsführer.

Aber, fragte er sich, wie werden sie das Verhalten des Reeders beurteilen? Nach Haberlands Einschätzung wird es ihn nicht halb so hart treffen wie mich!

Auf seinem Weg am Wattenmeer entlang hatte er den kleinen Munkmarscher Hafen erreicht, ließ ihn hinter sich, ging weiter, und während der nächsten halben Stunde, die ihn bis nach Braderup brachte, war er nur noch mit Georg Schottmann beschäftigt, malte sich die Ungeheuerlichkeit aus, der Mann käme womöglich davon mit einer Rüge und mit der Ermahnung, er möge doch in Zukunft darauf achten, daß seine Schiffe besser ausgestattet seien.

Er erinnerte sich des Versprechens, das er dem Assi mitgegeben hatte ins nasse Grab, sagte sich: Es darf nicht sein, daß man diesem Ausbeuter nur die Ohren langzieht und er weiterhin seine Schiffe unterbesetzt und überlädt und sie mit schrottreifer Hauptmaschine den Hurrikans entgegenschickt. Das muß ich verhindern, und zwar bevor man mich einsperrt.

Er machte kehrt, trat den Rückweg an, ging aber nicht mehr am Wasser entlang, sondern wählte die landeinwärts verlaufende Chaussee.

Als er Keitum erreicht hatte, betrat er den an der Landstraße gelegenen Friedhof, grüßte seine verstorbenen Angehörigen, die dort lagen, und gedachte, wenn es Kapitäne waren, ihrer Reisen, die noch so ganz anders gewesen waren als die heutigen, ohne die Uhr im Nakken, ohne Löschen und Laden in kürzester Frist und ohne einen Reeder, der die Seefahrt wie ein x-beliebiges Geschäft betrieb oder wie einen Gang zur Börse.

Ich muß etwas tun! Fester denn je hatte er diesen Vorsatz im Kopf.

Mitte Januar ergab sich ein weiterer Anlaß zum Reisen. Schon auf der ANABEL hatte er manchmal unter Rückenschmerzen gelitten, aber während der letzten Wochen waren sie verstärkt aufgetreten. Bei einer Untersuchung stellten sich dann altersbedingte Verschleißerscheinungen heraus. »Ihnen hat jahrzehntelang die körperliche Bewegung gefehlt«, sagte der Arzt. »Für strammes Marschieren reichen die paar Quadratmeter einer Kommandobrücke nicht aus.« Er riet ihm zu einer dreiwöchigen Kur und zählte auch mehrere Heilbäder auf, die geeignet waren. Daß die Wahl dann auf das oberitalienische Abano fiel, hatte ganz sicher nichts mit der Bemerkung des Arztes zu tun, schon Goethe habe sich das dortige Thermalwasser guttun lassen.

Bald darauf befand er sich in dem berühmten, in der Nähe Venedigs gelegenen Kurort, schwamm dort im warmen Heilwasser, ließ Massagen, Fangopackungen und allerlei andere medizinische Anwendungen über sich ergehen und befolgte auch, jedenfalls zunächst, den Rat, weite Wanderungen zu unternehmen, wobei er ebenfalls beherzigte, was sein Arzt als letztes noch einmal betont hatte: »Sie sollen nicht spazieren, sondern marschieren, also auch den Kreislauf auf Touren bringen!«

Doch noch bevor die erste Woche verstrichen war, empfand er das Repertoire der Geschlagenen, wie er das Programm für sich nur noch nannte, als zu lästig und deprimierend, setzte sich in die Bahn und fuhr für einen Tag nach Venedig.

Er selbst hätte wohl weder bestätigen noch bestreiten können, daß es in Wirklichkeit der Adriahafen war, der ihn mehr aus dem Unterbewußtsein heraus gelockt hatte. Das große kulturelle Angebot konnte es jedenfalls nicht gewesen sein, denn seine Wege durch Venedig, machte er sie nun zu Fuß oder auf einem der vielen Motorboote, gestalteten sich eher hilflos als zielsicher. Er stapfte über den Markusplatz wie einer, der sich verlaufen hat, und er sah sich zwar den Dogenpalast an und die Seufzerbrücke, doch nahm er alles nur halbherzig, nur mit geringem Interesse auf, wohlwissend, daß er der ungewöhnlichen Stadt so nicht gerecht wurde.

Um die Mittagszeit fuhr er hinüber zur Insel Burano, auf der zu dieser winterlichen Zeit die Uhren stillzustehen schienen. Die kleinen Häuser der Fischersiedlung waren in bunten Farben gestrichen, und einige Straßen waren so schmal, daß zwei Fußgänger sich darin gerade noch begegnen konnten, ohne einander ausweichen zu müssen. In den Souvenirläden gab es Leporellos mit Bildern des anmutigen Dorfes, handgeklöppelte Spitzen, mundgeblasenes Glas und vieles mehr zu kaufen. Eines der Geschäfte drängte, obwohl naßkaltes Wetter herrschte, sein Warenangebot bis auf die Straße hinaus. Auf einem der aneinandergereihten Tische sah er Messing-Miniaturen des Campanile und der Markuskirche.

Er fand ein Restaurant, aß dort zu Mittag, einen heimischen, sehr wohlschmeckenden Fisch, dessen Namen er sich sagen ließ, aber gleich wieder vergaß.

Auf dem Rückweg nach Venedig fuhr die Barkasse ganz dicht heran an den großen, von Adriawasser umgebenen Friedhof. Beim Anblick der vielen, zum Teil pompösen Monumente mußte er an seine Toten denken, die ebenfalls, wenn auch auf ganz andere Weise, ihr Grab im Meer gefunden hatten.

Am späten Nachmittag bestieg er den Zug, und am Abend zog er wieder seine Bahnen durch die Therme von Abano.

15.

»Mein Junge, das Wichtigste ist …«, Georg Schottmann legte den Kopf zurück und blies den Rauch seiner Davidoff fast senkrecht in die Luft, »die Schornsteine unserer Schiffe am Qualmen zu halten.« Aber damit war die theatralische Einlage noch nicht zu Ende, denn er zeigte auf die blauen Schwaden, die zur Decke aufstiegen, senkte die Hand dann wieder, ließ seiner kleinen Vorführung ein bedächtiges Nicken folgen und fuhr schließlich fort: »Es ist ein Spiel, ein taktisches Spiel, ist so ähnlich wie Schach. Auf der Gegenseite sind ein paar philippinische Bauern, die gerade mal bis drei zählen können, und eine Handvoll duldsamer Offiziere. Eine Dame gibt es nicht, also keine Glücksfee, nur noch einen in der Regel ziemlich abgehalfterten König. Das Spielfeld ist das Meer, und es geht um Tonnage, um Fracht, sprich Geld. Glaub mir, je älter die Menschheit wird, desto entschiedener geht es ihr bei allem, was sie tut, um Geld.«

Sie saßen in der Bibliothek, die außerhalb der Dienstzeiten auch als Büro und Geschäftsstelle diente, allerdings nur für den Chef und seinen Sohn. Der eigentliche Reedereibetrieb mit den elf Angestellten war in einem angemieteten Gebäude in der Nähe des Hafens untergebracht.

Per Fax waren soeben die Positionsmeldungen der Schottmann-Schiffe eingegangen. Auf dem Blatt standen die voraussichtlichen Ankunfts- und Abfahrtszeiten und die dazugehörigen Häfen, und diesmal waren alle fünf

Erdteile vertreten. Georg Schottmann tippte mit dem Zeigefinger auf das vor ihm liegende Papier. »Darauf kommt es an! Daß die Kähne Dollars machen. Nur darauf! Du weißt, ich bin kein Mann von der Wasserkante, hab' nicht mal 'ne innere Beziehung zu meinen *sailors*. Ich will Geld machen, soviel wie möglich. Nichts anderes ist meine Devise. Klar, das klingt frostig, klinkt nach Menschenverachtung, aber ich habe gelernt, daß das Mitspielen, in welcher Branche es auch stattfindet, eine knallharte Sache ist. Sentimentalitäten haben da keinen Platz. Da zählt nur das Geschäft, und wenn ich eines Tages nicht mehr kann, weil meine Kraft verbraucht ist, ziehe ich mich in meinen maurischen Palast in Andalusien zurück und verbringe den Lebensabend unter südlicher Sonne, während meine Schiffe weiterhin das Geld einfahren. Ich bin, genaugenommen, nicht mal ein Reeder. Ich könnte auch, wie du es getan hast, mit Immobilien handeln. Allerdings müßte das dann schon ein bißchen mehr abwerfen, als es bei dir der Fall war. Ich könnte, wenn ich ungeschoren da heran- und dann auch ungeschoren wieder davon wegkäme, sogar mit Plutonium Geld machen. Vielleicht bist du jetzt entsetzt über mich, aber dann solltest du dir die Welt von heute etwas kritischer ansehen. Sie ist durch und durch korrupt, und wenn einzelne versuchen, sie zu verbessern, schwimmen sie dabei so hoffnungslos gegen den Strom, daß sie untergehen. Also schwimme ich lieber *mit* dem Strom. In den letzten zwanzig, dreißig Jahren hat sich vieles radikal verändert. Die Regeln haben sich verschoben. Jeder ist sich selbst der Nächste und immer des anderen Feind.«

»So kann ich nicht leben, wirklich nicht«, antwortete Rüdiger Schottmann, und die Art, in der er diese Worte sprach, leise und bekümmert, machte deutlich, daß seine Skrupel ihm selbst im Wege waren. »Ich hab' versucht, es dir gleichzutun, hab' mich bemüht, von meinem

Schreibtisch aus deine Gangart einzuschlagen, hab' zum Beispiel den unglückseligen Kapitän Abeling, als er mit der ANABEL vor Veracruz lag und sich weigerte, in den Hafen einzufahren, zusammengestaucht, aber nur halbherzig, und zuletzt sogar einen Rückzieher gemacht und ihm zugestimmt. Hier drinnen …«, er legte sich die Rechte auf die Brust, »geht es ganz schön verrückt zu. Da will ich sein wie du, will dir nacheifern, deine Methoden anwenden und deine Erfolge haben, egal, wie rigoros ich vorgehen muß. Aber wenn ich nach solchen Versuchen abends in den Spiegel sehe, möchte ich mich am liebsten anspucken.«

»Das sind die Kinderkrankheiten«, erklärte der Vater mit großer Entschiedenheit. »Die geben sich im Laufe der Zeit. Klar, du bist erst siebenundzwanzig, und deine Seele ist noch weich, hat noch keine Ecken und Kanten. Du glaubst noch an das Gute in dieser Welt, solltest aber so allmählich umlernen.«

Die beiden waren allein. Georg Schottmanns Frau war für ein paar Wochen in den Süden gereist, weil der nordische Winter ihr zusetzte. Zofia machte Urlaub bei ihrer Familie in Grudziadz; bei der Erwähnung ihres Reiseziels war der Hausherr ihr über den Mund gefahren mit der Erklärung, es heiße Graudenz. Und Bronislawa, das andere der beiden Hausmädchen, hatte an diesem Tag frei.

Die Männer tranken, wie es zur Jahreszeit paßte, Grog, schon den dritten an diesem Abend. Davon hatten sie rote Köpfe bekommen, der Vater einen deutlich dunkleren, denn er neigte ohnehin zu hohem Blutdruck, hatte auch Übergewicht und bezeichnete sich hin und wieder selbst als typischen Kandidaten für einen Schlaganfall, pflegte dieser Diagnose dann aber meistens den Kommentar hinzuzufügen: »Ich wünsche mir einen, aber um Gotteswillen keinen halben, sondern einen, der mich dann auch komplett erschlägt, allerdings erst, wenn ich neunzig bin.« Das Gegensteuern hielt sich in bescheidenem Rahmen: ein bißchen Golf, ein bißchen Schwimmen, zweimal pro Jahr die Kur in Griesbach. Da er einen Meter und fünfundachtzig maß, fiel die Körperfülle nicht besonders auf, obwohl er vierundneunzig Kilo auf die Waage brachte.

Der Sohn war weitgehend nach seiner elsässischen Mutter geraten, die sich ihre zarte, mädchenhafte Gestalt erhalten hatte. Er besuchte sie, die seit vielen Jahren als Single in München lebte, mindestens dreimal im Jahr, liebte sie und litt, was er jedoch für sich behielt, unter der Existenz seiner Stiefmutter. Dieser war er, bedingt durch das Wohnen unter demselben Dach, zwar äußerlich näher, eine herzliche oder gar innige Beziehung zu ihr bestand jedoch nicht. Und noch etwas machte ihm zu schaffen, nämlich seine geringe Körpergröße. Er war schmal und einen ganzen Kopf kleiner als der Vater, so daß dessen Machtfülle sich ihm auch physisch mitteilte.

»Sieh mal«, sagte Georg Schottmann, »du wirst ja die Reederei erben, vermutlich du allein, es sei denn, ich leg' noch was auf Kiel, was eher unwahrscheinlich ist, denn Marianne mag zwar Kinder, haßt aber Schwangerschaften, seitdem ihr zwei danebengegangen sind. Sie kriegt das Haus in Andalusien und jede Menge Bares, du bekommst meine Schiffe und alles, was ich hier in Husum habe. Da jedoch Erben leider was mit Sterben zu tun hat, hätte ich herzlich wenig von der Nachfolge, die ich doch gern noch eine Weile miterleben würde. Daher ist es mein Wunsch, daß ich eines Tages in Andalusien leben und Oliven und Orangen ernten kann, während du meine Flotte dirigierst. Bis dahin müßtest du allerdings noch viel für deine Ellenbogen tun.«

»Ich werde mich bemühen, nur komme ich eben nicht los von der Vorstellung, daß deine Schiffe und deine Männer mehr sind als Materialien, die man nach Belieben verschleißen darf. Mal kaufmännisch gesehen: Sie sind es doch, die dir die Dollars einbringen, und darum empfiehlt es sich, sie gut zu behandeln.«

»Mein lieber Freund, auch ich denke kaufmännisch. Wenn der Einsatz unserer Schiffe durch den Einfluß von Staat und Gewerkschaft so teuer wird, daß wir ausländischen Reedereien gegenüber ins Hintertreffen geraten, müssen wir uns zur Wehr setzen. Und wie machen wir das? Wir kehren unserem Staat den Rücken zu. Es gibt genug andere Länder, denen wir willkommen sind und die uns keine Knüppel zwischen die Beine werfen. Und das gilt ja nicht nur für die Reedereien. Sieh dir die verschiedenen Branchen an, etwa die Textilindustrie, um nur ein Beispiel von vielen zu nennen! Immer mehr Firmen gehen ins Ausland, weil man sie bei uns bis zur Existenzgefährdung schröpft. Aber zurück zu meinen Schiffen! Wenn ich die Wahl habe zwischen einem Seemann, der brutto sechstausend im Monat kostet und mich damit ruiniert, und einem, den ich für weniger als die Hälfte haben kann, dann liegt es doch auf der Hand, für welchen der beiden ich mich entscheide. Und nun multipliziere das mal mit zwanzig, also der Stärke einer Schiffsbesatzung, und das Ganze noch mal mit acht, weil ich mittlerweile acht Schiffe habe! Ich wäre ein verdammt schlechter Geschäftsmann, ach was, ein Vollidiot wäre ich, wenn ich die Million, die das jährlich ausmacht, nicht einsparen würde. Und das ist jetzt nur die Heuer; es geht ja weiter. Ob du die Kompasse nimmst oder die Mannschaftsbettwäsche, das Klosettpapier oder die Scheißmortadella, fast jeden Artikel, den ich für die Schiffe brauche, gibt es auch in Ländern, die mir nicht gleich die Hosen ausziehen, wenn ich dort einkaufe. Glaub mir, wenn du …«

»Solange es«, wagte Rüdiger seinen Vater, der sich in Rage geredet hatte, zu unterbrechen, »um Klosettpapier geht, okay, die Bettwäsche kann man, finde ich, auch gelten lassen und noch ein paar Sachen mehr wie Auslegware und Suppenterrinen, aber bei den Kompassen würde ich es anders machen, wie überhaupt bei allem, was die Sicherheit betrifft, besonders aber bei den Menschen. Sie haben doch ... na ja, eine Seele haben sie, und ...«

»Himmel noch mal, für mich arbeiten keine Seelen, sondern Hände und Füße, dazu auf der Brücke und in der Maschine noch ein paar Köpfe! Klar haben die Leute auch Seelen, aber die haben sie für ihr Zuhause und nicht für ihre Arbeit bei mir.«

»Ich glaube, da irrst du dich. Ein frustrierter Wachoffizier zum Beispiel taugt weniger als ein zufriedener, und vielleicht hätte dein Abeling ...«

»Nenne diesen Saboteur nicht ›meinen‹ Abeling!«

»Na gut, dann also: Dieser Abeling hätte dir vielleicht 'ne Menge Ärger erspart, wenn er motivierter gewesen wäre. Ich will nur sagen: Das sind doch Menschen und keine Roboter, und du hast ihnen gegenüber so etwas wie eine Fürsorgepflicht. Apropos Fürsorge ..., ich war neulich bei den Granzows eingeladen. Du weißt, Roland ist ein Schulfreund von mir. An dem Abend unterhielt ich mich lange mit seiner Großmutter. Ich saß beim Essen neben ihr, und wir redeten über die Jagd und über Hunde, schließlich auch über ihr Reitpferd. Sie sagte, unter allen Männern, die nicht zur Familie gehörten, sei der für sie wichtigste der Tierarzt, und zwar wegen ihres Pferdes. Ja, und dann kam eine interessante Geschichte, die sie von ihrem Vater hatte. Der war Rittmeister in einem Kavallerie-Regiment und ritt auch in der Military mit. Der Vater also hat ihr, als sie noch ein junges Mädchen war, von einem Leutnant erzählt, der ein ausgezeichneter Reiter war, außerdem noch blendend aussah und gesellschaftlich hoch im Kurs stand. Aber plötzlich, von einem Tag auf den anderen, war er erledigt. Und das total. Bei seinen Kameraden, bei seinen Vorgesetzten, einfach überall. Wohin er auch kam, er wurde geschnitten. Und eingeladen schon gar nicht. Und warum? Weil er an einem wichtigen Turnier teilgenommen hatte, obwohl er wußte, daß die Vorderlauf-Verletzung, die sein Pferd gehabt hatte, noch nicht ganz auskuriert war. Er konnte sich, wie die Großmutter meinte, eigentlich nur noch erschießen. Dieser Ehrenkodex von damals hat mich sehr beeindruckt. Na ja, und ich meine eben, man kann die Geschichte durchaus auf den Umgang mit Menschen übertragen. Der Leutnant sah sein Pferd sozusagen nur als Betriebsmaterial an. Es hätte ihm aber mehr sein müssen, zum Beispiel ein Wesen, das Schmerzen hat und deshalb geschont werden muß, und genauso müssen die Leute eines Unternehmens mehr sein als bloßes Material.«

»Rüdiger, in welcher Zeit lebst du denn? Was ist schon der verletzte Vorderlauf eines Gauls, wenn ein normaler Fernsehabend im Schnitt mit zwölf Morden aufwartet? Diese Zahl las ich neulich mal. Die Räder, die die Welt in Gang halten, drehen sich heute anders als früher, und wer sich dieser Veränderung nicht anpaßt, bleibt auf der Strecke.«

»Wer das Tempo überdreht, ebenfalls. Ich finde, bei der ANABEL hast du das getan, und dann kam die Quittung: dreizehn Tote und der Verlust des Schiffes. Okay, materiell entsteht dir kein Schaden, weil die Versicherung zahlt. Aber die Toten! Die bringen dich ja vermutlich sogar vor den Kadi.«

»Kaum. Oder vielmehr so: Das Seeamt wird dem Kapitän die Schuld geben, und das Gericht wird auch mitreden wollen, denn sobald Tote im Spiel sind, schaltet sich automatisch die Staatsanwaltschaft ein. Die Frage ist jetzt: Wie beurteilen die Richter meinen Part? Aber da ich in Dr. Hartung einen cleveren Anwalt habe, mach' ich mir keine allzu großen Sorgen. Zunächst einmal mahlen die Mühlen der Behörden, wie üblich, im

Schneckentempo. Bis zur Seeamtsverhandlung wird mindestens ein Jahr vergehen. Das Seeamt kann aber keine Strafe verhängen, sondern nur Verwarnungen aussprechen, und wenn das passiert, mach' ich natürlich ein zerknirschtes Gesicht, aber wirklich kratzen wird mich das nicht. Mit dem Gericht verhält es sich anders. Da könnte, wie Hartung sagt, unter Umständen was auf mich zukommen. Aber auch darüber wird viel Zeit vergehen, ich schätze, ein weiteres Jahr. Vielleicht muß ich 'ne Viertelmillion an Strafe zahlen. Okay, dann tu ich das eben. Sollte es wesentlich mehr sein oder, was ein absolutes Novum im Reedereiwesen wäre, sogar zu einer Haftstrafe kommen, geh' ich in die Berufung. Das dauert dann wieder ein Jahr oder mehr. Meine Karten sind nicht schlecht, denn ob Verzögerung einer Reparatur, ob Aufschub bei der Inspektion oder Anzahl der Containerlagen an Deck, das alles sind Maßnahmen, die ich als bloße Empfehlung an den Kapitän hinstellen kann. Um solche handelt es sich ja in der Tat, und ob sie befolgt werden oder nicht, liegt im Ermessen der Schiffsführung. Sie und nicht die Reederei ist die Schaltstelle. Das weiß jedes Seeamt, und das weiß dann auch jeder Richter, denn für ihn sind die Seeamtssprüche Experten-Gutachten. Also, es ist dieser Abeling, dem man die Schuld am Untergang der ANABEL zuschreiben wird, und er hat sie ja auch. Wenn ich allein an die Wahl der Fahrtroute denke! Der Mann entscheidet sich, statt eine bewährte Seestraße zu benutzen, für einen Umweg, der mich viel Geld kostet, und steuert infolge eben dieser Eigenmächtigkeit mitten hinein in die Katastrophe!«

»Aber der Providence-Channel ist doch tatsächlich weniger gefährlich als die Floridastraße, und es war die Hurrikan-Saison. Er hat sich also was gedacht bei dem Umweg.«

»Quatsch, das war die pure Rachsucht! Ich hatte ihn

gefeuert, und nun wollte er mir's zeigen, mir ein paar Tausend Dollar mehr aufbrummen, und diese kleinkarierte *revenge* ging gründlich schief. Es bleibt dabei, mein Junge, ich habe gute Karten!«

16.

Immer häufiger verzichtete er nun auf die Thermalbäder, die Packungen, die Massagen und fuhr nach Venedig, ja, gegen Ende der zweiten Woche gab er sein Quartier in Abano auf und wechselte ganz über in die Lagunenstadt, logierte sich im Hotel DANIELI ein.

Er genoß den Aufenthalt in dem luxuriösen, aus dem Mittelalter stammenden Adelspalast, doch verführten die mit großem Prunk ausgestatteten Räume ihn nicht dazu, sich in die Historie zu versenken. Er wollte nur den Komfort des Hauses und dazu den ungehinderten Ausblick auf die Lagune. So bewegte er sich denn auch nicht, wie er es bei anderen Hotelgästen erlebte, hingerissen oder gar verzückt, wohl aber mit Behagen zwischen den marmornen Säulen und den silberdurchwirkten Seidensesseln, den von breiten Goldrahmen eingefaßten Gemälden und den kunstvoll gewirkten Gobelins, wandelte lautlos auf den dicken, reich ornamentierten Teppichen.

Und sah immer wieder übers Wasser.

Einmal beschlich ihn das Gefühl, nicht hierherzugehören, sich in der Kategorie vergriffen zu haben, dachte: Zu mir, einem einfachen friesischen Seemann, der fünf Jahre auf einem Drecksschiff zugebracht hat und dessen Großmutter einst jeden Groschen dreimal umdrehte, ehe sie ihn ausgab, paßt wohl eher ein schlichtes Hotel. Doch dann rief er sich den bizarren Wertwandel seiner Sylter Liegenschaften in Erinnerung, dachte schließlich ganz allgemein an die rasanten gesellschaftlichen Veränderungen der letzten Jahrzehnte, die auch anderes Fußvolk in die Höhe geschoben hatten, und fühlte sich nicht mehr fehl am Platz.

Aber dieser einzigartigen Stadt wurde er noch immer nicht gerecht. Wenn er das Hotel verließ, ging er weder zur Markuskirche noch zur Rialtobrücke. Ihn lockten auch nicht die *Galleria dell' Accademia* oder das Colleoni-Standbild. Es war allein der Hafen, der ihn anzog. Ein Wassertaxi brachte ihn dorthin. Es drängte ihn, nachzusehen, aus welchen Ländern die Schiffe kamen, was sie ausluden oder an Bord bringen ließen. Er nahm Maß mit den Augen, zählte die Luken und schätzte die Tonnage, rügte im stillen, wenn die Deckslast zu viele Etagen hatte oder die Außenhaut des Schiffsrumpfes sich schälte.

Und lag er spätabends in seinem Prachtbett, richtete er die Gedanken weder auf die illyrischen Veneter noch auf die Langobarden, und ebensowenig beschäftigten ihn Venedigs Kriegszüge gegen Byzanz. Allenfalls fiel ihm aus der Fülle der auf Gedenktafeln und in Prospekten und Reiseführern enthaltenen Informationen der Sieg der Venezianer bei Chioggia ein, durch den die Stadt zum Zentrum des Welthandels geworden war und bald darauf dreihundert große Seeschiffe mit achttausend Mann Besatzung sowie dreitausend kleinere, mit siebzehntausend Seeleuten bemannte Schiffe unterhalten hatte, nicht eingerechnet ihre fünfundvierzig Galeeren.

Einmal geschah es, daß ihn das venezianische Schiffsvolk an die Sylter Seeleute früherer Zeiten denken ließ, und plötzlich spulten Katastrophen vor seinen Augen ab, die er zwar nicht selbst miterlebt hatte, deren jeweiliger Hergang ihm aber von Kindheit an vertraut war, weil er von Generation zu Generation überliefert und in den meisten Fällen sogar schriftlich festgehalten war. Vor allem ein Ereignis, das zweieinhalb Jahrhunderte zurücklag und bei dem auch Männer seiner Familie zu Tode gekommen waren, ging ihm durch den Sinn. Das Datum kannte er genau. Es war der 14. März des Jahres 1744. Wie in jedem Frühjahr machten sich auch diesmal viele Sylter auf den Weg, um auf einem der großen, von holländischen Häfen abgehenden Segler anzuheuern, Kapitäne, Steuerleute, Matrosen, Schiffsjungen, reife und erfahrene Männer, andere mittleren Alters, aber auch Milchbärte. Sie alle hatten den Winter auf ihrer Insel verbracht und am 21. Februar das Biike-Fest gefeiert, ein heimisches Ritual, dessen Bedeutung sich im Laufe der Jahrhunderte gewandelt hatte. War es früher darum gegangen, vom Germanengott Wotan eine gute Ernte zu erbitten, so galten die riesigen Reisigfeuer später als Zeichen des Abschieds nicht nur vom Winter, sondern zugleich von den Seeleuten, die nun bald aufbrechen würden, um erst zurückzukehren, wenn der Herbst gekommen war.

Einen solchen Aufbruch gab es auch an jenem Märztag vor zweieinhalb Jahrhunderten, vorerst den zur kleinen Reise, nämlich zur Fahrt nach Amsterdam, damit dort die große angetreten werden konnte. Ein Sylter Schmackschiff hatte neunzig Männer an Bord genommen, die für diese Überfahrt also Passagiere waren, wenngleich gänzlich ohne Bequemlichkeiten, denn der Segler war nichts anderes als ein kleines, flachgebautes Küstenfahrzeug, das sonst zwischen den Inseln und dem nahen Festland Fracht beförderte. Aber bis Amsterdam war es ja auch nicht sehr weit. Die Strecke maß nur rund zweihundert Meilen. Doch schon die ersten davon wurden der knappen Hundertschaft – die Besatzung bestand allein aus dem Schiffer und seinem Knecht – zum Verhängnis.

In der Nacht, noch auf der Höhe von Sylt, brachten heftige Schneeböen und aufkommender Sturm die Schmack derart in Bedrängnis, daß sich der Schiffer entschloß, die offene See wieder zu verlassen und Schutz zu suchen im ruhigen Wattenmeer. Er wollte an der südlichen Flanke der Insel entlang- und dann ins Hörnumer Gatt einfahren, doch die stärker gewordenen, nun aus Südwest wehenden Winde ließen das nicht zu. So machte er kehrt, um es mit der Schutzsuche über die andere der beiden Sylter Flanken, die nördliche, zu probieren und dann, ostwärts schwenkend, das Lister Tief anzusteuern. Aber schon vor Rantum, nur anderthalb Seemeilen von der Küste entfernt und bei neun Faden Wassertiefe, traf eine mächtige Böe das Schiff. Der Mast legte sich weit nach Lee hinüber, und durch den gewaltigen Stoß und die starke Schlagseite ging dann das Ankertau über Bord. Mit seinem ganzen Gewicht schleppte es über den Meeresboden, zog das Schiff immer mehr auf die Seite, bis es schließlich kenterte.

Vierundachtzig der Männer, darunter auch der Schiffer und sein Knecht, fielen der eiskalten Nordsee zum Opfer. Da waren sie nun losgezogen, um bei Grönland und Spitzbergen Wale und Robben zu jagen oder auch ums Kap Horn zu fahren oder nach Ostindien, jedenfalls auf fremden Meeren den Lebensunterhalt für ihre Familien zu verdienen, und … ertranken vor ihrer Haustür. Klägliche acht erreichten, an das kieloben treibende Wrack geklammert, die Küste.

War das eine Hiobsbotschaft für die Insulaner! Verzweifelt suchten sie den Strand ab in der Hoffnung, daß die mit der auflaufenden Flut näher und näher kommenden Männer sich nicht nur deshalb noch bewegten, weil die Wellen es so wollten, sondern daß sie die letzten Meter aufrecht zurücklegen und sich darunter dann auch die Ihren befinden würden.

Meinert Abeling kannte den Schluß des auf zwei Überlebende zurückgehenden Berichts auswendig. Als Kind hatte er ihn immer und immer wieder gelesen, und die letzten Worte gingen ihm auch jetzt durch den Kopf:

»… Es soll auf Sylt nie etwas Traurigeres gesehen worden sein als die Gattinnen, die Mütter und Bräute, die unter Weinen und Jammern am Strande nach ihren Männern, Vätern und Söhnen verzweifelt suchten.«

Er stand auf, machte Licht, schlüpfte in seinen Bademantel, schob einen der schweren Sessel ans Fenster, zog den samtenen Vorhang zurück, machte das Licht wieder aus und setzte sich, sah auf die Lagune.

Um diese Zeit, es war kurz nach drei Uhr, herrschte nicht viel Betrieb auf dem Wasser. Nur ganz wenige der vielen Lichter bewegten sich, weil da ein sehr spätes oder sehr frühes Motorboot unterwegs war. Die anderen Lampen dienten der Markierung des Fahrwassers oder gehörten zu den gegenüberliegenden Inseln.

Er öffnete das Fenster. Mit der Wärme des Raumes im Rücken ließ sich der Andrang der winterlichen Luft aushalten, ja, er empfand ihn sogar als angenehm, zumal sein Zimmer verraucht war.

Er hörte das Wasser gegen die Uferbefestigung schwappen, schloß die Augen, und da waren es mit einem Mal nicht mehr die Adria und die Nacht von Venedig, die er wahrnahm, sondern der Atlantik und die letzten Stunden der ANABEL.

Jeder seiner Toten hätte ihm jetzt einfallen können; zufällig war es Stanislaw, der polnische Leichtmatrose, und gleich darauf hatte er dessen Mutter vor sich, wie sie ihm gegenübergesessen hatte in ihrem Kolberger Haus, einer ehemaligen Mühle, in der ihr Junge aufgewachsen war. Wieder hörte er sie in ihrem gebrochenen Deutsch sagen:

»Hat mein Stanislaw schon gefahren in ganzen mit sieben Schiffe, waren auch dabei drei gute, drei waren ein bißchen schlecht, und eins war serr schlecht und hatte so ein schönes Namen, hieß ANABEL.« Und dann zeigte sie ihm, der auf Zeugensuche unterwegs war und dabei auch an die Tür ihrer Mühle geklopft hatte, einen noch von New Orleans abgegangenen Brief, tippte auf eine bestimmte Stelle, aber weil er kein Polnisch konnte, übersetzte sie: »Mach' ich mit schreckliches ANABEL noch diese eine Reise und such' dann Heuer bei Bruckner & Scholz …« Sie sah kurz auf und erklärte: »Ist kleines Reederei von Rostock, fahren Ostsee und manchmal auch Nordsee, aber nie großes Ozean.« Dann übersetzte sie weiter aus dem Brief ihres Sohnes: »Kann ich dann mehr oft bei dir sein, weil hupf ich nur zu Malmö oder Kopenhagen oder Riga und dann immer wieder schnell zu Haus.«

Das Wort *hupf* war ihm deutlich im Gedächtnis geblieben als Umschreibung für die von Stanislaw ersehnten schnellen, kurzen Reisen. Es muß die Frau, dachte er jetzt wieder, besonders gegrämt haben, daß ihr Junge die ANABEL in Gedanken schon verlassen hatte, als sie ihm dann ein letztes Mal und unwiderruflich ihre Tücken zu spüren gab.

Er schloß das Fenster, zog auch den Vorhang wieder zu, kehrte noch einmal zurück zu dem Schmackschiff, das, ähnlich wie seine ANABEL, im Sturm gekentert war. Es ist, dachte er, ein Unterschied, ob allein das Meer der Gegner ist oder ob auf der Reise die Habgier mitfährt und letzten Endes sie es ist, die ein Schiff und seine Männer ins Verderben stürzt. Doch, wie schon so oft, fragte er sich auch, wo sein eigener Anteil an der Schuld zu suchen war.

Sicher, es gibt ihn, dachte er. Ich hätte sagen müssen: Mit diesem Schiff fahre ich keine Meile mehr, es sei denn … Ja, das hätte ich sagen müssen ohne Rücksicht auf die Folgen, die auf mich zugekommen wären.

Ich bin, resümierte er, schuldig geworden, weil ein anderer mich unablässig in der Gefahr hielt, schuldig zu werden. Dafür soll er geradestehen, denn alles muß seine Ordnung haben.

Aber … wie mach' ich's?

Um vier Uhr rief er den Zimmerservice an und bat, ihm ein Frühstück heraufzubringen, Brot, Butter, Ham-and-eggs und eine große Kanne Kaffee. Das Gewünschte kam nach fünfzehn Minuten, und er nahm es dem italienischen Etagen-Boy nicht übel, daß er sich beim Tischdecken den Kommentar erlaubte:

»What a nice time to have breakfast!«

Aber der junge Mann lächelte dabei so unschuldig, daß er ihm drei Dollar Trinkgeld gab.

Nach dem Frühstück zog er sich an, zuletzt die festen Stiefel und den Wintermantel, und er setzte auch die neue Schirmmütze auf, die so ähnlich aussah wie die alte, die er auf der ANABEL getragen hatte, nur daß die Kokarde mit dem Reedereizeichen fehlte.

Der Lift brachte ihn ins Foyer. Er grüßte zur Rezeption hinüber und trat hinaus.

Wieder ging es zum Hafen. Die Fahrt mit dem Wassertaxi war wegen des Nachttarifs teurer als sonst, doch das kümmerte ihn nicht. Am Kai setzte er sich trotz des unwirtlichen Wetters – es nieselte, und der naßkalte Wind schlug ihm ins Gesicht – auf einen Poller, zündete sich eine Zigarette an, schützte die Flamme mit der hohlen Hand.

Er sah auf das Schiff, das ihm schon am Nachmittag aufgefallen war und dessen hervorstechendstes Merkmal darin bestand, daß es von der Lademarke bis hinauf in die Toppen verwahrlost war. Es hieß OLIVIA und war, wie die Heckaufschrift ihm verraten hatte, in Triest beheimatet.

An der Gangway hing eine Lampe, die ihr Licht gegen die Bordwand und auf den Kai warf. Ein in der Nähe stehender Gantry-Kran war ebenfalls beleuchtet und spendete zusätzliche Helligkeit, so daß das Schiff in seinem ganzen Verfall zu sehen war, zumal es sich um ein sehr kleines handelte von – so schätzte er – höchstens tausend Tonnen.

Auch hinter einem Bullauge an der dem Kai zugekehrten Backbordwand brannte Licht.

An Rumpf und Aufbauten überwog der schmutzigbraune Belag aus Eisenoxid gegenüber den schwarzen und weißen Resten des einstigen Anstrichs, und sogar die an Deck sichtbaren Ketten und Schäkel strotzten von Rost.

Die OLIVIA hatte zwei Masten mit Ladebäumen und zwei Luken. Die Aufbauten saßen achtern. Das Schmackschiff, dachte er, das vor Sylt unterging, war dagegen ein Winzling, und die neunzig Passagiere werden dichtgedrängt an Deck gesessen haben. Und dann, sinnierte er weiter, als der Südwest mit ihnen zukehrging, hat es womöglich, falls der Moses aus Respekt den Mund gehalten hat, einundneunzig verschiedene Meinungen darüber gegeben, was zu tun sei, aber zu entscheiden hatte natürlich nur einer.

Er mochte eine halbe Stunde auf dem Poller zugebracht haben, da öffnete sich eine der Türen des Aufbaus, quietschte in den Angeln und wurde mit Getöse wieder zugeschlagen. Dann kam ein Mann die Gangway hinunter. Er schwankte leicht, rief dem Dasitzenden ein undeutliches *»Buona notte!«* zu, wandte sich nach rechts und verschwand zwischen den eisernen Streben des Krans.

Vielleicht war es der Käpten, dachte Abeling, und vielleicht hat er Probleme, die es zu ertränken gilt, und der Schnaps ist ihm ausgegangen, so daß er nun erstmal für Nachschub sorgen muß in irgendeiner noch geöffneten Kneipe. Er richtete sein Augenmerk wieder auf die OLIVIA, überlegte, ob sie wohl nur in der Adria hin und her fuhr oder auch große Reisen machte, durch die heikle Biscaya zum Beispiel oder vielleicht sogar bis nach Bombay. Ihren Maßen nach konnte sie das.

Und dann dachte er: Ja, ein Schiff wie dieses müßte es sein, gleiche Größe, gleicher Zustand. Ich werde mich, wenn ich wieder in Deutschland bin, umsehen, werde die Sale-and-Purchase-Makler abklappern und nach einer Second-Hand-Tonnage suchen. Vielleicht finde ich so einen Gammelkasten in Rostock oder Stettin. Irgendwo werde ich einen auftreiben, und dann …, ja, dann muß ich natürlich erstmal die Mannschaft zusammentrommeln.

17.

Nachdem er Venedig verlassen hatte und nach Keitum zurückgekehrt war, machte er sich an die Arbeit, suchte gleich am ersten Tag alles aus den Akten heraus, was mit seinem Besitz zu tun hatte.

Den ganzen Vormittag verbrachte er über den Papieren, zu denen außer Grundbuchblättern und Flurkarten, Baubeschreibungen und Versicherungsscheinen auch viele an seine Eltern oder Großeltern gerichtete, teils amtliche, teils private Mitteilungen gehörten. Er las, rechnete, notierte, überlegte, blätterte weiter.

Die Durchsicht der alten Korrespondenzen führte dazu, daß ihn so manches lange zurückliegende Ereignis, von dem er erst Wochen später in irgendeiner Ecke der Welt durch einen Brief erfahren hatte, nun noch einmal berührte, so zum Beispiel die Tatsache, daß seine Mutter schon vor zwanzig Jahren die Eintragung ihres Hofes als gewerblich genutzten Betrieb hatte löschen lassen, weil der Ackerbau und die Viehwirtschaft unrentabel geworden waren. Darüber gab es einen viele Seiten umfassenden Ordner mit Stellungnahmen der Kreisverwaltung, des Gewerbeaufsichtsamtes und der Landwirtschaftskammer.

Er fand auch Unterlagen über einen Rechtsstreit, den sein Vater, kurz bevor er 1943 vor der norwegischen Küste mit einem Hilfskreuzer untergegangen war, gegen die Gemeinde geführt und mit Pauken und Trompeten verloren hatte. Es war um den dörflichen Straßenbau gegangen, der beträchtliche Anliegerkosten nach sich gezogen hatte. Sogar der Bankbeleg über die Zahlung von vierhundertundzwanzig Mark an die Gemeindekasse war abgeheftet worden. Lächeln mußte er, als er auf der Rückseite der Überweisung den von seinem Vater stammenden handgeschriebenen Zusatz las:

»Es ist und bleibt unerhört! Erstens will ich gar keine Teerdecke auf unserem Weg, und zweitens hat mich niemand gefragt.«

Eine andere Begebenheit lag zwölf Jahre zurück. Das Reetdach des alten Friesenhauses hatte fast ein halbes Jahrhundert gehalten, doch dann begann die etwa dreißig Zentimeter dicke Reetschicht Moos anzusetzen und zu verrotten. Es gab sogar Stellen, an denen das Regenwasser durchsickerte. Die wenigen Sylter Reetdachdecker, die es gab, verstanden ihr Handwerk als Ausübung einer Kunst, und das zu Recht. Entsprechend waren die Preise, und so glaubte die Mutter, als sie von einer wesentlich billiger arbeitenden Festlandsfirma erfuhr, ein paar Tausend Mark sparen zu können, und ließ die Fremden an ihrem Dach wirken. Das Ergebnis war im wahrsten Sinne des Wortes niederschmetternd, denn beim nächsten Sturm kam ein Teil der neuen Bedachung wieder herunter. Die Mutter war entsetzt beim Anblick des neben dem Giebel klaffenden Loches und der über den ganzen Garten verstreuten gelben Halme. Sehr anschaulich hatte sie ihm darüber nach Yokohama berichtet, ebenso über die komplizierte Form der Schadensregulierung. Natürlich schaltete sie sofort die Versicherung ein, schließlich gehörten zu deren Leistungskatalog auch Sturmschäden, und so hegte sie keinen Zweifel daran, daß bei den extrem hohen Beiträgen, die für reetgedeckte Häuser verlangt wurden, volle Deckung bestand. Aber ihr Entsetzen steigerte sich noch, als der Versicherungsvertreter, nachdem er sich die Verwüstung angesehen hatte, erklärte:

»Tut mir leid, Karen, das war nicht der Wind, das war der Pfusch!«

Er wies ihr nach, daß die Stärke der Reetlage an vielen Stellen nicht, wie im Kostenvoranschlag aufgeführt, dreißig, sondern nur zwanzig, ja, teilweise sogar nur fünfzehn Zentimeter betrug und überdies die Bündel unzureichend befestigt worden waren.

Die Versicherung zahlte nicht einen Pfennig. Zwar erhielt die Mutter nach Einschaltung eines Anwalts und eines Gutachters der Innung ihr Geld von den Pfuschern zurück, aber der Ärger war trotzdem groß, weil ja das gesamte Dach, also auch die heilgebliebenen Flächen, abgenommen und neu erstellt werden mußte, was viel zusätzliche Unruhe ins Haus brachte. Diesmal war es eine einheimische Firma, die den Auftrag ausführte, und bei jedem Nachhausekommen hatte er gleich nach der Begrüßung erstmal das Dach in Augenschein genommen und dabei immer wieder festgestellt, daß die Künstler von der Insel gute Arbeit geleistet hatten.

Um sich nicht vollends an die Lektüre alter Briefe zu verlieren, löste er die Grundbuchblätter und Flurkarten aus dem Ordner heraus, schob alle Akten beiseite und vertiefte sich in die Unterlagen, die ihm dokumentierten, was er besaß, studierte zunächst die Eintragungen zu seinem im Außenbereich der Gemarkung liegenden Land. Er nahm die zum Teil noch mit den alten friesischen Namen versehenen Flurbezeichnungen in sich auf, las Wörter wie *Wung* für Acker und *Tresker* für brachliegendes Weideland, erinnerte sich daran, wie er als Junge auf eben diesen Feldern bei der Heuernte und beim Melken geholfen hatte, kehrte zurück zu seinen Zahlen, notierte sie.

Doch schon nach kurzer Zeit wurde er aufs neue zum

Abschweifen verführt, diesmal durch einen anderen Auszug aus der Flurkarte. Das dort eingezeichnete Areal lag am Deich, und beim Betrachten der siebzehn Zentimeter langen, von irgend jemandem, wahrscheinlich dem Vater, mit roter Tinte nachgezogenen Westgrenze fiel ihm ein altes Foto ein, das in einem Karton im Bücherschrank lag. Er suchte es jetzt nicht heraus, denn was es zeigte, hatte er auch so vor Augen: eine mächtige Überflutung der gesamten Region. Sie war zu einer Zeit erfolgt, als es den Nössedeich noch nicht gab. Er erinnerte sich, daß sein Onkel Karl ihm erzählt hatte, die Bauern hätten, bis zum Bauch im Wasser, darum gekämpft, so viel Vieh wie möglich zu retten, aber zahlreiche Kühe und Schafe seien damals trotzdem ertrunken. Wie gut, dachte er, daß wir jetzt den Deich haben!

Seine Gedanken griffen noch ein Stück weiter aus, verweilten bei anderen Sturmfluten, die er aus den Geschichtsbüchern seiner Schulzeit kannte. Die Julianenflut von 1164 kam ihm in den Sinn, die zwanzigtausend Menschenleben gefordert haben sollte. Auch an die drei großen im dreizehnten und vierzehnten Jahrhundert über Nordfriesland hereingebrochenen Marcellusfluten dachte er, von denen die dritte, die von 1362, »die große Mandrenke« genannt wurde, weil sie der Überlieferung nach hunderttausend Menschen in den Tod gerissen und Rungholt, den blühenden Handelsplatz, verschlungen hatte.

Ach, und wie deutlich erinnerte er sich der Unterrichtsstunde, in der er, der selbst die schwierigste Mathematikarbeit einem Deutschaufsatz vorzog, als Zwölf- oder Dreizehnjähriger »Trutz, Blanke Hans« aufsagen mußte und sein Mitschüler Jens Uwe ihm die Strophenanfänge des langen Gedichts, auf kleine Kärtchen geschrieben, von seiner Bank aus hinhielt. Sogar von der Vier minus wußte er noch, die ihm der Lehrer mit der Bemerkung erteilte: »Wenn Liliencron deinen

Vortrag hätte hören können, hätte er sich im Grabe umgedreht!«

Ja, die Versuchung war groß, sich immer wieder von den Papieren abzuwenden und den großen und kleinen Ereignissen nachzuhängen, die sich für ihn dahinter verbargen. Eines davon hielt ihn länger auf als alle anderen, und das Lächeln, das diese Erinnerung begleitete, speiste sich aus Belustigung und Wehmut zugleich.

Wieder ging es dabei um seine Wiesen, genauer, um eine; nicht die vom Deich, sondern eine kleinere, die auf etwa halber Strecke zwischen Bahndamm und Watt lag.

Dort saßen sie im Gras: Hauke, Jens Uwe, Hermann, Margarete, Heike, Ingeline und er, alle im Konfirmandenalter. Er hatte gerade angefangen, den anderen von einem Bergentennest zu erzählen, als die Bauern Thies Michels und Manne Mungard mit einem Zweispänner angefahren kamen und neben ihnen hielten. Was dann geschah, verletzte ihn. Bis auf Margarete schlugen alle seinen Bericht in den Wind. Sie wollten lieber mit den beiden Alten zum Priel, um dort die Aalreusen zu überprüfen. Und daß Margarete bei ihm blieb, war – jedenfalls zunächst – überhaupt kein Trost, denn er wußte nicht, ob sie es tatsächlich vorzog, ihm weiter zuzuhören, oder ob sie nur deshalb nicht auf den Wagen gesprungen war, weil der mit den fünf anderen und den beiden Bauern, die auch noch eine sperrige Zinkwanne und allerlei Kleingerät mitführten, ohnehin schon überladen war. Jedenfalls fuhr die ganze Schar johlend davon, und er blieb mit dem Mädchen am Wegrand zurück.

Seinen Bericht hatte er noch gut in Erinnerung.

»Ja, also die Bergenten …«

Margarete war nur eine halbe Sylterin; ihr Vater stammte aus Mecklenburg, und sie war erst kürzlich, weil die Eltern sich getrennt hatten, mit ihrer Mutter auf die Insel zurückgekehrt.

»… im Mai fangen sie an, ihre Eier zu legen. Die sind weiß und etwas größer als Hühnereier. Vier Wochen dauert es, bis die Jungen schlüpfen, und obwohl die Bergenten eigentlich Wattvögel sind, sich ja auch im Watt ernähren, brüten sie oft ganz weit entfernt vom Ufer. Und wenn die Kleinen dann da sind, kann man, wenn man Glück hat, was Tolles zu sehen kriegen.« Er machte absichtlich eine Pause und wurde prompt mit ihrer Neugier belohnt:

»Und was?«

»Acht bis zehn Küken sind es meistens, und schon am ersten Tag marschieren sie zusammen mit ihrer Mutter los in Richtung Ufer, manchmal einen ganzen Kilometer weit.«

»Määänsch!«

Sehr breit sprach Margarete dieses Wort, und sie sagte es, wie er sich lebhaft erinnerte, noch mehrmals an diesem Nachmittag.

»Ja, das ist für die Kleinen eine halbe Weltreise. Überleg mal: Tausend Meter und das mit so winzigen Füßen und erst ein paar Stunden alt!«

Was an seiner Entengeschichten aber viel abenteuerlicher war und die fünf anderen bestimmt auch interessiert hätte, hatte er sich aufgespart; jetzt rückte er damit heraus:

»Wenn wir von hier aus ungefähr hundert Meter nach Westen gehen, stoßen wir auf so ein Nest, und da kann ich dir was zeigen, was du sicher noch nie gesehen hast, nämlich einundzwanzig von diesen großen Eiern.«

»Määänsch!«

Noch jetzt hatte er den seltsam langgezogenen und, wie ihm heute schien, auch etwas ordinären Ton im Ohr.

»Ja, einundzwanzig. Die En …«

»Aber wieso denn so viele?«

»Das will ich dir gerade erklären. Acht bis zehn also legt die Entenmutter, und zwar in ein Erdloch. Oder es ist ein verlassener Fuchsbau. Manchmal helfen die Menschen nach. Mein Onkel Karl zum Beispiel hat mit mir zusammen die Kuhle gebaut, die ich dir gleich zeige, die mit den einundzwanzig.«

»Au fein! Aber ich weiß noch immer nicht, warum so viele drin sind.«

»Weil andere Enten, die zu faul sind, sich eine eigene Kuhle zu suchen, oder vielleicht nur keine gefunden haben, ihre Eier einfach dazupacken.«

»So wie der Kuckuck es macht?«

»Ja, so ungefähr, bloß mit dem Unterschied, daß der Kuckuck nicht bei der eigenen Art bleibt, denn Kuckucksnester gibt es ja nicht. Und nun kommt was ganz Wichtiges: Weil in so einem Bergentenloch durch die dazugelegten manchmal dreißig, vierzig Eier liegen, muß man immer so viele wieder rausnehmen, daß nur acht bis zehn übrigbleiben. Wenn man das nicht tut, also alle liegenläßt, kommt es bei keinem einzigen zum Schlüpfen. Ist ja auch klar, denn die Mutter kann die eigenen nicht von den fremden unterscheiden und setzt sich also nicht immer nur auf die acht oder zehn, sondern sitzt mal in der Mitte, mal an der einen, mal an der anderen Seite, und dadurch kommen alle zu kurz und werden nur an-, aber nicht ausgebrütet.«

»Woher weißt du so viel darüber?«

»Weil ich oft mit meinem Onkel die Löcher gebaut und auch die überzähligen Eier rausgenommen hab'. Willst du die einundzwanzig jetzt sehen?«

»Gern.«

Sie stapften, beide barfuß und, weil es ein warmer Maitag war, in leichter Kleidung, durchs Gras, er in schwarzer Turnhose und weißem Polohemd, sie in kurzem ockerfarbenen Rock und hellblauer Bluse mit aufgenähten Taschen.

Es war eine Wiese, auf der die Mutter in diesem Jahr keine Kühe hatte. Das Gras stand schon recht hoch, und es ging sich angenehm weich darauf. Dennoch war Vorsicht geboten.

»Paß auf, daß du nicht in die Disteln trittst! Besser, ich geh' vor.«

Das tat er, und sie folgte ihm.

Sie erreichten das Gelege, traten behutsam an den Rand der Kuhle, hockten sich hin.

»Määänsch!«

Er nahm eins der Eier, die zum Teil übereinander lagen, heraus, hielt es ihr hin. Sie nahm es, und er merkte an ihren nur zaghaft zugreifenden Händen, daß sie Angst hatte, es zu zerdrücken.

»Kannst es ruhig fester anfassen, die Schale ist dick und hart.« Er nahm ein zweites Ei heraus, warf es in die Luft und fing es wieder auf, ohne daß es auch nur einen Riß bekam.

»Siehst du?«

»Kann man die auch essen?«

»Natürlich. Wir essen oft welche, wenn die Zeit da ist. Immer im Mai. Ich mag sie nur gekocht, aber mein Onkel schlürft sie manchmal roh. Auch innen sind sie ähnlich wie Hühnereier, mit gelbem Dotter, nur daß das Weiß, wie soll ich sagen, ein bißchen glasiger ist.«

»Und wie schmecken sie?«

»Na ja, wie Eier eben schmecken, ein bißchen auch nach Fisch, aber nicht unangenehm.«

Sie legten die beiden Eier zurück in die Kuhle, und dann kamen sie, die Worte, die ihn erschreckten und verwirrten und beglückten und die überhaupt der Grund dafür waren, daß er die ganze lange Geschichte bis auf den heutigen Tag mit allen Einzelheiten im Kopf behalten hatte. Noch Jahre nach diesem Wiesentag, als er schon Vollmatrose war, hatte er oft am Abend, in seiner Koje liegend, den ganzen Dialog leise vor sich hin gesprochen, nur um wieder und wieder diese denkwürdigen Worte in Gang zu setzen:

»Schenkst du mir eins? Dann darfst du mich auch streicheln. Da, wo ich kitzlig bin.« Als sie das gesagt hatte, streckte sie sich lang aus.

Er war fassungslos, sah betreten auf den im Gras liegenden Mädchenkörper. Der ohnehin kurze Rock war ein Stück nach oben gerutscht.

Da, wo ich kitzlig bin!

Ihr Angebot wühlte ihn auf. Mit seinen fünfzehn Jahren war er, obwohl er mit Tieren aufwuchs und dem Mädchen ohne Stocken hätte erzählen können, wie denn die Entenmutter überhaupt zu ihren Küken kam, unsicher, wußte nicht, wie er reagieren sollte, denn er ahnte, daß sie weder ihre Achselhöhlen noch ihre Fußsohlen gemeint hatte. Trotzdem ergriff er, nachdem er sich halbwegs gefangen und dann hingekniet hatte, ihren nackten Fuß, dachte: Da kann ich ja erstmal anfangen, strich zunächst ein paarmal über den Rist. Danach packte er mit der Linken die Ferse, hielt sie ein Stück in die Höhe und machte mit dem rechten Zeigefinger kleine Kreise auf der nackten Sohle. Und natürlich war sie auch da kitzlig, da sogar ganz besonders, so daß sie in einem Reflex den Fuß zurückzog und gleichzeitig loskicherte. Und da war es dann auch wieder:

»Määänsch!«

Diesmal nicht erstaunt, sondern energisch, fast ein bißchen böse.

So griff er also nach ihrer Wade, tastete sich langsam aufwärts, ungelenk noch. Aber er lernte schnell, wagte sich weiter. Bei aller auf der kurzen, erregenden Strecke erworbenen Fertigkeit war er dann aber doch unendlich erleichtert, als er sie sagen hörte:

»Nur streicheln!«

Und dabei blieb es, und es machte ihn glücklich. Den kleinen Wegzoll empfand er mit keinem Gedanken als verwerflich. Er kam sich sogar ein bißchen weltmännisch vor, als er ihr zwischendurch zuflüsterte:

»Ich geb' dir fünf.«

Das tat er schließlich, und sie legte sie, bevor sie gingen, in ihren Rock wie in eine Schürze, was ihn erneut in Erregung versetzte.

Als sie am Zaun angekommen waren, teilten sie für den viel längeren Weg die kleine Bürde auf. Er nahm drei und sie zwei in die Hände. Bevor sie sich trennten, sagte er noch:

»Aber du mußt sie lange genug kochen, länger als Hühnereier, weil sie ja größer sind!«

Ja, die Bergenten! Mit einem Seufzer kehrte er zurück in die Gegenwart, befaßte sich aber vorerst weiter mit den Wiesen in der Mark, wie man den Außenbereich auch nannte. Sechs unterschiedlich große waren es, und sie lagen so weit auseinander, daß es für sie sechs verschiedene Katasterblätter gab.

Er wußte, solche Ländereien, die nicht bebaut werden durften, hatten einen Hektarpreis von zwanzig- bis vierzigtausend Mark, je nachdem, ob es sich um durchgehend brauchbaren Boden handelte oder wertmindernde Bereiche dazugehörten wie Priele und Sumpfgebiete.

Er addierte die Flächen und errechnete den wahrscheinlich zu erzielenden Erlös. Es waren rund zweihunderttausend Mark. Dafür, dachte er, krieg' ich nicht mal 'ne Barkasse! Doch dann legte er diese sechs Blätter zur Seite, holte sich die drei letzten heran. Es waren jene, die den Hof und das Bauland auswiesen, das aus zwei großen, in der Nähe des Keitumer Kliffs gelegenen Grundstücken bestand. Den Hof zu verkaufen kam nicht in Frage, nur diese beiden Wiesen, deren fremde Nutzung zum Jahresende aufhören würde, weil der Pachtvertrag dann auslief.

Wieder rechnete er und kam auf eine Fläche von zwei Hektar, dreiunddreißig Ar und achtzig Quadratmetern, was, wie er dann auch noch ausrechnete, einem Wert von rund elf Millionen und siebenhunderttausend Mark entsprach.

Damit schaff' ich's, sagte er sich, denn er hatte oft genug davon gehört, wie drastisch man bei gebrauchten Schiffen im Vergleich zu Neubauten im Preis herunterging. Er würde sich also umsehen, würde sich Angebote schicken lassen, sie studieren und sich dann vor Ort begeben, nach Hamburg oder Lübeck, Emden oder Bremerhaven, vielleicht nach Rostock oder auch Stettin, je nachdem, wo das Schiff lag.

Die Frage, in welcher Höhe der Fiskus nach dem Landverkauf zulangen würde, konnte ihm sicher der Notar beantworten. Eigentlich, ging es ihm durch den Kopf, müßte sich der Zugriff in Grenzen halten, denn einen großen Teil des Geldes lege ich ja wieder an, stecke ihn sogar in einen Gewerbebetrieb. Wie verlottert der ist und ob ich ihn ANABELL II oder OLIVIA II oder MARGARETE oder RUMPELSTILZCHEN nenne, ist einzig und allein meine Sache!

18.

Am Nachmittag desselben Tages saß er in einem großen, komfortabel eingerichteten Büro, in dem es viel Palisander und viel Leder gab, dem Makler gegenüber, bekam Kaffee, Gebäck und einen Kognak vorgesetzt.

Die Flurzeichnungen hatte er auf den Tisch gelegt, doch der Makler, ein etwa fünfzigjähriger alerter Mann, der seit mehr als zwei Jahrzehnten auf der Insel lebte, warf, jedenfalls zu Beginn des Gesprächs, keinen einzigen Blick auf die Papiere. Er kannte, wie Abeling mit Erstaunen feststellte, die Liegenschaften fast genausogut wie er selbst. Auf die Frage, wie das möglich sei, lautete die Antwort:

»Ich wäre nicht gut in meinem Job, wenn ich nicht wüßte, wo sich hier bei uns die wenigen noch verfügbaren Perlen befinden. Eigentumswohnungen und Reihenhäuser kann ich meinen Kunden dutzendweise anbieten, aber Bauland ist rar, besonders in so begehrter Lage.«

Die Unterredung dauerte ungefähr eine Stunde, und natürlich waren, sobald es ins Detail ging, die Zeichnungen dann doch ausgebreitet und gemeinsam begutachtet worden. Als Abeling sich schon erheben wollte, kam von seinem Gegenüber noch ein Vorstoß, der einmal mehr verriet, wie kundig der Mann war, und das nicht nur in Fragen der Sylter Grundstücke, sondern auch der Sylter Familien:

»Herr Abeling, ich freue mich über den Auftrag, den Sie mir erteilt haben, aber sollten wir nicht auch über Ihr schönes, altes Haus mit dem großen Garten sprechen? Es ist ein wahres Juwel, für das man Ihnen eine stolze Summe hinblättern würde. Sie haben keine Frau, keine Kinder, und die beiden Feddersens, die unter Ihrem Dach leben, gehören nicht zur Familie. Was hindert sie also, einen ganz enormen zusätzlichen Schnitt zu machen?«

Die Antwort war unmißverständlich: »Was mich hindert? Offen gesagt, das Gefühl, schon mit meinen zweieinhalb Hektar genau zweieinhalb Hektar zuviel wegzugeben.«

Als Abeling wieder auf der Straße war, packten ihn bereits nach wenigen Schritten Schuldgefühle. Er blieb stehen, schlug sich an den Kopf und brummte halblaut vor sich hin: »Eigentlich spricht alles dafür, daß ich der verrückteste Kerl bin, den es je gegeben hat! Platze bei einem wildfremden Menschen rein und beauftrage ihn, das zu versilbern, was seit Generationen der Familie gehört hat!«

Doch so schnell, wie dieser Anflug von Reue ihn befallen hatte, so schnell verflog er auch wieder. Was gebe ich denn auf? fragte er sich, brummte nun nicht mehr vor sich hin, sondern überlegte nur. Was gebe ich groß auf, gemessen an dem, was die dreizehn aufgeben mußten!

Der Verkauf lief, obwohl es Winter war und der Makler die Grundstücke nur von schmutzigem Schnee bedeckt und unwirtlich vorführen konnte, zügig ab. Auch mit dem Erlös war Meinert Abeling zufrieden. Da es sich um zwei sehr große Flächen handelte, hatte es zunächst so ausgesehen, als müßten viele verschiedene Käufer gefunden werden, was die Verhandlungen sicher in die Länge gezogen hätte, aber es waren dann doch nur ein Privatmann aus Köln und eine Immobilien-Investment-Gesellschaft aus Frankfurt, mit denen er die Kaufverträge abschloß.

Eine Zeitlang hatte er sich ein Gewissen daraus gemacht, daß er, vor allem durch die Hereinnahme der anonymen Trägergesellschaft, womöglich an einer dem harmonisch gewachsenen Dorfkern abträglichen Zersiedlung mitwirken würde, aber diese Sorge erwies sich als unbegründet. Wegen der bei der vorgeschriebenen Reetbedachung weiten Hausabstände bestand eine solche Gefahr nicht.

Es war eine vom Kalender diktierte Fügung, daß auf die erste, die durch den Landverkauf verursachte intensive Beschäftigung mit seiner Insel schon bald die zweite folgte. Das Biikefest stand vor der Tür, jenes Ereignis, das alljährlich mit dem am 21. Februar entfachten Feuer seinen Auftakt nahm und am darauffolgenden Petritag in Form einer fröhlichen Tanzveranstaltung fortgesetzt wurde. Bedingt durch seinen Beruf, hatte er an diesen Feierlichkeiten seit fast zwanzig Jahren nicht mehr teilgenommen. Nun aber war er zu Haus und hatte Zeit, denn ein Telefongespräch mit Lena Kannegieter im holländischen Terneuzen hatte ergeben, daß ihr Mann erst Ende April, von einer Ostasien-Reise kommend, in Bremerhaven zurückerwartet wurde.

Er hatte einige seiner Nachbarn klagen hören, Biikebrennen und Petritag seien nicht mehr das, was sie einmal waren, weil zu viele Einflüsse von außerhalb den Veranstaltungen ihre traditionelle Eigenart genommen hätten. Doch er hatte gemeint, das sei nun mal der Lauf der Dinge und den volkstümlichen Festen anderer Regionen ergehe es sicher ebenso.

Am 21. Februar gegen sechs Uhr am Abend mischte er sich also unter die Menge, die im Dorf versammelt war, nahm seine Teerfackel entgegen und marschierte dann, das leuchtende Fanal in der Hand, inmitten der anderen auf den Tipkenhoog zu, in dessen Nähe man das Reisig aufgeschichtet hatte.

Der Biikehaufen war von gewaltigem Umfang und mindestens sechs Meter hoch. Während der vorangegangenen Nächte hatten die Konfirmanden ihn bewacht, damit es der Konkurrenz aus den Nachbardörfern nicht gelingen konnte, das fleißig zusammengetragene Brenngut vorzeitig anzuzünden. Solche Versuche gehörten zur Tradition. Sie galten dem Bestreben, an dem entscheidenden Abend die Feuer der anderen möglichst kleinzuhalten, weil dann das eigene um so imposanter zum Himmel auflodern würde. Brannte auf diese Weise eine Biike schon vorher ab, war es unmöglich, das in Wochen oder gar Monaten gesammelte Reisig ausreichend zu ersetzen.

Als es nun soweit war und die Flammen emporschossen, meldete sich, wenn auch nur für einen Moment, seine Kindheit zurück. Als Fünf- oder Sechsjähriger hatte er auf den Schultern seines Onkels gesessen, um das Geschehen besser verfolgen zu können. Da oben befand er sich in bevorzugter, aber auch ungeschützter Position. Dicke Rauchschwaden trieben ihm die Tränen in die Augen. Doch er wagte es nicht, diesen ihm eingeräumten Platz durch klägliches Jammern zu entwerten, und so hielt er durch, bis der Onkel, schließlich selbst von den Schwaden erfaßt, ein Stück zurücktrat.

Die Erinnerung verflog, als jemand zu einer Rede anhob. Er sprach friesisch, beschwor die Insulaner, so fest zusammenzuhalten, wie sie es in alten Tagen getan hatten. Er hatte eine gute, klare Stimme, und als das Feuer heftiger zu prasseln begann, sprach er lauter, so daß den Zuhörern, soweit sie das Syltringische beherrschten, nichts entging.

Danach wurde ein friesisches Lied angestimmt, und bei den Worten »Üüs Söl'ring Lön ...« war ihm doch wieder beklommen zumute. »Unser Sylter Land ...«, ein Stück davon hatte er irgendwelchen Personen aus Köln und Frankfurt überlassen!

Die Flammen waren jetzt voll entfacht, hatten eine stattliche Höhe. Im Osten sah er, schwach nur, weil es diesig war, die Biike von Morsum.

Es folgte eine auf deutsch gehaltene Ansprache, und als sie beendet war, umrundete er das knatternde Feuer und trat dann an den Verkaufsstand, ließ sich eine Bockwurst geben, dachte: Angst vor einer Botulismus-Erkrankung brauche ich hier wohl nicht zu haben. Und dann schweiften seine Gedanken noch weiter ab, befaßten sich mit der Crew, die es in Kürze anzuheuern halt. Genaugenommen, überlegte er, liegt irgendwo in Mexiko Schottmanns vierzehnter Toter begraben, und also gibt es auch da Trauernde. Vielleicht sollte ich rüberfliegen und nach ihnen suchen. Natürlich, es werden nicht zufällig Seeleute sein, aber man könnte sie einarbeiten.

Er ließ sich einen Punsch einschenken, trank das heiße Rotweingetränk in kleinen Schlucken. Es tat ihm gut, wärmte ihn von innen. Nachdem er den Becher geleert hatte, umrundete er noch einmal das Feuer und ging dann nach Hause.

Er schlief schlecht in dieser Nacht. Erst um ein Uhr fielen ihm die Augen zu. Doch schon eine halbe Stunde später war er wieder wach. Er machte Licht, stand auf, zündete sich eine Zigarette an, ging hin und her.

Er hatte ein sehr großes Schlafzimmer. Noch zu Lebzeiten seiner Mutter hatte er aus zwei Räumen einen machen lassen, der, als er fertig war, eine Kombination von Alt und Neu darstellte. Die eine Hälfte war althergebracht belassen mit Delfter Kacheln, eisernem Beilegeofen und Alkoven, die andere hatte eine weiße Textiltapete, schwere, mit hellem Leinen bezogene Sessel, ein breites Bett. Beleuchtung und Fußboden waren allerdings einheitlich. Moderne Strahler erhellten den ganzen Raum, und wo ehemals knarrende Holzdielen gelegen hatten, glänzte edles Parkett, unterbrochen von mehreren weißen Wollteppichen.

Alles in allem war es ein lichtes, freundliches Zimmer, in dem er sich wohlfühlte. Die so unterschiedliche Einrichtung störte nicht, weil weder das Alte noch das Neue überbetont war. Der Alkoven zum Beispiel, in dem er als Kind ein paar Jahre lang geschlafen hatte, war als solcher nicht mehr erkennbar, weil er Türen hatte, die bis zum Fußboden reichten und nur dann und wann zum Lüften geöffnet wurden, sonst aber so wirkten, als wäre dahinter kein Bett, sondern ein Schrank.

Die anderen Räume des Hauses waren ähnlich gestaltet. In jedem gab es Altes neben Neuem, und er hatte immer darauf geachtet, daß eine harmonische Gesamtlinie gewahrt wurde. Nur in den beiden Badezimmern war nichts aus früheren Zeiten erhalten geblieben. Sie waren groß, modern, funktionell, das eine weiß, das andere dunkelblau gekachelt. Im sanitären Bereich, so hatte er sich gesagt, möchte ich durch nichts an die engen und häßlichen Naßräume meiner Schiffe erinnert werden, ebensowenig an die meiner Vorfahren.

Er spürte, noch würde er keinen Schlaf finden, holte

sich daher aus dem Wohnzimmer ein Buch. Er war kein Romanleser, wollte von erdachten Geschichten nichts wissen, hielt es stets mit sachlicher Lektüre. Das umfangreiche Werk, das er ausgewählt hatte, behandelte die Fahrten der Grönlandkommandeure.

19.

Es war Mitte März, und ein Hauch von Frühling lag in der Luft. Um sieben Uhr am Morgen hatte Meinert Abeling seinen VOLVO in List verladen und war – mit derselben Fähre – auf die Nachbarinsel Röm übergesetzt. Von dort war er dann auf der durch das Wattenmeer führenden Straße zum Festland gefahren, bei Skaerbaek in die A 11 eingebogen und hatte nach weiteren fünfzig Kilometern den an der Westküste Jütlands gelegenen Hafen Esbjerg erreicht.

Dort stand er nun – es war erst neun Uhr, und trotzdem spendete die Sonne schon etwas Wärme – am Kai und sah fasziniert auf den heruntergekommenen Russen, den die dänischen Behörden an die Kette gelegt hatten.

In einem Sale-and-Purchase-Katalog hatte er die Offerte eines Kopenhagener Maklers gefunden, die wie auf seine Wünsche zugeschnitten schien. Unter anderem hatte es da geheißen, der zum Verkauf stehende Dampfer sei 2.100 Bruttoregistertonnen groß, vor achtzehn Jahren in Leningrad gebaut und vorwiegend im Nord- und Ostseeraum, vereinzelt aber auch für Reisen nach Spanien und Portugal eingesetzt worden, bis die Dänen ihn schließlich, und das liege bereits drei Monate zurück, an der Weiterfahrt gehindert hätten. Warum das geschehen war, stand nicht in der Anzeige, aber der Makler hatte es ihm am Telefon erklärt: Die Reederei hatte Hafenabgaben, Lotsengebühren und andere Verbindlichkeiten, darunter auch Rechnungen über große Mengen an Treibstoff, nicht beglichen.

In der ausführlichen Beschreibung, die er dann per Post bekommen hatte, waren die hydraulisch arbeitenden Ladewinden mit dem dazugehörigen Geschirr angepriesen worden, ebenso die drei Mc-Gregor-Deckel. Diese wie riesige Rolläden schließenden, tonnenschweren Lukenabdichtungen schätzt er sehr, wenn sie nicht gerade beschädigt waren und dann wochenlang nicht repariert wurden.

Die Laderäume, so wurde in dem Text gesagt, könnten mit Hilfe versetzbarer Querschotten in Sektionen eingeteilt werden, was die gleichzeitige Beförderung unterschiedlicher Fracht ermögliche. Maschine, Funkeinrichtung und Ruderanlage bedürften zwar einer Grundüberholung, seien aber von der Basis her intakt. Das Schiff könne, nach vorheriger Anmeldung, jederzeit im Hafen von Esbjerg besichtigt werden.

Auch war von einer Ausstattung mit Container-Zubehör die Rede. Es hieß da:

»Sellers hereby confirm, that the vessel is fully fitted with permanent container-fittings and equipment as well as all loose lashing material requested for the carriage of containers up to her maximum capacity including on deck.«

Den Preis des Frachters – er lag knapp unter einer Million D-Mark – fand er angemessen, und auch der Name des Veteranen gefiel ihm. Es war durchaus möglich, daß er es bei ihm belassen würde. Da wurde man wenigstens nicht, wie es einem Interessenten zum Beispiel bei dem schönen Namen ANABEL passieren konnte, durch Wohlklang auf die Fährte gelockt, nur um dann erfahren zu müssen, daß sich dahinter ein total verwahrlostes Mädchen verbarg. Nein, hier lieferte ihm der Name die ganze düster-geheimnisvolle Geschichte gleich mit. RASPUTIN hieß der Kasten, und wer ihn einst taufte, hatte ja ganz sicher von den Machenschaften des sibirischen Bauernsohnes aus Petrowskoje gewußt, von seinem Handeln und seinen Händeln und seinen zahllosen Abenteuern.

Als er den Oldtimer nun vom Kai aus betrachtete und auch den Namen an der Bordwand las, einmal in kyrillischer und darunter, etwas kleiner, in lateinischer Schrift, war er bereits so gut wie entschlossen.

Zusammen mit dem Anbieter, einem Okke Jespersen, der aus Kopenhagen angereist war, machte er sich wenig später an die Besichtigung, gab sich dabei, wie es zum Geschäft gehörte, hinreichend skeptisch angesichts der ihm dargebotenen Rost-Orgie. Doch sie wurden schnell handelseinig. Jespersen schien froh zu sein, das Schiff, dessen Reederei inzwischen Konkurs angemeldet hatte, endlich verkaufen zu können, und das bei einem Abschlag von nur fünfzehn Prozent. Außerdem bekam er vom neuen Eigner einen lukrativen Auftrag, für den er zwar nicht direkt zuständig war, für dessen Vermittlung er aber eine zusätzliche Provision einstreichen konnte. Die RASPUTIN, so hatte Abeling nach der Besichtigung entschieden, sollte zunächst für eine Grundüberholung in die Werft, und der Mann aus Kopenhagen würde die Aufgabe übernehmen, von vier Firmen Kostenvoranschläge anzufordern, wobei es sich, da die Reparaturen noch nicht in allen Einzelheiten festlagen, um die Preise für die Standardausführung zu handeln hatte.

Den Vorvertrag über den Verkauf des Schiffes schlossen sie in einem Hafenrestaurant. Die dabei fällige zehnprozentige Anzahlung konnte Abeling problemlos leisten, obwohl seine Millionen noch auf einem Notaranderkonto lagen. Seine Bank hatte ihm eine hohe Summe kreditiert.

Als er am Abend nach Sylt zurückkehrte, war er zufrieden mit dem Einkaufsbummel, wie er den Feddersens gegenüber seinen Tagesausflug nach Dänemark nannte und worunter die beiden prompt das Übliche verstanden, nämlich den Erwerb zollfreier Waren auf der Fähre.

Einen Monat später war er erneut in Esbjerg. Eine dort ansässige Werft hatte den Zuschlag bekommen. Sie hatte zwar nur das zweitniedrigste Angebot vorgelegt, war aber dennoch am günstigsten, weil die Gesamtkosten durch ein Verholen der RASPUTIN in das entfernte Tallinn, wo man noch billiger gearbeitet hätte, höher gewesen wären.

Zweck dieser zweiten Jütlandreise war, mit der Werftleitung die einzelnen Reparaturen zu besprechen. Das dauerte anderthalb Tage, und wohl selten zuvor hatten die dortigen Schiffbauer es mit so sonderbaren Wünschen zu tun gehabt, wie sie ihnen diesmal vorgetragen wurden. Mehrere größere Bereiche galt es zu erörtern, von denen einer jene Arbeiten umfaßte, die nicht ausgeführt werden sollten, wie dringend geboten sie auch erscheinen mochten. Da ging es sozusagen um RASPUTINs Garderobe, die nämlich so verwahrlost zu bleiben hatte, wie sie war. Die Außenhaut, die Decks, die Aufbauten, die Luken, die Treppen wie auch sämtliche Räume im Schiffsinneren würden weder einen neuen Farbanstrich bekommen noch vom Rost befreit werden. Auch das Containerzubehör durfte nicht behandelt, geschweige denn ausgewechselt werden, vorausgesetzt, es ließ sich noch einwandfrei handhaben. Unbeirrt nahm Abeling das Risiko auf sich, für extrem sparsam, wenn nicht gar für geizig gehalten zu werden, und selbst als man ihm mit Preisnachlässen entgegenkommen wollte, blieb er bei seiner Entscheidung. Um so mehr versetzte er die drei Ingenieure, denen er gegenübersaß, in Erstaunen, als dann jene Einzelpositionen zur Sprache kamen, die mit dem Betrieb des Schiffes zusammenhingen. Ob Brückenausstattung oder Funkeinrichtung, Ruderanlage oder Maschine, Wasserversorgung oder Kühlsystem, bei allem entschied er sich ohne Zögern für das jeweils Beste und Teuerste. Und was schließlich den dritten Bereich anging, setzte diese Tendenz sich fort, so daß seine Partner wahrscheinlich nicht mehr an Geiz dachten, sondern wohl eher meinten, es mit einem durch und durch exzentrischen Reeder zu tun zu haben. Die beiden Rettungsboote nämlich, die von allen lebenswichtigen Einrichtungen der RASPUTIN noch am besten erhalten waren, wollte er durch ein einziges hochmodernes ersetzt wissen, von dem er sehr genaue Vorstellungen hatte. Es sollte ein selbstlenzendes Freifall-Motorboot sein, etwa zehn Meter lang, in Rundspantbauweise erstellt, mit Spiegelheck versehen und ausgerüstet mit einem wassergekühlten Dieselmotor. Das Besondere an diesem Boot lag darin, daß es im Bedarfsfall auf einem achtern installierten Rollgleis ins Wasser gleiten konnte.

Er hatte sich ein solches Fahrzeug auf einer Bootswerft in Stade angesehen, hatte es geprüft, soweit das im Ruhezustand möglich war, und sich nach den verwendeten Materialien erkundigt. Es bestand aus glasfaserverstärktem Polyesterharz, und die mit Hartschaum gefüllten Lufttanks sowie die Dachkonstruktion sorgten dafür, daß es sogar bei einem Wassereinbruch seine Stabilität bewahrte. Kurzum, es war eines jener Rettungsboote, die als unsinkbar galten.

Dieses extravagante Wasserfahrzeug und die vielen Reparaturen gingen natürlich ins Geld und würden ihn, wie er nun erfuhr, teurer zu stehen kommen als das Schiff selbst. Doch damit hatte er gerechnet. Es war ähnlich wie mit den alten Friesenhäusern auf seiner Insel. Auch da überstiegen die Renovierungskosten meistens den Wert des erworbenen Gebäudes.

So besaß er nun also, nachdem er dreieinhalb Jahrzehnte für fremde Reedereien gefahren war, sein eigenes Schiff. Anfang Juni, das hatte die Werft ihm mitgeteilt, sollten die Reparaturarbeiten beginnen, und etwa Mitte August würden sie abgeschlossen sein. Er rechnete damit, Ende August mit der RASPUTIN die erste Reise unternehmen zu können, und würde dann im Herbst, in der Zeit der Stürme, entweder in der Nordsee oder in der Biscaya kreuzen.

Was die technischen Bedingungen seines Vorhabens anging, war er somit gerüstet, oder zumindest war die Zurüstung eingeleitet worden und verlief nach Plan. Dabei waren drei Stufen zu bewältigen gewesen, die er für sich selbst mit den Begriffen LAND, GELD und SCHIFF auf die kürzeste Formel gebracht hatte. Jetzt aber würde es um die vierte, die weitaus schwierigste Stufe der Mobilmachung gehen, um die Rekrutierung der Crew. Ganz oben auf seiner Liste stand Piet Kannegieter, den er anfangs, vor allem wegen seiner saloppen Reden, als oberflächlich und leichtfertig eingeschätzt, doch spätestens während der Tage von Bermuda als fairen Kollegen kennengelernt hatte. Sicher, er war ein Söldnertyp, hatte die Mentalität eines Abenteurers, steckte überdies ständig in Geldnöten, aber gerade darin lag die Chance, ihn zu gewinnen.

Dem Holländer würde eine Schlüsselrolle zukommen, und so machte Abeling sich wieder einmal auf den Weg, fuhr, diesmal mit der Bahn, über Aachen zunächst nach Antwerpen, übernachtete dort und ließ sich am nächsten Morgen von einem Taxi über die nahe Grenze nach Terneuzen bringen, stieg im Hotel CHURCHILL ab. Er war zum Mittagessen mit Kannegieter verabredet, hatte bis dahin noch zwei Stunden Zeit und setzte sich zu einem Kaffee auf die Terrasse. Da das Hotel direkt an der Uferpromenade lag, waren die vielen Schiffe, die entweder seewärts gingen oder Antwerpen ansteuerten, ganz nah.

Es berührte ihn sehr, eine Art Schaltstelle der Seefahrt vor sich zu haben. Natürlich gab es auch kleine Schiffe,

Trawler und Kümos zum Beispiel, aber die gleichzeitige Präsenz der Giganten machte die Bedeutung der Schelde als Ausgangstor und als Entrée für transatlantischen Seeverkehr sichtbar, denn zumindest die großen Containerschiffe kehrten von langen Reisen zurück oder begannen eine solche.

Auch ein Dickschiff, das er kannte, kam vorbei, hielt auf Antwerpen zu. Es war der 74.000-Tonner UNITED VENTURE, ein Bulkcarrier, der jeweils Kohle, Erz oder Getreide beförderte. Er gehörte einer Lübecker Reederei, unter deren Flagge an die achtzig respektable Schiffe fuhren. Vor vielen, vielen Jahren, und es war die schönste Zeit seines Berufslebens gewesen, hatte er im Dienst dieses Unternehmens gestanden.

20.

Er erinnerte sich daran, daß Piet Kannegieter am liebsten Calvados trank, es damit aber häufig so hielt wie die alten Normannen, die diesen Obstbrand als eine Art Regler zwischen den einzelnen Gängen ihrer meist üppigen Mahlzeiten zu sich nahmen, und da das gemeinsame Essen ja erst noch beginnen sollte, fand er einen Aperitif geeigneter. Er ließ zwei Campari heraufbringen und bat den Kellner, sie auf den Balkontisch zu stellen. Danach rief er in der Rezeption an und erklärte, daß er seinen Besucher im Zimmer erwarte.

Kannegieter war pünktlich, klopfte wenige Minuten nach ein Uhr an die Tür, und dann gab es erstmal eine herzliche Begrüßung.

Abeling fand, daß sein ehemaliger I WO großartig aussah, was vor allem an seiner Bräune lag. Er machte ihm ein Kompliment, doch darauf erwiderte der Holländer nur:

»Das ist nicht mein Verdienst. Erstens bin ich monatelang auf einer Sonnenroute gefahren, und zweitens muß mein Aussehen auf Sie wie ein Kontrastprogramm wirken, denn was Sie im Herbst vor sich hatten, war ja das totale Wrack.«

»Damit haben Sie allerdings recht«, antwortete Abeling. »Als wir Sie damals aus dem Atlantik fischten, dachte ich, Sie seien unserem Assi dicht auf den Fersen.« Er zeigte auf die Balkontür. »Wir nehmen da draußen einen Drink, und anschließend werden wir essen, aber natürlich nicht hier oben, sondern im Restaurant. Weshalb ich Sie erstmal heraufgebeten habe ...«, er zögerte einen Moment, doch dann sagte er gradheraus, was er auf dem Herzen hatte: »Ich möchte vorher Ihren Rücken sehen.«

Kannegieter fand nichts dabei. Er zog seine Jacke aus und begnügte sich dann nicht damit, das Hemd hochzuschieben, sondern machte den Oberkörper ganz frei, drehte sich schließlich um.

Abeling strich kurz über die Haut. »Scheint ja alles gut verheilt zu sein«, sagte er, »aber trotzdem sieht's noch ziemlich schlimm aus.«

»Wie man's nimmt. Eine Freundin von mir – zugegeben, sie ist manchmal ein bißchen überspannt – wollte partout ein Foto von dieser Wahnsinnslandschaft, wie sie sich ausdrückte. Ich hab's erlaubt, und nun zeigt sie das Bild überall herum als abstrakte Kunst.«

Noch einmal glitt Abelings Rechte über die bläulich schimmernden Narben. »Es ist wirklich alles okay?«

»Ja.«Kannegieter zog sich wieder an. »Ich hatte einen guten Arzt.«

»Tut's noch weh?«

»Nein, es juckt nur von Zeit zu Zeit. Das ist dann so, als wär' nicht genug Haut da. Die Fläche spannt sich wie ein zu enges Hemd; aber es ist auszuhalten.«

Sie traten hinaus auf den Balkon, setzten sich, tranken ihren Campari.

»Und Ihre Frau? Was sagt sie dazu?«

»Jetzt gar nichts mehr. Sie hat sich verabschiedet. Aber nicht wegen meines kaputten Rückens, sondern wegen meiner kaputten Seele. Sagt sie.«

»Nanu! Als ich vor einiger Zeit mit ihr telefonierte, hat sie überhaupt nichts erwähnt. Ist das ganz neu?«

»So neu nicht. Genaugenommen fing alles nach meiner Rückkehr von Bermuda an. Seit der Zeit bin ich nicht mehr derselbe. Sagt sie. Angeblich raste ich bei jeder Kleinigkeit aus. Vielleicht hat sie ja recht, aber ich tippe eher auf ganz was anderes. Ich glaub', sie hat das viele Alleinsein satt, und das könnte man ja verstehen.«

»Haben Sie sich denn schon getrennt?«

»Ja. Sie ist erstmal zu ihrer Schwester nach Groningen gezogen. Die Scheidung läuft. Aber nun sollten wir das Thema wechseln! Ich freue mich, meinen alten Käpten wiederzusehen.«

»Ich freue mich auch.«

Sie leerten ihre Gläser und verließen dann den Balkon.

»Gehen wir nach unten!« sagte Abeling. »Ich hab' einen Tisch bestellt, an dem wir ungestört sein werden.« Er nahm seine Aktentasche auf.

»Ist das«, fragte Kannegieter, »der Koffer mit Ihrer Munition gegen Schottmann? Ich schätze, Sie sind dabei, sich auf die Seeamtsverhandlung vorzubereiten, und wollen auch einen Beitrag von mir. Hab' gehört, daß Sie unterwegs waren auf Zeugensuche. Um es gleich zu sagen: Mein Zeugnis bekommen Sie. Ohne Wenn und Aber. Ich wäre …«, er sah sich um, als ob noch ein Dritter im Zimmer sein könnte, und senkte sogar die Stimme, als er schließlich fortfuhr, »auch bereit, dies und jenes dazuzudichten, falls das, was Sie haben, nicht ausreicht.«

»In gewisser Weise«, antwortete Abeling, »geht es tatsächlich um die Verhandlung, die wohl zum Jahresende stattfinden wird. Ich weiß längst, daß ich es sehr schwer haben werde, gegen Schottmann anzukommen. Aber lassen Sie uns jetzt was essen!«

Sie fuhren im Lift nach unten, gingen in das nur mäßig besetzte Restaurant. Ein Ober brachte sie an ihren Tisch, der in einer Nische stand. Dort waren sie in der Tat gegen fremde Ohren abgeschirmt.

Die Karte kam. Beide wollten weder Vorspeise noch Suppe. Kannegieter entschied sich für Lammbraten, sagte, nachdem er bestellt hatte: »Das sind die Osterlämmer unserer Gegend. Wirklich zu empfehlen. Hab' neulich schon mal hier im CHURCHILL gegessen. Da nahmen meine Freundin, die mit dem abstrakten Bild, und ich den Lammbraten und waren begeistert.«

Doch Abeling zog ein Fischgericht vor, wählte Seezunge.

Die Aktentasche lag sichtbar auf einem der beiden überzähligen Stühle. Abeling tippte kurz auf das Leder. »Ja«, sagte er, »hier steckt meine Munition, allerdings eine von ganz besonderem Kaliber. Dazu gleich mehr. Vorher möchte ich gern wissen, ob Sie von den anderen gehört haben, von Rogge, Camacho, Nickelsen und Guillermo.«

»Gesprochen hab' ich in der Zwischenzeit nur mit Rogge«, erwiderte Kannegieter, »als ich ihn zufällig bei der Seeberufsgenossenschaft traf, aber er hat mir von den anderen erzählt, das heißt, nur von Heiner und Camacho. Guillermo wollte, wie er mir beim Abschied sagte, so schnell wie möglich zurück in die Heimat und sich einen Job an Land suchen. Ob er's dann auch getan hat, weiß ich nicht. Oft läuft es ja so: Man verflucht die Seefahrt und kommt doch nicht von ihr los.«

»Und Rogge?«

»Er fährt als Chief auf einem norwegischen Tanker. Aber Heiner hat der Seefahrt ade gesagt.«

»Tatsächlich?«

»Ja. Laut Rogge arbeitet er irgendwo in Norddeutschland auf einem Schlachthof. Und Camacho ist natürlich längst Vater geworden. Er soll eine Zeitlang auf einem Kümo an der chilenischen Küste gefahren sein, aber schon bald keine Lust mehr gehabt haben auf Schiffe, die kaum größer sind als Lastautos oder Straßenbahnen. Nun fährt er wieder weltweit, und zwar, wenn ich mich richtig erinnere, auf einem spanischen Schiff.«

»Und Frau und Kind sind in Chile geblieben?«

»Das weiß ich nicht.«

Das Essen wurde gebracht, und angesichts der aufgetischten Köstlichkeiten fand Abeling es plötzlich besser, seinen brisanten Gesprächsstoff auch jetzt noch zurückzuhalten. So wartete er ab, überbrückte selbst den Nachtisch, einen exotischen Obstsalat, mit leichter Unterhaltung. Erst als der Calvados vor ihnen stand, griff er nach der Aktentasche, entnahm ihr einen Ordner und legte ihn auf den Tisch.

Sie stießen an, wünschten sich für die Zukunft gutes Einvernehmen mit den launischen Weltmeeren, tranken, setzten die Gläser ab.

Und nun öffnete Abeling seinen Ordner. Obenauf lag, lose, ein Foto im Postkartenformat. Er schob es über den Tisch. Kannegieter nahm es in die Hand, betrachtete es und meinte dann:

»Wenn die veränderten Maße nicht wären, würde ich sagen: Da ist ja unsere ANABEL in ihrer ganzen Verkommenheit wieder auferstanden! Erzählen Sie mir bloß nicht, Sie hätten auf diesem Kasten angemustert!«

»Schlimmer. Ich hab' ihn gekauft.«

»Und wieviel hat man Ihnen gezahlt, damit Sie ihn nehmen?«

Abeling lachte und zog eine Lupe aus dem Seitenfach seiner Aktentasche, gab sie Kannegieter. Der beugte sich über das Foto, das nun auf dem weißen Tischtuch lag, und dann tasteten sich seine Augen mit Hilfe des Vergrößerungsglases an dem rostigen Schiff entlang, vom Bug bis zum Heck und wieder zurück. Schließlich legte er die Lupe aus der Hand und fragte:

»Fährt das Ding überhaupt?«

»Zur Zeit liegt es in Esbjerg in der Werft und wird grundüberholt.« Abeling löste einen ganzen Stoß von Papieren aus seinem Ordner und erläuterte an Hand der einzelnen Blätter die vielen in Auftrag gegebenen Neuanschaffungen und Reparaturen, sprach auch ausführlich über das bestellte Freifall-Rettungsboot.

»Alle Innereien der RASPUTIN«, sagte er dann, »werden höchsten Standard haben, aber das Outfit bleibt so häßlich, wie es ist.«

»Und warum?«

»Das ist ein Teil meiner Strategie.«

Kannegieter nahm erneut die Lupe zur Hand, sah, mehrfach die Distanz wechselnd, auf die nur schwach erkennbaren Buchstaben an der Bordwand, hatte endlich den Namen entziffert und murmelte vor sich hin: »Ra-Ra-Rasputin, Russia's famous love-machine ...«, sprach dann in normaler Lautstärke weiter: »Apropos Maschine, wer wird sie bedienen?«

»Darüber sprechen wir noch.«

»Sie haben mich neugierig gemacht, und darum nun bitte raus mit Ihrer Geschichte! Aber vorher brauche ich einen neuen Calvados.«

Abeling bestellte. Für sich bat er diesmal um einen Hennessy. Die Getränke wurden sofort gebracht, und dann setzte er zu einer längeren Rede an.

»Ich muß etwas ausholen«, begann er. »Der Erwerb der RASPUTIN und mein Treffen mit Ihnen sind Teile eines bestimmten Programms, das ich allerdings nicht allein bewältigen kann. Um es klar auszudrücken: Ich brauche eine Crew, und der wichtigste Mann darin wären, wenn es nach mir ginge, Sie. Gut möglich, daß Sie nein sagen. Das hätte ich zu akzeptieren, aber damit entstände für mich eine, gelinde gesagt, heikle Situation, vielleicht sogar eine fatale, weil ich die Karten auf den Tisch legen muß, ohne zu wissen, ob Sie mitmachen. Andererseits können Sie ohne die Karten auf dem Tisch nicht Stellung nehmen. Daher eine Frage vorweg: Geben Sie mir Ihr Wort, daß Sie die Sache, auch wenn Sie nicht mitmachen, für sich behalten?«

Kannegieter war ernst geworden, sah Abeling besorgt an. Seine Antwort auf diese für ihn überraschende Eröffnung bewies, daß er das Problem erfaßt hatte und überdies schon weiterdachte.

»Sie sprachen«, sagte er, »von der Crew, die Sie brauchen.« Er nahm das Foto, hielt es kurz in die Höhe, legte es zurück. »Für dieses Schiff benötigen Sie zwölf Mann. Müssen Sie sich etwa von jedem einzelnen versichern lassen, daß er den Mund hält, auch wenn er abwinkt? Mein Wort haben Sie. Ich werde in jedem Fall schweigen wie ein Grab, zumal ich davon ausgehe, daß Sie nicht vorhaben, die Bank von England auszurauben, was per Schiff ja auch ziemlich schwierig wäre. Aber was ist mit den anderen? Wenn Sie an die in der gleichen Weise herantreten wie an mich und jedesmal zu hören bekommen: ›Von mir erfährt keiner was!‹ und dann mit Ihrem Plan rausrücken, ist das ein Vabanque-Spiel erstes Ranges. Es braucht nur einer 'ne Plaudertasche zu sein, und Ihr Programm kippt. Soviel erstmal vorweg. Aber, wie gesagt, mein Wort haben Sie.«

»Danke. Bei den meisten liegt die Sache anders. Die werden ganz normal angeheuert. Bei zweien allerdings muß ich wahrscheinlich so vorgehen wie bei Ihnen, mich also weit aus dem Fenster lehnen.«

»Guillermo und Rogge sind das wohl kaum. Der eine wäre vermutlich nicht aufzufinden, und falls doch, nicht bereit, noch einmal zur See zu fahren, und der andere ..., na ja, ich will ihm nicht zu nahe treten, aber der Chief der ANABEL ist mir zu ... zu kleinkariert, zu bieder. Der würde, selbst wenn er in einer endlos weiten Wüste mutterseelenallein wäre, vor 'ner roten Ampel stoppen, und ich schätze mal, diese Art von Wohlverhalten ist nicht gefragt.«

Wieder mußte Abeling lachen. »Sie haben recht«, sagte er dann. »Was ich brauche, sind Leute, die durch irgend etwas aus dem Rahmen fallen, jedenfalls kein Mittelmaß sind. Nickelsen zum Beispiel hat ein ausgeprägtes Gerechtigkeitsempfinden, kann darin sogar fanatisch sein, aber zugleich zeigt er Toleranz. Diese Mischung ist gut, und sie ist selten. Nun zu Camacho! Über ihn weiß ich nur wenig, und deshalb hat er auf meiner Liste noch ein Fragezeichen. Kennen Sie ihn näher?«

»Ich weiß nur, daß er sich in Matamoros mal 'ne blutige Nase geholt hat, weil er auf einen Luden losging, der sein Schwälbchen auf offener Straße verprügelte. Dabei kannte er weder den Mann noch die Frau, kam nur zufällig vorbei und kriegte den Streit mit. Und als es die Schläge setzte, ging er dazwischen. Ja, ich würde ihn nehmen. Oder vielmehr: Bei ihm hätte ich keine Bedenken, die Karten auf den Tisch zu legen. Aber nun wüßte ich wirklich gern, worum es geht! Also, was haben Sie vor?«

»Etwas Abenteuerliches. Andere würden wahrscheinlich sagen: etwas Verrücktes. Aber einige, und die wären dann so recht nach meinem Sinn, würden es als etwas Notwendiges bezeichnen. Ich habe die RASPUTIN gekauft, um Georg Schottmann zu einer Reise einzuladen. Er soll lernen, was Seefahrt bedeutet.«

Nun waren es große, erstaunte Augen, die den Kapitän ansahen, und dann kamen die dazugehörigen Worte, und sie belegten einmal mehr, daß der Holländer nicht nur einen Sachverhalt und dessen Begleiterscheinungen schnell erfaßte, sondern auch gleich die passenden Bilder zur Hand hatte:

»Einladen, sagen Sie. Da gibt es mehrere Versionen.

Zum Beispiel die mit dem höflichen Brief: beehren wir uns ..., würden wir uns freuen ..., dunkler Anzug ist erwünscht ... und so weiter. Und dann die andere: Ich nehme jemanden an den Kanthaken und lade ihn ein, in die Schubkarre etwa oder auf den Lastwagen, zusammen mit anderem Müll, oder eben auf ein Schiff. Meinen Sie nun die höfliche oder die rabiate Fassung?«

»Ein Mittelding. Ich locke den Mann aufs Schiff mit einem Verkaufsangebot, dem er nicht widerstehen kann, und dann wird er zu einer Probefahrt überredet, sagen wir, von Bremerhaven nach Emden. Allerdings kommt es in deren Verlauf zu einem kleinen Abstecher in die stürmische Biscaya.«

»Caramba!«

»Ja. Das muß natürlich sehr behutsam eingefädelt werden. Zum Beispiel darf nicht ich als Anbieter fungieren. Ich darf zu Beginn überhaupt nicht in Erscheinung treten. Von mir würde er sich in einer fremden Gegend nicht mal den Weg zeigen lassen, und ein Schiff würde er mir schon gar nicht abkaufen.«

»Mit anderen Worten: Ich soll einspringen.«

»Das wäre ideal.«

»Moment, mir fällt da grad was ein! Bevor der Mann sich auch nur drei Schritte in Richtung auf die RASPUTIN bewegt, um sie zu inspizieren, wird er die Pläne verlangen.« Kannegieter zeigte auf die vor ihnen liegenden Pläne. »Prangt auf denen nicht der Name Meinert Abeling?«

»Ich habe mir einen Firmennamen zugelegt, und nur der erscheint in den Unterlagen. Aber zurück zu Ihnen! Wenn Sie mitmachen, werde ich dafür sorgen, daß Sie wie die anderen Mitglieder der Crew dastehen, nämlich so, als wären Sie von mir hinters Licht geführt worden und hätten von meinen finsteren Absichten keine Ahnung gehabt.«

»Das dürfte schwierig werden, es sei denn ...«

»Es sei denn, was?«

»Sie kidnappen ihn, schleifen ihn heimlich an Bord, verstecken ihn, legen mit der RASPUTIN ab, und irgendwann auf hoher See zeigen Sie den Knaben vor. Dann kann jedermann schwören, nichts von Ihrem Coup gewußt zu haben.«

»Das wär' mir denn doch zu brutal.«

»Na gut. Aber was haben Sie mit ihm vor?«

»Ich will ihm eine Lektion erteilen, die er nie vergißt. Er soll einmal, und sei es nur für Stunden, die Todesangst durchstehen, die wir auf der ANABEL erleben mußten.«

»Das hat er verdient, weiß Gott!«

»Gut«, sagte Abeling, »darin sind wir uns einig. Die Einzelheiten kommen nachher an die Reihe. Jetzt geht's erstmal um die Finanzen. Das Schiff und seine Instandsetzung kosten mich rund zwei Millionen Mark. Eine weitere Million setze ich an für die Besatzung, und zwar nach folgendem Schlüssel: Der Mann, der mein Stellvertreter sein wird – und das sind hoffentlich Sie – bekommt eine Viertelmillion. Die beiden anderen, die ich vermutlich einweihen muß, erhalten je hundertfünfundzwanzigtausend Mark und der Rest fünfzigtausend Mark pro Kopf.«

»Wenn ich nicht schon säße, würde ich mich jetzt setzen müssen!«

»Erscheint Ihnen das als angemessen?«

»Das fragen Sie? Es ist ein irrer Haufen Geld. Darf ich mir ein offenes Wort erlauben?«

»Na klar!«

»Eine Viertelmillion für den I WO ..., Mann, das bedeutet ein Vermögen! Und die beiden anderen ..., na ja, 'ne kleine Eigentumswohnung ist auch nicht zu verachten, und wenn vom Fußvolk jeder Fünfzigtausend kriegt, ist das wie ein Traum, wie ein Geschenk von der Märchenfee. Trotzdem, solche Glücksfälle kommen auch in der Wirklichkeit mal vor, aber was mich umschmeißt, ist die Tatsache, daß Sie drei Millionen hinblättern wollen, nur um Ihrem Reeder eine Lektion zu erteilen! Jahrelang haben Sie sich auf einem Dreckskasten abgerackert, haben sich da den Lebensunterhalt verdient, und nun diese Summen! Da muß ich doch unwillkürlich fragen: Haben Sie das Ding mit der Bank von England womöglich schon hinter sich?«

»Mein lieber Kannegieter«, Abeling griff über den Tisch und klopfte seinem Gegenüber beschwichtigend auf den Handrücken, »das Geld ist mir, wenn vielleicht auch unverdient, so doch legal zugeflossen. Aus ein paar Landverkäufen. Und was mein Motiv angeht: Sie haben gerade die Träume erwähnt und die Märchenfee. Ich glaube, jeder Mensch hat einen Traum, vielleicht einen edlen, einen uneigennützigen, vielleicht aber auch einen ganz weltlichen, den von einer eigenen Insel oder von einem Reitstall voller Pferde oder von einem Ferrari. Meiner lautet: Ich will Sühne für die Toten der ANABEL! Das ist mein Ziel, und dafür setze ich die Mittel ein, die mir zur Verfügung stehen. So einfach ist das. Man kann es aber auch etwas differenzierter sagen: Zwei Menschen sind schuldig geworden am Tod von dreizehn Seeleuten, ein Reeder und ein Kapitän, der eine aus Habsucht, der andere aus Schwäche, weil er nämlich dem Habgierigen nicht in die Parade gefahren ist. Beide müssen ein Opfer bringen. Ich bringe meins, eben die Millionen, weil dem anderen sonst keins abverlangt wird; denn daß die Anwälte Schottmann rauspauken werden, steht für mich fest.«

Nach diesen Worten war es lange still zwischen ihnen, und als Kannegieter dann endlich zu einer Erwiderung fand, enthielt sie nur wenige Worte, aber sie wogen schwer und machten Abeling glücklich:

»Okay, es ist viel zu tun! Gehen wir an die Arbeit!« Er packte den Papierstapel und zog ihn zu sich heran.

21.

Auch Georg Schottmann hing einem Traum nach, und es war einer von denen, die Meinert Abeling zu den weltlichen gerechnet hatte.

Der Husumer Reeder träumte von einer großzügigen Arrondierung seiner andalusischen Hazienda, der er mit Bedacht den Namen EL BUEN RETIRO gegeben hatte. Doch der Rückzug in ein möglichst weitläufiges Besitztum unter südlicher Sonne war nur der eine Teil dieses Traums. Der andere hatte mit der Reederei zu tun und mit dem Bestreben, sie auf Erfolgskurs zu halten. Gewiß, er wollte sein Orplid, wollte sein Paradies, doch im Hintergrund sollte sein Imperium weiterwachsen. Der Ruhesitz allein wäre ihm nicht genug. Und wenn er die weltweiten Tonnagebewegungen auch mehr und mehr seinem Sohn überlassen würde, dachte er doch letzten Endes egoistisch und sah in ihm den Sachwalter seiner eigenen Wünsche.

Allerdings mußte der Junge noch an sich arbeiten, mußte vor allem lernen, die Skrupel abzustreifen. Er würde ihm dabei helfen, würde ihm immer wieder vor Augen führen, daß die Welt zu einer durch und durch maroden Einrichtung geworden war, in der es darum ging, ihren Verlust an Moral für den eigenen Vorteil zu nutzen und jede Chance, wo immer sie sich bot, ohne Rücksicht auf andere wahrzunehmen.

Nachdem er von der Bank ins Reedereiwesen übergewechselt war, hatte er die Redewendung vom Schäfchen, das es ins Trockene zu bringen gelte, zu seiner Devise gemacht, hatte sie sogar, weil sie ihm so gut gefiel, auf ihre Herkunft hin überprüft und dabei eine überraschende Entdeckung gemacht, die ihm im Hinblick auf sein neues Metier als geradezu wegweisend erschien. Bis dahin hatte er den realen Bezug, den dieses sprachliche Bild enthielt, falsch gedeutet, hatte stets das

Schaf vor Augen gehabt, das, sofern es im nassen Gras verblieb, zugrunde gehen würde, demnach nur überleben konnte, wenn man es rechtzeitig auf trockenen Boden brachte. Wie erstaunt und beglückt jedoch war er, als er auf die Erklärung stieß, bei dem Schäfchen handle es sich in Wirklichkeit um ein Scheppken, ein Schiffchen also, das zu bergen war. Es faszinierte ihn, daß ausgerechnet ein Schiff als Symbol für gesichertes Einkommen diente.

Mittlerweile besaß er neun und hatte damit das Gesamtvolumen von hunderttausend Bruttoregistertonnen überschritten. Zu den Giganten innerhalb der illustren Riege der deutschen Reeder zählte er zwar noch immer nicht, doch zu den Zwergen wahrlich auch nicht mehr.

Es war um die Mittagszeit des dritten Mai. In seinem Kalender hatte er zwei der für diesen Tag vorgemerkten Termine unterstrichen. Der eine davon war, jedenfalls zu Beginn, unangenehm verlaufen, aber nun wenigstens erledigt. Den anderen hatte er auf fünfzehn Uhr angesetzt. Wie er enden würde, war ungewiß. Fest stand lediglich, daß er bei der Unterredung viel Fingerspitzengefühl aufwenden mußte.

Das auf einem Messingsockel befestigte hundert Jahre alte englische Schiffs-Chronometer zeigte zwei Uhr an. Bis auf die junge Frau, die Telefondienst hatte, war die Belegschaft in der Mittagspause. Er selbst hielt sein Arbeitspensum in der Regel von morgens acht bis nachmittags fünf Uhr streng ein, nahm zwischendurch nur ein Sandwich und etwas Obst zu sich und trank eine Unmenge Kaffee. Auch jetzt standen Thermoskanne und Tasse auf seinem Schreibtisch.

Er überdachte noch einmal das lange Gespräch vom Vormittag. Da hatte er sich, wenn auch nur am Telefon, mit einem Beamten der mexikanischen Botschaft auseinandersetzen müssen.

Der Mann hatte zunächst ganz lapidar erklärt, ein Bürger seines Landes sei an einer von einem Schottmann-Schiff stammenden Speise gestorben und zwei Dutzend weitere Personen hätten schwerste gesundheitliche Schäden erlitten.

Als erstes erwiderte er darauf, es sei ja wohl ein Witz, diese alte Geschichte nach mehr als einem halben Jahr wieder auszugraben, woraufhin der Mexikaner erklärte, von einem Wiederausgraben könne keine Rede sein, denn die Sache sei nie ad acta gelegt worden. Infolge umfangreicher Recherchen und zum Teil sehr langwieriger behördlicher Vorgänge komme man aber erst jetzt zu einem abschließenden Urteil, so daß auch erst jetzt der Kostenpunkt zu erörtern sei. Weiter führte der Mann aus, er sei autorisiert, mit dem Verursacher der Massenvergiftung eine pauschale Wiedergutmachung zu vereinbaren. Immerhin seien Beerdigungs- und Krankenhauskosten entstanden, und ebenso müßten die Auslagen für umfängliche Laboruntersuchungen wie auch für die bis ins ferne New Orleans ausgedehnten behördlichen Erhebungen erstattet werden, und schließlich habe man über das Schmerzensgeld für die Opfer zu verhandeln. Er halte deshalb eine Gesamtentschädigung in Höhe von hundertzwanzigtausend US-Dollar für angemessen.

Er entgegnete dem Mexikaner, die Lieferung verdorbener Ware auf sein Schiff sei zwar ein bedauerlicher Vorfall, wie er sich in der Nahrungsmittelbranche immer mal wieder ereigne, aber aus drei Gründen komme für ihn eine Zahlung, in welcher Höhe auch immer, nicht in Betracht. Erstens sei er gar nicht der Verursacher, und zwar weder der der Leiden noch der der entstandenen Kosten, denn er sei nicht der Lieferant gewesen. Und zweitens könne man von ihm wohl kaum erwarten, daß er einen auf seinem Schiff verübten Einbruchsdiebstahl auch noch honoriere. »Wenn Sie«, so fuhr er wörtlich fort, »sich über die Opfer Gedanken machen, die es bei dieser Geschichte zu beklagen gibt, dürfen Sie mich nicht vergessen. Auch ich bin eins. Ihre Landsleute haben mir Ware im Wert von rund tausend Dollar gestohlen. Ich habe also – mehr als Sie – Veranlassung, eine Rechnung aufzumachen.« Und danach hatte er erklärt, als höflicher Mensch höre er sich derlei Forderungen zwar geduldig an, doch sei er wiederum der falsche Adressat. Zuständig für ein solches Gespräch sei vielmehr ein Vertreter des *P. and I. Clubs*, seiner Versicherung. Er möge sich also an diesen Verein für *Protection and Indemnity* wenden. Ja, und jetzt habe seine Geduld ein Ende.

»Sie vergessen«, lautete die Antwort, »daß die betroffene mexikanische Familie Ihnen persönlich mit aller Wahrscheinlichkeit eine Menge Ärger erspart hat. Hätte nicht sie sich die Krankheit eingefangen, wäre es Ihrer Besatzung passiert.«

Aus der Erfahrung heraus, daß er schon oft durch kühne Behauptungen Boden gewonnen hatte, konterte er: »Ich gehe davon aus, daß die Ware, solange sie sich noch auf meinem Schiff befand, einwandfrei war und erst nach dem Einbruch vom Krankheitserreger befallen wurde. Wer weiß, wo die Diebe sie gelagert haben und wie lange. Es sollen arme Leute gewesen sein, die vermutlich nicht mal einen Kühlschrank haben. Womöglich hat das Fleisch tagelang in einer tropischen Elendshütte gelegen.«

»Es war nicht das Fleisch«, bekam er zur Antwort, »es war die Wurst, und die war luftdicht verpackt. Ganz ohne Zweifel ist sie in verdorbenem Zustand von Ihrem Schiff gekommen.«

Es war dann noch eine Weile hin und her gegangen mit gegenseitigen Schuldzuweisungen, und schließlich hatte er erklärt, die Gegenpartei könne sich ja, wenn sie partout ihr Geld zum Fenster hinauswerfen wolle, mit seinem Anwalt in Verbindung setzen, und der würde ebenfalls auf den *P. and I. Club* verweisen. Im übrigen habe er, Schottmann, im Moment andere Sorgen.

Er schenkte sich Kaffee ein und schlug eine bereitliegende Personalakte auf, die in Anbetracht einer achtjährigen Reedereizugehörigkeit erstaunlich dünn war. Er las darin, schrieb sich ein paar Daten und Fakten heraus und verstaute den Ordner dann in der obersten Schreibtischschublade. Danach führte er einige Telefongespräche, rief auch seinen Sohn an, der nach Málaga geflogen war, um mit einem andalusischen Bauern über den Ankauf von Land zu verhandeln. Vor der Abreise hatte er zu Rüdiger gesagt: »Mobilisiere deine ganze Maklererfahrung! Rede mit Engelszungen! Diese drei Hektar an der Westseite muß ich unbedingt haben, damit auch da der Abstand zum Nachbarn groß genug ist.«

Um Punkt drei Uhr war sein Besucher da. Mein Gott, sieht der Mann spießig aus! schoß es ihm durch den Kopf, doch er ging lächelnd auf ihn zu und begrüßte ihn mit den Worten:

»Willkommen in unserer kleinen, verschlafenen Stadt, lieber Herr Rogge! Ich hoffe, Sie haben inzwischen den Bermuda-Schock überwunden und sind wieder der alte, den ich aus acht gemeinsamen Jahren kenne und schätze!«

»Danke«, antwortete der einstige Chief der ANABEL. »Ganz der alte, glaube ich, kann man nach einem solchen Erlebnis nicht werden, aber doch annähernd. Jedenfalls bemühe ich mich darum.«

Schottmann zeigte auf die Sitzgruppe, die aus vier schwarzen Ledersesseln und einem flachen Glastisch bestand und für Konferenzen im kleinsten Kreis vorgesehen war. Sie nahmen Platz. Die Sekretärin, soeben aus der Pause zurückgekehrt, brachte frischen Kaffee und Gebäck. Als sie wieder gegangen war, sagte Schottmann:

»Sie fahren jetzt also auf der SEA-WARRIOR; wie gefällt es Ihnen bei den Norwegern?«

»Gut. Es ist ein ziemlich neues Schiff, ein Koloß von fast siebzigtausend Tonnen.«

»Donnerwetter! Dagegen war die ANABEL dann ja eine Nußschale. Norwegen ist gut vertreten auf den Weltmeeren.«

»Ja, mit seinen 21,5 Millionen Bruttoregistertonnen liegt es an sechster Stelle.«

»Wobei diese Liste, wie man weiß, mit einem dicken Aber zu versehen ist, denn sonst hätte das winzige Panama niemals den ersten Platz inne, und auch Liberia auf Platz Zwei ist ja in Wirklichkeit nur ein Papiergigant. Wenn man sich das mal überlegt: Jedes achte Schiff auf dem Globus fährt unter panamesischer Flagge, und die Flotte dieses Winzlings ist ungefähr zwölfmal so groß wie die der Bundesrepublik! Aber ich kann nur sagen, zum Glück ist es so, denn hätten wir Reeder nicht die Möglichkeit, in diese Länder auszuweichen, wären wir arm dran. Ich zum Beispiel müßte meinen Laden dichtmachen.«

Gern wäre er schon jetzt zum eigentlichen Thema übergegangen, doch hielt er es für ratsam, nicht mit der Tür ins Haus zu fallen. Noch einmal musterte er seinen Besucher, war entsetzt über dessen schwarzweißes Pepita-Sakko und die schlechtsitzende graue Hose, vor allem aber über das schnurgerade gescheitelte Haar, das offenbar noch rasch, sicher an irgendeinem Springbrunnen, mit Wasser nachgeglättet worden war. Naßkämmer verabscheute er von jeher, und es machte den Reigen der mißlichen Auffälligkeiten komplett, daß der Mann beim Anheben der Tasse den kleinen Finger abspreizte.

»Wie geht es Ihrer Frau und den Kindern? Zwei haben Sie doch, soviel ich weiß, oder?«

»Ja, ein Mädchen und einen Jungen, dreizehn und

zehn Jahre alt. Zum Glück machen sie sich gut in der Schule. Ja, und meine Frau war gerade acht Tage in der Klinik.«

Jetzt bloß keine Geschichten von entzündeten Eierstöcken oder ähnlichem! dachte Schottmann, aber er wußte, eine Nachfrage war unerläßlich, wenn er den Mann nicht vor den Kopf stoßen wollte, und das wiederum durfte angesichts der gegebenen Umstände nicht geschehen.

»Hoffentlich nichts Ernstes!«

»Eine Blinddarm-Operation. Ist gut verlaufen.«

»Na, Gott sei Dank! Grüßen Sie Ihre Frau von mir.«

»Danke.«

»Herr Rogge, der Grund für meine Bitte, mal nach Husum zu kommen, hat, wie Sie sich vielleicht schon gedacht haben, mit der ANABEL zu tun. Aber zunächst einmal danke ich Ihnen dafür, daß Sie sich sofort in Marsch gesetzt haben, obwohl Sie nur kurz in Hamburg sind.«

»Ist doch selbstverständlich. Alte Kontakte müssen ja nicht gleich abreißen, nur weil man die Reederei gewechselt hat.«

»Sehr richtig. Also, die ANABEL! Das alte Mädchen macht mir, auch wenn es nun schon so lange auf dem Meeresgrund liegt, erhebliche Sorgen. Mit der Seeamtsverhandlung ist gegen Ende des Jahres zu rechnen, und natürlich wird es da auch um den damaligen Zustand der Maschine gehen. Na ja, ich will ganz offen mit Ihnen reden: Sie werden Ihrem alten Arbeitgeber hoffentlich nicht in den Rücken fallen.«

Die kleine Pause, die an dieser Stelle entstand, nutzte Rogge nicht, obgleich die Worte weniger nach einer Feststellung als nach einer Frage geklungen hatten. Das Schweigen mißfiel Schottmann, doch dann hielt er es auch für möglich, daß die Ursache dafür in einer gewissen Unbeholfenheit lag, denn er erinnerte sich deutlich daran, wie sparsam, wie karg Rogges Gesprächsbeiträge fast immer ausgefallen waren. So fuhr er erst einmal fort:

»Ich weiß, die ANABEL hatte durchaus ihre Launen, und ihre Maschine war nicht mehr die jüngste. Ganz sicher werden die Sachverständigen wissen wollen, worin Sie als der Leitende Ingenieur den Grund für den Untergang des Schiffes sehen. Ich meine, es gibt da, grob unterteilt, zwei Bereiche, die in Frage kommen, nämlich das Schiff selbst und der Hurrikan. Entscheidend für den Spruch der fünf Weisen – ich schätze, daß es fünf sind – wird sein, in welchem dieser beiden Bereiche die Hauptursache zu suchen ist. Ist es der Sturm, sind wir aus dem Schneider; ist es das Schiff, sind wir dran. Erinnern Sie sich an den Fall der E.L.M.A. TRES im November 1981?«

»Ja. Kam da nicht die ganze Besatzung ums Leben?«

»Fast. Bis auf einen, den Ersten Offizier. Die anderen dreiundzwanzig starben. Das Unglück hat einige Parallelen zur ANABEL.« Schottmann stand auf, holte eine dicke Akte aus dem Wandschrank, setzte sich wieder, öffnete sie und sagte: »Ich habe mir den Hamburger Seeamtsspruch von damals kommen lassen, lese Ihnen mal auszugsweise daraus vor: ›Am 26. November 1981 gegen 12.20 Ortszeit ist das mit 457 Containern beladene, auf der Reise von Ilhéus nach Boston befindliche, in Zeitcharter für die EMPRESA LINEAS MARITIMAS ARGENTINAS fahrende deutsche Motorschiff E.L.M.A. TRES nach Ausfall der Hauptmaschine, Verlust einiger Container und Quer-zur-See-Lage in schwerem Sturm mit Orkanböen über Backbord gekentert und auf der ungefähren Position 32° 20′ Nord und 60° 40′ West gesunken. Dabei hat mit Ausnahme des Ersten Offiziers die gesamte Besatzung, 23 Personen, den Tod gefunden.‹« Er unterbrach den Vortrag, blickte kurz auf, sagte: »Der Fall liegt also ganz ähnlich wie der unsrige. Ausfall der

Hauptmaschine, Verlust von Containern, Orkanböen. Und sogar die Gegend war annähernd die gleiche. Und nun kommt es! Ich zitiere weiter: ›Die Ursache des Untergangs konnte nicht ermittelt werden, insbesondere nicht, ob mangelnde Stabilität zur Kenterung geführt hat. Ein Verschulden des Beteiligten …‹, gemeint ist der einzige Überlebende, ›ist nicht nachgewiesen worden. Mängel im Bau, in der Stauung und Zurrung der Ladung und im Betrieb des Schiffes sind nicht festgestellt worden. Die Rettungsboote und Rettungsinseln sind wegen der starken Schlagseite und des Seegangs nicht ordnungsgemäß zu Wasser gebracht und bemannt worden.‹« Er schloß die Akte, legte sie auf den Tisch, sprach dann weiter:

»Was die Rettungsinseln angeht, hatten wir mehr Glück. Zwei zumindest konnten gewassert werden, und so haben ja auch sechs Personen überlebt.« Er nahm noch einmal die Akte auf, suchte nach einem bestimmten Passus, fand ihn, fuhr fort: »Auch bei der E.L.M.A. TRES sind, wie bei uns, umfangreiche Suchaktionen gelaufen. Es heißt hier: ›Die Koordinierung bei der Suche nach Überlebenden durch BERMUDA HARBOUR RADIO, der Einsatz von Suchflugzeugen der US-NAVAL AIR STATION BERMUDA sowie die Hilfeleistung durch das liberianische Motorschiff ROYAL EAGLE verdienen Dank und Anerkennung.‹ Soviel zur E.L.M.A. TRES. Ich nehme an, beim Spruch über die ANABEL wird ebenfalls eine Danksagung am Schluß stehen, denn auch da wurden ja mehrere Rettungsversuche unternommen. Kurzum, ich hoffe, in unserer Sache wird das Seeamt ein genauso versöhnliches Fazit ziehen und nicht etwa Herrn Abeling folgen, der in seiner ersten, vielleicht noch ein bißchen emotional eingefärbten Stellungnahme die Meinung vertrat, das Unglück hätte bei niedrigerer Deckslast und bei regelmäßiger Wartung vermieden werden können.« Wieder schloß Schottmann die Akte, tippte kurz auf den Deckel und sagte: »Dieser Seeamtsspruch hat fast siebzig Seiten. Mal sehen, wie umfangreich der unsere wird. Ich gehe auf jeden Fall davon aus, daß beide Schiffsuntergänge auf die gleiche Ursache zurückzuführen sind, also nicht auf menschliches Versagen und Unzulänglichkeiten im Schiffsbetrieb, sondern einzig und allein auf die Naturgewalten, die in dieser Region ja ganz verheerend sein können. Ich bedaure außerordentlich, daß Herr Abeling sich nicht an den üblichen Kurs gehalten, sondern jenen unsäglichen Schlenker gemacht hat.«

»Er hatte seine Gründe«, warf Rogge ein, »und es waren einleuchtende.«

»Na ja, er ist wohl ein Kapitän ohne Fortune. Lassen wir das! Man kann die Zeit nicht zurückdrehen, und mit *hätte* und *wäre* kommen wir nicht weiter. Fest steht, es herrschte Windstärke Zwölf, und die Wellen erreichten eine Höhe von bis zu zwanzig Metern. Alles spricht also dafür, daß es das Wetter war. Was meinen Sie?«

Rogge räusperte sich, ließ dann erst einmal ein retardierendes »Hm« hören und lehnte sich im Sessel zurück. Doch als er endlich antwortete, kamen seine Worte klar und unmißverständlich:

»Wir waren unvorschriftsmäßig beladen, hatten einen defekten Rollpontondeckel, und unsere Hauptmaschine war extrem anfällig, weil sie siebzehntausend Betriebsstunden ohne Überholung auf dem Buckel hatte. Außerdem waren wir unterbesetzt. Ich glaube nicht, daß die E.L.M.A. TRES die gleichen Schwierigkeiten hatte.«

Was Rogge da sagte, war ganz und gar nicht nach Schottmanns Geschmack, aber ihm fiel eine gute Antwort ein:

»Und trotzdem ist auch sie untergegangen. Das beweist doch schon mal, daß ich mit dem Sturm als Ursache richtig liege. Selbst wenn auf der ANABEL alles hundertprozentig intakt gewesen wäre, hätte sie dem Hurrikan nicht standhalten können, und damit erhebt sich die Frage, ob man zusätzlich, also zusätzlich zur Hauptursache, von diesen paar Schwachpunkten überhaupt reden sollte. Das würde niemandem nützen, am wenigsten Herrn Abeling, denn er war der Schiffsführer. Und wenn die fünf Weisen auf Grund von ebenso ungeschickten wie überflüssigen Hinweisen der Überlebenden außer dem Sturm noch bordinterne Ursachen festmachen wollen, dann geht das natürlich gegen den Kapitän. Der Rollpontondeckel zum Beispiel! Noch in Veracruz ... nein, das war erst auf dem Weg nach New Orleans, hab' ich ihn am Telefon gefragt, ob wir das Ding nicht doch lieber vor der Fahrt über den Atlantik reparieren lassen sollten, aber er meinte, das könne noch bis Antwerpen warten. Und die vier Containerlagen ..., mein Gott, alle Welt fährt mit ein paar Kisten oder ein paar Tonnen mehr, und wenn es gutgeht, kräht kein Hahn danach. Diesmal ist es eben schiefgegangen. Aber jetzt zur Maschine! Sie ist Ihre Domäne. Ich erinnere mich, Sie haben sich hin und wieder beklagt. Nun, das muß bei der Seeamtsverhandlung ja nicht unbedingt zur Sprache kommen, oder haben Sie vor, dort auf den alten Einwänden herumzureiten?«

Beide wußten, der kritische Punkt war erreicht. Gespannt wartete Schottmann auf Rogges Antwort. Wieder kam sie klar und ohne Schnörkel:

»Das wird von den Fragen abhängen, die man mir stellt.« Und dann folgte noch einmal sein Rapport, im Wortlaut fast genauso, wie er ihn während der dramatischen Minuten seinem Kapitän auf die Brücke durchgegeben hatte. Er sprach von den gebrochenen Kolbenringen, vom Abfall des Kompressionsdrucks, vom verschmutzten Schmieröl, schließlich auch vom Versagen der Filter und von den Kolbenfressern und endete mit den Worten: »Wegen des Sturms war eine Reparatur so gut wie unmöglich. Trotzdem versuchten wir, die Maschine wieder in Gang zu bringen, aber dann kam schon bald der Black-out, und der Rollpontondeckel ging zusammen mit einigen Containern über Bord. Da sahen wir zu, daß wir nach oben kamen.«

»Glauben Sie mir«, sagte Schottmann, »ich habe, sobald mir Näheres bekannt geworden war, immer wieder all die Szenen vor Augen gehabt, die sich auf der ANABEL abgespielt haben müssen, und auch den verzweifelten Kampf im Wasser, der für so viele von Ihnen mit einer Niederlage endete. Das alles wirkt …«, er klopfte sich gegen die Brust, »hier drinnen nach und wird weiter nachwirken, noch über Jahre. Aber wir müssen, ob wir wollen oder nicht, nach vorn sehen, müssen glücklich darüber sein, daß sechs Besatzungsmitglieder es geschafft haben. Und weil das nun mal so ist und weil der übermächtige Hurrikan sowieso die bordinternen Unzulänglichkeiten …, sagen wir mal, relativiert, mehr noch, sie im Grunde gegenstandslos gemacht hat, sollten wir sie nach meiner Meinung gar nicht ins Spiel bringen. Das wäre dann wie bei einem Menschen, der an Krebs gestorben ist und gleichzeitig einen Schnupfen hatte. Wen interessiert, wenn der Mann tot ist, noch dieser Schnupfen?« Er machte eine Pause, schenkte Kaffee nach, kam dann endlich zur Sache: »Herr Rogge, wollen wir uns nicht darauf verständigen, daß es diese siebzehntausend Betriebsstunden ohne Inspektion gar nicht gegeben hat? Daß außerdem die …, die Schwierigkeiten mit der Maschine nicht unbedingt das Ausmaß hatten, das Sie grad beschrieben haben? Wir sind unter uns, können also ganz offen miteinander reden. Ich würde ein entsprechendes Entgegenkommen von Ihrer Seite selbstverständlich belohnen. Dreißigtausend Mark wäre es mir wert, wenn Sie …, drücken wir es erstmal ganz allgemein aus, bei der Seeamtsverhandlung auf meiner Seite ständen.«

Rogges Gesichtsausdruck verriet nicht, was er dachte,

und auch seine auf diese Offerte folgenden Worte ließen seine Einstellung nicht erkennen. Doch zumindest kam, was Schottmann beruhigte, kein krasses Nein:

»Wie Sie wissen, bin ich nicht der einzige, der über den Zustand der Maschine unterrichtet war. An Bord haben wir oft über den lahmen Viertakter gesprochen, haben gemeinsam über ihn geflucht. Auch sind schriftliche Mängelberichte an die Reederei gegangen.«

»Die muß ich ja nicht grad dem Seeamt präsentieren, und was das Verbale angeht, nun, so traurig es ist, aber vom Maschinenpersonal sind Sie der einzige, der übriggeblieben ist. Somit besteht doch eine gute Chance, Ihrem Viertakter ein noch halbwegs passables Zeugnis auszustellen! Und selbst wenn die siebzehntausend Betriebsstunden – was weiß ich, vielleicht auf Grund von Werftunterlagen oder weil Herr Abeling mir eins auswischen will – zur Sprache kämen, könnten Sie immerhin noch erklären, Sie und Ihre Leute hätten eine Grundüberholung selbst durchgeführt, auch Montageberichte darüber verfaßt, aber die seien mit untergegangen. Jedenfalls hätten Sie immer darauf geachtet, die Maschine in einem ordnungsgemäßen Zustand zu halten. Vergessen Sie nicht: Sie sind der einzige Fachmann, der das Unglück überlebt hat, und könnten überzeugend reagieren, wenn ein Nautiker – und da kämen ja nur Abeling, Kannegieter und Camacho in Frage – Ihnen widersprechen sollte.«

»Aber die wären dann zu dritt.«

»Sind aber keine Techniker. Außerdem glaube ich, daß mein Anwalt mit Erfolg versuchen würde, deren Äußerungen als Schutzbehauptungen zu entlarven. Für Abeling geht es ja um sehr viel mehr, um den Erhalt des Patents und vielleicht sogar um den Kampf gegen eine Gefängnisstrafe.«

Rogges Erwiderung bestand aus einem einzigen Wort:

»Fünfzigtausend.«

Zunächst war Schottmann sprachlos. Er sah den Chief lange an, ehe er zu einem Lächeln fand und dann sagte:

»Das Grundsätzliche wäre also schon mal geklärt, und über Modalitäten kann man reden. Fünfzigtausend Mark sind eine Menge ...«

»Dollar«, lautete das nächste Wort des Ingenieurs.

»Hoppla, hoppla!« Schottmann gab sich jovial, lächelte erneut, sagte schließlich: »Damit wären wir ja schon bei einem Betrag, den mir das Seeamt oder vielmehr das Gericht als Buße aufbrummen könnte. Schießen Sie da nicht doch übers Ziel hinaus? Einigen wir uns auf sechzigtausend Mark! Das ist immerhin das Doppelte meines ersten Angebots.«

»Einverstanden. Die eine Hälfte gleich, die andere nach der Verhandlung. Am besten überweisen Sie mir die beiden Quoten auf mein Konto bei der AMROBANK in Rotterdam.«

»Das wohl lieber nicht. Ich glaube, es ist für uns beide besser, wenn wir in dieser Sache Kontenbewegungen vermeiden.«

»Sie haben recht.«

»Auf dreißigtausend war ich eingestellt; die können Sie sofort mitnehmen.« Schottmann stand auf, ging zu seinem Safe, öffnete ihn, holte einen vorbereiteten Umschlag heraus, schloß wieder ab und kehrte zum Tisch zurück, schob Rogge das Geld zu. Der steckte es in die Innentasche seiner Jacke und sagte:

»Danke.«

»Und was auch immer über die Maschine von der Gegenseite kommt: Ihr Todesstoß, das *engine broken down*, hatte nichts mit mangelhafter Wartung zu tun.«

»Okay, ich hoffe, ich krieg' das hin.«

»Na, für nichts und wieder nichts sind die sechzigtausend ja auch nicht gedacht. Da kann ich wohl ein bißchen Leistung verlangen.«

»Können Sie.«

Sie standen auf, gaben sich die Hand. Erst jetzt entdeckte Schottmann die Anstecknadel, die Rogge am Revers seiner Pepita-Jacke trug, zeigte darauf und fragte:

»NSC? Ist das die Reedereiflagge der SEA WARRIOR?«

»Ja. Die NORWEGIAN SHIPPING COMPANY.«

»Ich wünsche Ihnen, daß Sie immer gute Reisen machen unter dieser Flagge.«

»Danke. Auch Ihnen und Ihren Schiffen alles Gute!«

Schottmann begleitete seinen Gast bis zum Ausgang, kehrte dann ins Büro zurück und setzte sich an den Schreibtisch. So lernt man seine Pappenheimer kennen! dachte er. Sechzigtausend! Der Kerl langt ganz schön hin, aber besser, als wenn er nach meinem ersten Angebot empört den Raum verlassen hätte. Bei einem Mann mit derart peinlich-peniblem Outfit hätte das durchaus passieren können. Wo er jetzt wohl seinen Scheitel besprengt?

22.

Meinert Abeling, der ein ganzes Berufsleben lang ein Reisender gewesen war, empfand das Eisenbahnfahren und das Fliegen als geradezu exotische Varianten. Er war wieder einmal unterwegs, und wenn sein erster, im Winter unternommener Flug nach Amerika einem Besuch von Jim Foresters Witwe gegolten und also mit seiner alten Besatzung zu tun gehabt hatte, ging es ihm bei seinem zweiten Sprung über den Atlantik zwar wiederum um eine Crew, doch diesmal um die der RASPUTIN, genauer gesagt: um zwei Männer, die er in Dienst nehmen wollte. Gewiß, er hätte sie mit erheblich geringerem Zeitaufwand auch in Europa finden können, wo es mehr als genug arbeitslose Seeleute gab, aber ihm war an zwei ganz bestimmten jungen Burschen gelegen, und dabei spielte es keine Rolle, daß sie aller Vermutung nach von der Seefahrt nicht viel verstanden. Allerdings, daß sie noch nie ein Schiff betreten hatten, konnte man wahrlich auch nicht behaupten.

Er hatte sich in den Kopf gesetzt, José und Ignacio Carrasco anzuheuern. Immerhin gehörten auch sie zu den Opfern, die der Reeder der ANABEL auf dem Gewissen hatte, waren sie doch nach dem Verzehr von Schottmannscher Billigware schwer erkrankt und hatten überdies, als Folge eben jener Pfennigfuchserei, ihren Großvater verloren.

Er hatte in Mexico City das Flugzeug gewechselt, saß nun in einer Maschine der AEREO-MEXICO. Der Flug von der Hauptstadt nach Veracruz würde etwa fünfzig Minuten dauern. Er hatte sich, nachdem das FASTEN SEAT BELT erloschen war, einen Kaffee bringen lassen. Die Kabine war nur zur Hälfte belegt, und so konnte er es sich bequem machen. Er hatte eine ganze Sitzreihe für sich allein.

Seit seinem ersten Treffen mit Piet Kannegieter war ein Monat vergangen. In dieser Zeit hatten sie sich noch viermal gesehen, ein weiteres Mal in Terneuzen, einmal in Keitum und zweimal in Hamburg.

Sie hatten sich die Rekrutierung der Mannschaft aufgeteilt. Kannegieter, der spontan aus seinem derzeitigen Job ausgeschieden war, um sich ganz der neuen Aufgabe widmen zu können, hatte einen Funker angeheuert, einen jungen Finnen aus Oulu mit Namen Hendrik Juvonen, ebenso vier Matrosen, und an einem der nächsten Tage würde er mit dem Chief Geert de Jonge verhandeln, einem Landsmann aus Leuwarden. Er hatte es auch übernommen, Heiner Nickelsen von dessen neuem Arbeitsplatz abzuwerben, was leicht gewesen war, weil der Emsländer sich ohnehin an Land nicht wohl gefühlt hatte.

Er selbst hatte den Zweiten Ingenieur, Gregorio Molina aus Vigo, ausgesucht, der zuletzt zwischen Nord- und Südamerika in Zeitcharter gefahren war und dann den Job verloren hatte, weil sein Schiff nach Kambodscha verkauft worden war und dort mit heimischem Personal bemannt werden sollte.

In dem auf Sylt geführten Gespräch war es unter anderem um die Frage gegangen, ob sie mit Umberto Camacho Kontakt aufnehmen sollten. Er hatte gemeint, der Andalusier würde dann natürlich zu den wenigen Eingeweihten gehören, aber da er ein frommer Mann sei, halte er wahrscheinlich mehr von Vergebung als von Vergeltung. Doch diesen Hinweis wischte Kannegieter vom Tisch mit den Worten: »Was hieße in diesem Fall Vergebung? Doch nichts anderes als die Erlaubnis, auch weiterhin ohne alle Verantwortung und ohne alle Rücksicht Schiffahrt zu betreiben!« Und dann sagte er noch: »Nein, nein, auch Vergebung verlangt nach Augenmaß, und sie muß verwehrt werden, wenn der Sünder keine Einsicht zeigt.«

Er hatte schließlich zugestimmt, daß Kannegieter sich mit Camacho treffen würde. Um dessen neue Reederei herauszubekommen, rief er zunächst das Deutsche Hospital in Valparaíso an. Zum Glück sah die Sekretärin der Klinik, mit der er verbunden wurde, keinen Anlaß, sich aus Gründen des Datenschutzes zurückzuhalten. Die Tatsache, daß der ehemalige Kapitän des Herrn Camacho aus dem fernen Deutschland anrief, um für seinen wenn auch sehr verspäteten Glückwunsch zur Geburt des kleinen Carlito die Anschrift zu erfragen, genügte ihr. Sie sah in den alten Unterlagen nach und gab ihm die private Adresse durch. Dort erreichte er Camachos Frau und erfuhr, daß sein einstiger III WO für eine spanische Reederei fuhr und Anfang Juni mit seinem Schiff in Le Havre sein würde.

Camachos Zusage vorausgesetzt, fehlten ihm jetzt

noch drei Männer, aber er war sicher, im August die Besatzung komplett zu haben. Diejenigen, die bereits angeheuert waren, hatten zur Überbrückung ein ansehnliches Handgeld erhalten. Dafür mußten sie ihm, mit Ausnahme des finnischen Funkers, der noch für einen Monat an eine griechische Reederei gebunden war, und Heiner Nickelsen, an dessen Verläßlichkeit kein Zweifel bestand, ihre Seefahrtsbücher überlassen.

Die Maschine flog durch Wolken, und so war für eine Weile draußen nichts weiter zu sehen als die Wand aus grauem Dunst. Ein paar Turbulenzen über der Sierra Madre Oriental sorgten für gelegentliche Erschütterungen der Boeing 737, so daß die Passagiere gebeten wurden, sich erneut anzuschnallen.

Abeling ging in Gedanken noch einmal die Männer durch, die er bis jetzt in Dienst genommen hatte, rief sich, soweit er selbst die Gespräche geführt hatte, jeden einzelnen in Erinnerung, war zufrieden mit den dazugehörigen Biographien, die weitgehend durch Dokumente belegt waren. Doch dann schweifte er wieder einmal ab, dachte an frühere Zeiten, in denen die Besetzungslisten noch so ganz anders ausgesehen hatten. Es war schon erstaunlich, wenn nicht gar erschreckend, in welchem Maße auf den neuen Schiffen die Technik den Menschen ersetzte. Ein moderner Tankerriese, ausgestattet mit allen elektronischen Finessen, konnte durchaus mit einer Mini-Crew von zwölf Mann auf die Reise gehen, sogar ohne Funker. Ein Kauffahrer aus dem achtzehnten oder neunzehnten Jahrhundert dagegen, von der Tonnage her gerade mal ein Fünfzigstel des Giganten, fuhr nicht selten mit einer halben Hundertschaft.

Er entsann sich jenes Abends im vergangenen Winter, als er nach dem Biikefest nicht schlafen konnte und noch lange über die alten Walfänger nachgelesen hatte. In dem Buch »Schleswig-Holsteins Grönlandfahrt auf Walfischfang und Robbenschlag vom 17. – 19. Jahrhundert« von Wanda Oesau war auch eine Mannschaftsliste aus dem Jahre 1820 abgedruckt. Danach hatte das Schiff zweiundfünfzig Männer an Bord, einen Kommandeur und einen Steuermann, einen Bootsmann und einen Arzt und nicht weniger als siebenundzwanzig Matrosen. Ingenieure, Heizer und Öler fehlten natürlich, denn es gab keine Maschine, weder eine mit Dampf noch eine mit Diesel betriebene; folglich brauchte das Schiff auch nicht den dafür erforderlichen Raum, der auf einem Tanker von heute nicht selten die Ausmaße einer Turnhalle hatte.

Unter den Besatzungsmitgliedern waren auch sogenannte Partfahrer und Halbpartfahrer, Männer also, die an der wirtschaftlichen Nutzung des Schiffes beteiligt waren. Außerdem fuhren Speckschneider mit, schließlich betrieb man Walfang, und das hieß, daß die tonnenschweren Kolosse an Bord zerkleinert werden mußten. Und auch ein Schimann gehörte zur Crew. Das war der Mann, der das Flensen, das Abschälen der Wale, beaufsichtigte. Ferner fuhren auf solchen, vorwiegend von holländischen Reedern eingesetzten Seglern ein Koch und ein Kochsmaat, ein Ober- und ein Unterküper, ein Ober- und ein Unterzimmermann, ein Kajütwächter und ein Schuster mit.

Immer tiefer versenkte er sich in jene Zeit, die er nur aus Büchern und mündlichen Überlieferungen kannte und in der der Kapitän mit seiner gesamten Machtbefugnis und mit seiner Autorität gleich nach dem lieben Gott kam. Aber an ihn wurden ja auch ganz andere Anforderungen gestellt als an einen Nautiker heutiger Prägung. Es gab nicht die Möglichkeit, das Schiff per Knopfdruck auf ein Etmal von drei-, vierhundert Seemeilen zu bringen, nein, die alten Segelschiffe mußten manchmal wochenlang kreuzen, nur um, zum Beispiel, das Kap Horn zu umfahren. Eine Reise dauerte meistens ein Jahr oder noch länger, und das verlangte dem Kapitän sowohl im

Hinblick auf die Schiffs- wie auch auf die Menschenführung eine völlig andere Qualität ab, als es die heutigen ozeanischen Spritztouren taten. Und wenn ihm wirklich mal, weil der Moses schon wieder den Koffeinagel fallen gelassen oder den Palstek falsch geknotet hatte, die Hand ausrutschte, dann saß ihm bei der Rückkehr nicht gleich ein Gewerkschaftsfunktionär oder ein Anwalt im Nacken. Richter an Bord war schließlich er und sonst niemand.

Er kehrte zurück zu der Besatzung, um die es jetzt ging. Die beiden Carrascos, überlegte er, kann ich auch ohne seemännische Kenntnisse auf meinem Schiff beschäftigen, und es wird nicht mal ein Hundegewerbe sein, das ich ihnen auftrage. Er mußte lächeln, weil ihm da ein friesischer Begriff in die Gedanken geraten war. *Hünwarof*, Hundegewerbe, so nannten die alten Sylter eine Tätigkeit, die keinen eigentlichen Sinn hatte und nur als Vorwand für etwas anderes herhalten mußte. Der eine wird, sagte er sich, Heiner Nickelsen zur Hand gehen, also als Küchenhelfer fungieren, und der andere übernimmt die Aufgaben eines Stewards, hält die Kammern der Offiziere sauber und deckt in der Messe den Tisch.

Der Landeanflug begann. Die Sierra lag hinter ihnen, die Wolkendecke riß auf, und das dunkle Grün des tropischen Tieflandes wurde sichtbar. Ein bißchen freute er sich auf Veracruz, wollte, was ihm in New Orleans so gründlich mißlungen war, einen Streifzug durch die alte, von den Spaniern gegründete Stadt unternehmen, sich auf der Plaza das bunte Treiben ansehen und den Musikanten zuhören. Die *veracruzanos* genossen nicht, wie auf der pazifischen Seite die *acapulqueños*, den Dollarsegen, den der Tourismus ins Land brachte, aber dafür spielte sich ihr Leben viel natürlicher ab. Schon mehr als ein dutzendmal war er hier gewesen, und immer hatte er sich wohl gefühlt in dieser fröhlichen und sich selbst treu gebliebenen Stadt.

Aber wohnen wollte er diesmal außerhalb. Er kannte ein gutes Hotel, das in Bauweise und Ausstattung einer Hazienda nachempfunden war. Es hieß MACAMBO und lag ganz in der Nähe von Boca del Río. Seine Nachforschungen hatten ergeben, daß sowohl die Familie Carrasco wie auch der Arzt dort zu finden waren. Es war sehr einfach gewesen, an die jeweiligen Adressen heranzukommen. Im mexikanischen Generalkonsulat in Hamburg hatte er sich die Telefonnummer der Gesundheitsbehörde von Veracruz geben lassen und da dann jenen señor Pérez erreicht, der ihn in amtlicher Mission in New Orleans auf der ANABEL besucht und ihm seinen umfangreichen Fragenkatalog vorgelegt hatte. Es war ein beinahe herzliches Telefongespräch gewesen, und der Mann hatte ihm gern Auskunft gegeben über die Familie Carrasco und ihren Arzt, einen Dr. Robles.

Heute abend nicht mehr, dachte er, aber morgen werde ich zunächst den Doktor besuchen, und danach geht es zu den Carrascos. Und wenn es dann soweit ist, daß die Brüder José und Ignacio in Hamburg oder Emden oder Esbjerg oder wo auch immer auf der RASPUTIN erscheinen, wird Heiner Nickelsen hoffentlich seinen Groll verwunden haben, den er damals gegen das Mädchen gehegt hat, das ihn austrickste, und gegen die Diebe, die seinen Kühlraum plünderten. Immerhin ist die ANABEL in der Zwischenzeit untergegangen, und das macht einen solchen Diebstahl, der wohl eigentlich mehr ein Mundraub war, doch recht unbedeutend.

23.

Die Maschine landete pünktlich. Schon zehn Minuten später hatte er die Zoll- und Einreiseformalitäten hinter sich gebracht und war in die feuchtwarme tropische Luft hinausgetreten, die er so viel angenehmer fand als die trockene Hochlandhitze der Hauptstadt.

Er nahm ein Taxi, handelte mit dem Fahrer den Preis für die etwa zwölf Kilometer lange Strecke bis zum Hotel MOCAMBO aus.

Um halb acht hatte er sein Zimmer bezogen, ausgepackt und den Anzug gewechselt. Danach rief er Dr. Robles an, erkundigte sich nach der Familie Carrasco und erfuhr, daß der Doktor einen der Söhne seit einiger Zeit behandelte.

»Leidet Ihr Patient etwa noch immer an den Folgen des Botulismus?« fragte er.

Nein, bekam er zur Antwort, es sei etwas anderes, etwas ebenso Verrücktes wie Tragisches, habe allerdings, wenn man es streng kausal sehe, doch auch mit der gestohlenen Mortadella zu tun. Vor zwei Wochen seien José und Ignacio auf dem Friedhof gewesen, um das Grab des Großvaters zu besuchen. Das machten sie häufig, so wußte es Dr. Robles von *señora* Patricia, der Mutter, weil sie dem Verstorbenen gegenüber tiefe Schuld empfanden. Und während sie also dort standen, sei jemand mit einer zweirädrigen Karre den Weg entlanggekommen. Auf der hölzernen Ladefläche habe ein großer Feldstein gelegen, dessen Haltetau dann gerissen sei. Der schwere Stein sei seitlich von der Karre gekippt und Ignacio auf den rechten Fuß gefallen. Er habe einen komplizierten Knochenbruch erlitten.

Abeling gab seinem Bedauern Ausdruck, dankte für die Informationen und ließ sich dann noch den Weg zum Haus der Carrascos beschreiben. Anschließend ging er hinunter ins Restaurant.

Er wollte es, weil er nun mal in der Gegend war, mexikanisch, wenn auch nicht so exotisch, daß er sich geschmorte Ameiseneier und Kürbisblütensalat bestellen würde. Vorweg wählte er eine »Margarita«, den erfrischenden Cocktail aus Tequila und Zitrone. Bei der Suppe entschied er sich für »Gazpacho«, eine mit Kräutern gewürzte Kaltschale aus jungem Gemüse, und als Hauptgang nahm er den gebackenen Fisch »Veracruz«, den er vor allem wegen der dazugehörigen aromatischen Tomatensauce von jeher schätzte. Zum Abschluß sollte es die Vanillecreme »Papantla« sein, und danach würde er den mit Zimt gewürzten *café de olla* trinken.

Auch wenn die Nachricht, daß einer der Carrasco-Brüder verletzt war, ihn enttäuscht hatte, aß er mit Genuß, denn er hatte sich gesagt: Bis die RASPUTIN die Werft verläßt, werden noch zweieinhalb Monate vergehen; also ist Zeit genug, den Knochenbruch halbwegs zu kurieren, und warum soll ich nicht mit einem hinkenden Küchenjungen auf die Reise gehen? Ich kann ihn ja schonend einsetzen, und überhaupt, zum Gemüseputzen und Kartoffelschälen braucht man schließlich nur die Hände und kann dabei sitzen.

Am nächsten Morgen gab es für ihn eine weitere unangenehme Überraschung. Als er vor dem Haus der Carrascos aus dem Taxi stieg, kam *señora* Patricia ihm schon entgegen und erklärte, ihre beiden ältesten Söhne hätten von Dr. Robles erfahren, daß da ein deutscher Kapitän mit ihnen sprechen wolle, vermutlich wegen der Fleisch-Affäre, und daraufhin sofort das Weite gesucht.

Sie ließ ihn eintreten, bot ihm einen Stuhl an. Er setzte sich, sah sich um. Das Haus und seine Einrichtung waren armselig, und so vermutete er einmal mehr, daß die heranwachsenden Kinder einer solchen Familie wohl ihre ganze Phantasie einzusetzen pflegten, um Möglichkeiten eines zusätzlichen Broterwerbs auszuloten, und dabei auch auf die im Hafen liegenden Schiffe verfielen.

»Ich hätte die beiden gern gesprochen«, sagte er.

»Sie haben Angst«, erwiderte die Mutter, »daß die alte Geschichte nun wieder aufgerollt werden soll.«

Er lächelte und schüttelte den Kopf. »Ich will etwas

ganz anderes! Der Diebstahl ...«, seine Rechte machte eine wegwerfende Bewegung, »der ist doch längst vergessen oder jedenfalls vergeben. Im Grunde schulde ich José und Ignacio sogar Dank.« Er berichtete von dem Anruf, der ihn auf hoher See erreicht und veranlaßt hatte, den gesamten Fleischbestand über Bord zu werfen. »Ihre Söhne«, fuhr er fort, »haben mit Sicherheit eine Massenvergiftung an Bord verhindert.« Daß die ANABEL dann kurze Zeit später untergegangen war, erwähnte er nicht. Es hätte nur für zusätzliche Verwirrung gesorgt und die beiden womöglich bewogen, einen mysteriösen Zusammenhang zu wittern und sich daraufhin erst recht zu verkriechen. »Also, sagen Sie ihnen bitte, sie hätten nichts zu befürchten! Im Gegenteil, ich möchte ihnen ein Angebot machen, das ihnen, wenn sie darauf eingehen, eine Menge Dollars einbringt.« Er wußte, jetzt Geld auf den Tisch zu legen, würde plump wirken. Dennoch tat er es, sah keine andere Chance, die Frau auf seine Seite zu ziehen. Er nahm zwei Fünfzig-Dollarnoten aus der Brieftasche, schob sie zu ihr hinüber. »Einen Schein für jeden, damit sie mich so bald wie möglich im Hotel MOCAMBO besuchen.«

Sie steckte das Geld ein.

»Wie konnte«, fragte er, »Ignacio mit seinem gebrochenen Fuß das Haus denn verlassen? Er braucht doch noch Pflege.«

»Sie sind ja nicht weit weg«, erwiderte sie.

»Sie kennen also ihren Unterschlupf?«

Sie nickte.

Er stand auf. »Bitte, *señora*, überbringen Sie ihnen meine Botschaft!« Er gab ihr die Hand, wandte sich zur Tür, drehte sich dann aber noch einmal um: »Wirklich, Ihre Söhne haben nichts zu befürchten.«

Er verließ das Haus, stieg in sein Taxi, das er hatte warten lassen, und bat den Chauffeur, ihn ins Hotel zurückzufahren.

Gewissenlos, dachte er, sind die beiden jedenfalls nicht. Das haben sie bewiesen, als sie dem Arzt schließlich eingestanden, woher ihre Beute stammte, und auch durch die vielen Friedhofsbesuche.

Aber es dauerte dann noch geschlagene acht Stunden, bis José und Ignacio Carrasco im MOCAMBO erschienen. Aus der Rezeption erhielt er die Mitteilung, da seien zwei *jóvenes,* zwei Jünglinge, die ihn zu sprechen wünschten.

Er ging hinunter, staunte, wie adrett sie aussahen. Sicher hatte *señora* Patricia noch schnell ihre weißen Hemden gebügelt. Dazu trugen sie passable Jeans. Der eine allerdings hatte einen eingegipsten Fuß und stützte sich auf Krücken.

Er lud sie zum Abendessen ein, doch José erklärte, in einem so vornehmen Hotel hätten sie noch nie gegessen. Ob es nicht ein anderes Lokal sein könnte.

»Nun kommt schon! Hier schmeckt es eben besser.«

So betraten sie schließlich doch zu dritt das Restaurant, und je mehr Gefallen die beiden an den ihnen servierten Köstlichkeiten fanden, desto spürbarer tauten sie auf. Während einer Gesprächspause schob Ignacio sogar die Beteuerung ein, daß es ihnen sehr leid täte, in den Kühlraum des Schiffes eingebrochen zu sein und ganze Berge von Fleisch und Wurst gestohlen zu haben.

»Ist schon okay«, erwiderte Abeling. »Ihr habt ja bitter dafür bezahlen müssen. Und jetzt noch das Pech mit deinem Fuß!«

»Ja, am Anfang dachte ich, ich würde nie wieder richtig gehen können, aber Dr. Robles sagt, in drei oder vier Wochen kommt der Gips ab, und dann ist es fast wie früher.«

Das Essen ging zu Ende. Abeling fand, die Tischmanieren der beiden konnten sich durchaus sehen lassen; allerdings fiel ihm auch auf, wie geschickt sie die kleine

Verzögerung zwischen seinem und ihrem Zugreifen nutzten, um im Blitzverfahren die Handhabe der verschiedenen Besteckteile von ihm abzugucken.

Beim Kaffee hielt er den Zeitpunkt für gekommen, mit seinem Plan herauszurücken.

»Ich möchte«, begann er, »daß ihr euch im kommenden August ins Flugzeug setzt und nach Deutschland fliegt, wo ich euch dann als Besatzungsmitglieder an Bord meines Schiffes nehmen will. Die Tickets bekämt ihr rechtzeitig per Post. Ihr müßtet euch um einen international gültigen Paß kümmern, auch um ein Gesundheitsattest und einen Impfschein. Und weil ihr keine Matrosen seid, würde der eine als Küchengehilfe, der andere als Steward arbeiten.« In groben Zügen beschrieb er die anfallenden Arbeiten und fragte dann: »Könnt ihr so was?«

»*Seguro!*« kam es wie aus einem Mund. Sicher.

»Das Ganze wird nur ein paar Wochen dauern, aber Lohn bekommt ihr für ein Vierteljahr, und zwar jeder insgesamt sechstausend Dollar, natürlich bei freier Unterkunft und Verpflegung. Den Rückflug bezahle ich selbstverständlich auch. Und wenn ihr eure Sache gut gemacht habt, kriegt ihr obendrein noch eine Prämie. Aber jetzt hab' ich erstmal ein paar Fragen. Seid ihr gesund?«

Wieder bejahten sie gleichzeitig, doch Ignacio ergänzte dann: »Mein gebrochener Fuß ..., also, der ist ja keine richtige Krankheit.«

»Da hast du recht. Ich dachte auch eher an etwas Ansteckendes.«

»Wirklich, in der Beziehung sind wir topfit«, sagte José.

»Ich nehme an, Dr. Robles wird nichts dagegen haben, euch darüber ein Zeugnis auszustellen. Ich bespreche das noch mit ihm. Vielleicht ist er auch bereit, bei der Beschaffung der notwendigen Papiere zu helfen. Die Frage ist nur, ob du, Ignacio, einen leichten Küchendienst übernehmen kannst.«

Wieder kam das *»Seguro!«* wie aus der Pistole geschossen.

»Sehr gut. Seid ihr denn überhaupt interessiert an dem Job?«

Sie nickten mit ernsten Gesichtern, und dann war es José, der eine Frage hatte, und es gefiel Abeling, daß er sie ohne Umschweife vorbrachte:

»Warum tun Sie das? Geben so viel Geld aus für zwei Mexikaner, die Sie vorher gar nicht kannten und die Sie sogar bestohlen haben?«

Noch einmal erklärte er, wie er es bereits der Mutter erklärt hatte, daß er ihnen dankbar sei, und dann fügte er hinzu: »Ich tu's auch wegen eures Großvaters, der durch den Proviant, den mein Schiff nach Veracruz brachte, sein Leben verlor. Natürlich, ein Einbruch, ob nun in ein Haus oder in den Kühlraum eines Schiffes, ist verwerflich, und daß eure ... Assistentin meinen Koch narkotisierte, war auch nicht grad die feine Art, aber es gibt schlimmere Vergehen, und viele davon werden nie geahndet. Was ich euch noch fragen wollte: Wie starb euer Großvater? Und woran lag es überhaupt, daß man ihn nicht retten konnte?«

»Das hatte zwei Gründe«, erwiderte José. »Erstens: Er hatte nichts zuzusetzen, hatte keine Reserven, sagt Dr. Robles, und zweitens war er derjenige, der am meisten von der Mortadella gegessen hat. Beides zusammen hat dann dazu geführt, daß die Erreger sich in seinem Körper so richtig austoben konnten. Da halfen auch die Medikamente nicht mehr.«

»Er stand euch wohl sehr nahe?«

»Er war in den letzten Jahren eigentlich auch unser Vater, denn der richtige, dieser Lump, ist abgehauen. Einfach so. Er sagte zu meiner Mutter: ›Ich geh' in den Stall und melk' die Ziege.‹ Aber als sie nach ihm sehen wollte, war er weg, und die Ziege stand da mit prallem Euter. Und daß er nicht nur mal eben zum Nachbarn gegangen war, merkte sie schnell, denn er hatte alles, was er besaß, mitgenommen, seine neuen Schuhe, seine beiden Hemden, seine beiden Hosen. Sogar die letzten Pesos aus ihrem Küchenschrank hatte er eingesteckt. Großvater sagte damals: ›Wenn ich ihn erwische, schlag' ich ihn zusammen!‹ Aber das hätte er ja gar nicht geschafft, so alt, wie er war. Er hat dann versucht, uns Kindern den Vater zu ersetzen, hat ab morgens um vier für einen Mann aus Boca del Río gearbeitet, beim Fischfang, und wenn er nach Hause kam, schuftete er auf unserem Acker. Er hat seine ganze Kraft verbraucht. Als er fünfundsiebzig war, war er eigentlich schon neunzig.«

Abeling dachte an seine Großmutter, die sich auf ähnliche Weise aufgerieben hatte. Mehr und mehr gefielen ihm die zwei Brüder, und hinzu kam, daß er sie so gern ansah. Beide hatten tiefschwarzes Haar und dunkle Augen. Nase, Wangen und Stirn, leicht gebräunt, hatten mehr Spanisches als Indianisches.

»Und euer Urgroßvater? Habt ihr ihn noch gekannt?«

»Nein, nicht persönlich. Das war der alte Raúl Carrasco, und zu seiner Zeit ging es unserer Familie besser. Er hatte vier Kühe und ein Pferd, außerdem viele Hühner und Gänse und Puten. Man nannte ihn *El madrileño*, denn sein Vater soll damals aus Madrid nach Mexiko gekommen sein und ein Mädchen aus Tabasco geheiratet haben.«

Abeling wußte nun genug, war zufrieden, blieb aber noch fast eine Stunde mit den beiden zusammen, erzählte ihnen von Deutschland und der Seefahrt und der RASPUTIN.

24.

Es war jetzt Ende Juni. Wieder einmal hatte er sich mit Piet Kannegieter getroffen. Sie waren ins Hamburger Landungsbrücken-Restaurant gegangen, um beim Abendessen die Ergebnisse ihrer jüngsten Rekrutierungsversuche und ihr weiteres Vorgehen zu besprechen.

Kannegieter, der in der Zwischenzeit in Le Havre gewesen war, hatte ausführlich geschildert, wie es ihm dort gelungen war, Umberto Camacho für das gemeinsame Vorhaben zu gewinnen, und er selbst hatte von seiner mexikanischen Unternehmung berichtet. Erst spät hatten sie sich getrennt. Er war dann in sein Hotel zurückgefahren.

Obwohl er kein Golfspieler war, wohnte er, wie schon mehrfach in letzter Zeit, im Hotel eines Golf- und Country-Clubs, dem TREUDELBERG, das vor einigen Jahren am nördlichen Stadtrand errichtet worden war. Er schätzte die komfortablen Zimmer, die gute Küche und den umfassenden, dabei wohltuend unaufdringlichen Service des Hauses. Besonders aber gefiel ihm, daß der Blick aus den geöffneten Fenstern nicht mit Autoverkehr oder Hinterhofkulisse bestraft wurde, denn so weit das Auge reichte, sah man auf grünes Wiesenland. Es hätte, wenn es nicht so gepflegt gewesen wäre, das seiner Kindheit sein können. Ja, daß er sich hier, bei allem Luxus, der ihn umgab, auf dem Lande wähnte, hatte mit darüber entschieden, stets den etwas weiteren Weg bis an die Peripherie der Stadt in Kauf zu nehmen.

Kannegieter hätte ihn in das »angelsächsisch-hanseatische Top-Landhaus«, wie er sich ausdrückte, gern begleitet, mußte jedoch, weil er am nächsten Tag seinen Scheidungstermin hatte, noch in der Nacht mit dem Auto nach Terneuzen zurückfahren. So saß Abeling, es ging schon auf Mitternacht zu, ohne ihn in der Lounge. Es war ein kühler, regnerischer Abend, aber im Kamin brannte ein wärmendes, anheimelndes Feuer.

Er hatte einen Hennessy vor sich stehen, sah an dem Goldgelb vorbei in die Glut. Eben noch hatte auch auf dem eisernen Rost das Helle dominiert, doch seit die Flammen über dem Scheit zur Ruhe gekommen waren, schimmerte dort ein leuchtendes Rot. Scharlachfarben könnte man es nennen, dachte er, oder auch blutrot. Vielleicht sogar kardinalsrot? Nein, das wohl nicht. Dann müßte ein bißchen Lila dabeisein.

Die kleine Spielerei mit den Farben tat ihm wohl. Sie hatte etwas angenehm Unverbindliches. Doch lange hielt er sie nicht durch. Schon bald bedrängten ihn andere Gedanken. Sie hatten, im Gegensatz zur vorangegangenen Leichtigkeit, etwas Unnachgiebiges, Forderndes. Camacho kam ihm in den Sinn, und er fragte sich, wieso Kannegieter keine Mühe gehabt hatte, den Mann aus Chile auf seine Seite zu ziehen. Wahrscheinlich, überlegte er, haben die Tage von Bermuda jeden von uns auf irgendeine Weise aus dem Ruder laufen lassen. Um Haaresbreite davongekommen zu sein, überlegte er weiter, verschiebt offenbar die Grenzen und befähigt zu Handlungen, die man unter normalen Umständen entschieden ablehnen würde. Ich bin sicher, selbst Rogge ist nicht mehr derselbe wie vor dem Schiffbruch, was nicht heißen muß, daß auch er bereit wäre zu einem Akt der ..., ja, ich darf da nichts beschönigen, zu einem Akt der Freiheitsberaubung. Vielleicht gibt's bei ihm andere Folgen. Auch Kannegieter hat sich verändert. Seine Frau wird schon recht haben, wenn sie ihm vorwirft, unerträglich geworden zu sein. Andererseits: Kann man denn Normalität verlangen von einem Mann, dem mit voller Wucht ein Container ins Kreuz fliegt und der seitdem gezeichnet ist? Auch Heiner Nickelsen wird aus dem Lot sein. Vielleicht hat er Alpträume und wacht nachts schweißgebadet auf. Man weiß ja, wie schwer es ist, Durchlittenes aufzuarbeiten. Entebbe …, Mogadischu …, Estonia …, die jahrelange Qual, damit fertigzuwerden. Entronnensein ist nicht nur Gnade, ist nicht nur das Ende des Schreckens, o nein, es ist zugleich der Anfang einer neuen Mühsal. Und manche schaffen es nie, bringen das Entsetzliche nie wirklich hinter sich, so sehr sie es auch versuchen. Natürlich, da gibt es Varianten. Mein Versuch heißt RASPUTIN …

So weit war er in seinen Gedanken gekommen, als ihm noch einmal die Sache mit der Freiheitsberaubung in den Sinn kam, und in diesem Moment meldeten sie sich, die Zweifel an seinem Plan, über dessen Schwachpunkte Kannegieter und er, vielleicht aus Übereifer, einfach hinweggegangen waren.

Da war zunächst, als Auftakt zu der heiklen Unternehmung, die listige Offerte an Schottmann, äußerst billig einen Frachter erwerben zu können. So weit, so gut. Dessen Faible für wohlfeiles Einkaufen war bekannt, und also bestand eine reelle Chance, daß er anbiß. Aber! Ja, es gab, verdammt noch mal, ein ganz dickes Aber, denn natürlich würde der Reeder mit seinen Angestellten, den Junior eingeschlossen, über die RASPUTIN reden, und sollte es zu einer Probefahrt kommen, würde jeder wissen, wohin der Chef sich begab. Kehrte er von dieser Reise dann nicht zurück, wäre es ein leichtes, das Schiff zu orten und aufzubringen. Wie Abeling es in seinen Erwägungen auch drehte und wendete, immer wieder stieß er auf diese Unvereinbarkeit zwischen der auszustreuenden Offerte und ihrer Geheimhaltung gegenüber Dritten. Kurzum, wenn der Mann sein Haus oder sein Kontor verließ, um an einer Probefahrt von hundert oder zweihundert Meilen teilzunehmen, wäre eine Ausweitung der Reise bis in die Biscaya oder gar hinaus in den offenen Atlantik undurchführbar. Die Kidnapper trügen Handschellen, noch ehe sie Schottmann auch nur die erste Lektion in Sachen Seefahrt erteilt hätten.

Es gab ein zweites, nicht minder schwerwiegendes Handikap. Schottmann war, sowohl was die Brücke, als auch was die Maschine anbetraf, ein Laie. Selbst wenn er sich im Lauf der Zeit gewisse Grundkenntnisse angeeignet haben sollte, konnte er den Zustand eines ihm angebotenen Schiffes nicht beurteilen. Er war also auf den Sachverstand von Experten angewiesen, und das hieß: Wo immer er die Gangway der RASPUTIN beträte, ob in Esbjerg, in Hamburg oder sonstwo, würden ihn mindestens zwei Männer begleiten, nämlich seine für Nautik und Maschine zuständigen Inspektoren. Ja, vermutlich würde auch der Sohn dabeisein. Sollte man diese Zeugen etwa auch festsetzen? Unmöglich!

Schließlich meldeten sich noch Bedenken ganz anderer Art. Sie waren nicht neu, aber während er sie vorher nur als lästig empfunden hatte, lagen sie ihm jetzt wie unverdauliche Brocken im Magen. Konnte er es denn wirklich verantworten, Kannegieter und die anderen einfach mitzuziehen, wenn es ihn trieb, von Schottmann Rechenschaft zu verlangen? Tat er damit nicht genau das, was er dem Reeder vorwarf, nämlich andere in Schuld zu verstricken?

Er ließ sich einen zweiten Kognak bringen, trank ihn beinah zornig, weil nun feststand, daß sein aufwendiges Konzept voller Fehler steckte.

Er verließ die Lounge, ging nach draußen. Daß es immer noch regnete und dazu ein heftiger Wind blies, störte ihn nicht. Der halbe Mond warf ein blasses Licht über den Golfplatz mit seinem kleinen Wasserlauf, auf dem ein Schwan, den Kopf im Gefieder verborgen, reglos trieb.

Ich muß es entweder aufstecken oder anders machen, dachte er. Das Aufstecken wäre noch ohne allzu großen Schaden möglich. Sicher, Kannegieter und die anderen würden mein Scheitern miterleben, aber sie bekämen immerhin ihr Geld. Die RASPUTIN könnte ich behalten und dann, als Eigner und Schiffsführer in Personalunion, ganz normale Fahrten machen. Auf jeden Fall bestände die Chance, herauszukommen aus der Sache, mit ein paar Blessuren allerdings und ganz gewiß mit der bitteren Erkenntnis, den Eingeweihten wie auch den Toten gegenüber mein Gesicht verloren zu haben. Ja, und irgendwann käme es dann zur Seeamtsverhandlung. Schottmann würde siegen; ganz bestimmt würde er das. Die Toten wären ungesühnt. Und sollte ich mein Patent verlieren, bliebe mir nicht mal mehr das Fahren.

Es war wohl nur der Versuch einer Flucht aus dem Dilemma, daß er plötzlich unbedingt wissen wollte, wie tief der Schwan schlief. Er klatschte in die Hände. Der Kopf schälte sich aus dem Gefieder, der Hals wurde sichtbar, richtete sich auf, und wie ein Schiff, das losfährt, begann das Tier, seine Bahn durchs Wasser zu ziehen, entfernte sich, verschwand schließlich hinter einer Biegung des Baches.

Er kehrte ins Hotel zurück, ging in sein Zimmer, sah sich im Fernsehen die Spätnachrichten an, nahm jedoch, was da berichtet wurde, kaum auf.

Dann aber, dachte er, würde der Mann weitermachen mit der Schlamperei, würde seine Schiffe miserabel ausrüsten, seine Leute schlecht bezahlen und seinen Kapitänen unentwegt im Nacken sitzen mit der Forderung, noch schneller zu sein.

Ich habe, sagte er sich schließlich, nur zwei Möglichkeiten: Entweder ich verzichte, oder alles verläuft, bis auf eine unerläßliche Korrektur, wie geplant. Die RASPUTIN wird fahrbereit gemacht, die Crew angemustert, die Leute bekommen Heuer und Prämie, das Schiff läuft aus mit dem Ziel Nordsee oder Biscaya, und Georg Schottmann ist an Bord, aber keiner außer mir weiß, wie er dorthin kam, und auch in Husum ahnt niemand, was mit ihm passiert ist. Man stellt nur fest, daß er verschwunden ist, spurlos. Eine Probefahrt, die für die Suche nach ihm als Ansatzpunkt herhalten könnte, hat nicht stattgefunden, nicht mal eine Besichtigung. Der Name RASPUTIN taucht nicht auf, oder wenn er durch Zufall doch mal im Dunstkreis des Vermißten genannt wird, ist es der jenes russischen Abenteurers, der vor hundert Jahren am Zarenhof seine Intrigen spann.

Der verschwundene Reeder wird den Seinen und der Öffentlichkeit Rätsel aufgeben. Vielleicht wird man an eine persönliche Krise denken oder an eine heimliche Geliebte. Den wildesten Spekulationen werden Tür und Tor geöffnet sein, nicht zuletzt der Annahme eines Verbrechens. Also wird man auch nach seinen Feinden suchen. Wie gut, daß es davon so viele gibt!

Fazit aus meinen Vorbehalten: Ich muß umdisponieren.

Er rief im Flughafen an, vernahm, daß morgens um 7.30 Uhr die SABENA von Hamburg nach Brüssel flog und für die Strecke nur eine gute Stunde brauchte.

Um halb sechs ließ er sich wecken, bekam sogar schon ein Frühstück und fuhr dann mit dem Taxi nach Fuhlsbüttel. Um Viertel vor neun stand er am Informationsschalter des Brüsseler Flughafens. Die Auskunft, die er dort erhielt, war unbefriedigend. Weder mit dem Bus noch mit der Bahn, so wurde ihm erklärt, sei er vor zwölf in Antwerpen, und bis nach Terneuzen habe er dann ja noch das letzte Stück entlang der Schelde vor sich. So nahm er lieber gleich ein Taxi und klingelte um Punkt zehn Uhr an Piet Kannegieters Tür. Doch der Holländer war noch nicht zurück von seinem Gerichtstermin.

Er überbrückte die Wartezeit im Restaurant des CHURCHILL-Hotels, machte sich dort ein paar Notizen. Kurz nach elf stand er wieder vor Kannegieters Tür. Diesmal wurde geöffnet, und natürlich war die Verblüffung seines Partners groß.

»Na so was! Da hätte ich Sie ja auch in meinem Auto mitnehmen können.«

»Mir wurde erst in der Nacht klar, daß ich etwas Wichtiges übersehen habe.«

Getränke kamen auf den Tisch. Abeling wollte nur Mineralwasser, Kannegieter nahm Bier.

»Wie war's im Gericht?« fragte Abeling. »Alles nach Wunsch verlaufen?«

»Ja, voll und ganz. Von meiner Frau wurden keinerlei Ansprüche geltend gemacht. Aber ich wußte es immer: Sie hat einfach Klasse.«

»Gut, dann zu uns! Zunächst einmal, meine ich, sollten wir das spröde ›Sie‹ ablegen. Das paßt nicht mehr für zwei, die beinahe gemeinsam ertrunken oder verdurstet wären und die nun dabei sind, einen Überfall vorzubereiten.«

»Find' ich schön. Danke! Aber diese Verbrüderung war's wohl nicht, die dich hergetrieben hat.«

»Hast recht. Es geht um etwas anderes.«

Abeling nahm sich viel Zeit, als er seine neuen Erkenntnisse Kannegieter nun unterbreitete, der zunächst völlig überrascht war, ihm dann jedoch zustimmte. »Ich hatte immer gemeint«, sagte er, »blinder Eifer sei eine kurzfristige Angelegenheit, na ja, eben so was wie ein Affekt, und nun sehe ich, daß es Monate dauern kann, bis selbst halbwegs vernünftigen Leuten die Augen aufgehen. Es ist alles so, wie du sagst. Er käme auf keinen Fall allein aufs Schiff, und genau das müßte gewährleistet sein.«

»So ist es! Ihn zu locken, entfällt. Wir müssen ihn kidnappen, knallhart, bei Nacht und Nebel, ohne daß eine Spur entsteht. Später, wenn er an Bord ist, haben wir leichtes Spiel. Notfalls könnten wir ihn, bis wir in der Biscaya sind, verstecken. Ein kleiner Umbau im Bereich der Eignerkabine ließe sich noch jetzt vornehmen.«

»Gut. Und das Kidnapping? Wie soll das ablaufen?«

»Das muß ich allein machen.«

»Kommt nicht in Frage! Heiner und Camacho ...,

okay, die können wir fürs erste raushalten, aber ich möchte ..., ach was, ich bestehe darauf, bei dem eigentlichen Anschlag mitzumachen. Wenn du das nicht akzeptierst, steige ich aus.«

»Donnerwetter!«

»Sind wir uns einig?«

»So schnell geht das nicht. Hast du daran gedacht, daß dieser Wechsel von Plan A zu Plan B eine andere Dimension hat? Auch wenn das Ziel dasselbe bleibt, macht es einen gewaltigen Unterschied, ob du dem Opfer in Gestalt eines Händlers gegenübertrittst, der sein Schiff an den Mann bringen will, oder ob du ihm auflauerst und ihn dann unter Anwendung von Gewalt auf das Schiff bringst.«

»An dem Punkt waren wir schon mal. Erinnerst du dich? Ich fragte dich nach der Art der Einladung, die du dir für Schottmann ausgedacht hattest. Damals warst du noch für die sanfte Tour. Daß es mit der nicht funktionieren kann, steht seit heute fest. Doch nun zu deinem Einwand: Die andere Dimension gilt immerhin genauso für dich!«

»Junge, du bist erst achtunddreißig, und ich hab' schon fünfundfünfzig Jahre auf dem Buckel. Sollten wir beide auf Dauer hinter Gitter kommen, sind es bei dir siebzehn Jahre mehr. Dein Risiko ist also viel größer als meins.«

»Erstens darf man so nicht rechnen. Du könntest fünfundneunzig werden, und mich könnte in meinem vierzigsten Jahr die Schwindsucht dahinraffen. Damit wär' deine ganze Mathematik im Eimer.«

»Und zweitens?«

»Zweitens wandern wir nicht in den Knast. Wir werden ganz einfach so überzeugend sein, daß dem Kerl ein für allemal ein Licht aufgeht, und dann schleift er uns nicht vor den Kadi. In der Biscaya oder im Atlantik oder von mir aus auch in der Nordsee, falls die Meteorologen uns da ein schönes Sturmtief anbieten, wird er das große Flattern kriegen und genau das durchmachen, was wir auf der ANABEL durchgemacht haben. Klar, er soll nicht sterben, aber wenn der Sturm die RASPUTIN beutelt, soll er ein paar Stunden lang mit dem nahen Tod rechnen. Er muß begreifen, worum es geht, wenn es in seinen Positionslisten mal wieder heißt: MS X vor Bangladesch in einen Wirbelsturm geraten. Er soll, verdammt noch mal, die Seefahrt nicht immer nur vom grünen Tisch aus betreiben, sondern sich Sorgen machen um seine Männer, aber nicht, weil ihm möglicherweise Arbeitskräfte verlorengehen könnten, sondern weil da Menschen im Todeskampf sind. Und glaub mir, wir kriegen ihn soweit!«

Abeling nickte. »Wenn wir das schaffen, ist es mir fast egal, wie die Seeamtsverhandlung ausgeht.«

»Wir schaffen es! Und jetzt noch mal meine Frage: Sind wir uns einig? Bin ich von A bis Z dabei?«

»Gut«, antwortete Abeling, »holen wir uns den Mann zu zweit! Aber auch so etwas will sorgfältig vorbereitet sein. Sich als Wegelagerer zu bewähren ... das wird einem ja nun nicht mit der Muttermilch beigebracht.«

25.

Marianne Schottmanns Leben spielte sich auf zweierlei Ebenen ab. In Husum kannte man sie als die angesehene, elegante Reedersfrau, die an fast allen gesellschaftlichen Veranstaltungen der beschaulichen Kreisstadt teilnahm und für ihre Mitbürger dann stets ein sympathischer Gast und zugleich eine Augenweide war.

In der Tat zeigte die attraktive Vierunddreißigjährige etwas her. Schlank, blond, mit wachen graublauen Augen und einem makellosen, hellen Teint ausgestattet, entsprach sie äußerlich jenem Frauentyp, der in Nordfriesland häufig anzutreffen war, doch statt des eher spröden Naturells seiner Bewohner hatte sie ein temperamentvolles, dem Dasein fröhlich zugewandtes Wesen.

Ihr Privatleben galt als untadelig. Aber in Wirklichkeit gab es darin einen dunklen Bereich, der die Husumer, sollten sie je davon erfahren, schockieren würde. Vier- oder fünfmal im Jahr reiste sie allein nach Spanien, wo sie dann plötzlich nicht mehr die honorige Frau Schottmann war. Schon ihre veränderte Aufmachung zeigte, daß da keine auf Wohlverhalten bedachte Urlauberin ihrer Wege ging. Knappe Shorts und enge T-Shirts und dazu die schönen, leicht gebräunten Beine oder auch ein fußlanges, ärmelloses Strandkleid waren die Attribute dieser sich durch die Bars und Nachtclubs von Puerto Banús, Marbella und Torremolinos tanzenden und trinkenden Blondine. Und natürlich wollte sie nicht nur tanzen und trinken. Sie wollte mehr, wollte alles und bekam es fast immer. Die heißen Rhythmen und die Drinks waren nur Auftakt für, wie sie es insgeheim nannte, das Eigentliche, sei es, daß sie gegen Ende der Nacht mit einem aufgelesenen Partner den Sex am Strand genoß, sei es, daß sie in der Mittagshitze ein Stück hinausgeschwommen war, um ein Boot und bald darauf, wenn er ihr gefiel, auch den Skipper zu besteigen, oder nächtens mit irgendeinem Juan oder Pedro oder Ramón in einem Hotelzimmer landete.

Meistens sorgte sie dafür, daß die Begegnung sich nicht wiederholte; aber dann und wann reizte es sie auch, die Männer für ein paar Tage oder gar eine Woche an sich zu binden, wie etwa den Jurastudenten Miguel aus Salamanca, der seine Semesterferien in Fuengirola verbrachte und den sie kennenlernte, nachdem er, Zeitung lesend, ihr fast ins Auto gelaufen war. Zwei Eigenschaften des Jungen schätzte sie besonders, seinen Charme und seine ausdauernde Physis. Und obendrein hatte er Humor. So fragte er einmal, als sie sich schon mindestens eine Stunde lang beglückt hatten und er für eine Verschnaufpause innehielt:

»Willst du jetzt die Zigarette danach oder lieber die Zigarette zwischendurch?«

Solcherart Rücksichtnahme auf ihr Begehren entzückte sie, und natürlich entschied sie sich für die Zigarette zwischendurch.

Ja, sie lebte ungezügelt ihre Wünsche aus, wenn sie in Andalusien war, handelte nach einer Devise, die ihr schon während der Kindheit wieder und wieder vom Vater mit auf den Weg gegeben worden war. »Nimm dir im Leben, was du kriegen kannst, aber es muß das Richtige sein!« hatte er immer gesagt und dann oft genug auch erzählt, wie er zu dieser Maxime gekommen war, die auf ein ganz bestimmtes, sogar mit Datum und Uhrzeit festliegendes Ereignis zurückging.

Der damals siebzehnjährige Hans Mewes, von der Schulbank weg zu den Fahnen gerufen, war zusammen mit einem Dutzend gleichaltriger Rekruten während des Rußlandfeldzugs, der im Frühjahr 1945 aber längst auf deutschem Boden stattfand, in einen brenzligen Frontabschnitt geraten. Der sollte am 30. April nachts um ein Uhr geräumt werden, weil, wie es hieß, die russischen Truppen mit großer Übermacht im Anmarsch seien. Doch bevor sich die ausgehungerten jungen Krieger auf eine rückwärtige Linie zurückzogen, ließ der befehlshabende Feldwebel – Offiziere gab es in diesem Abschnitt schon nicht mehr – ein bis unter den First vollgestopftes Versorgungsdepot öffnen und erklärte seinen Schützlingen: »Ihr habt drei Minuten Zeit. Holt euch, soviel ihr tragen könnt!«

Ihnen gingen die Augen über, als sie gleich darauf die Halle betraten. Da lagen oder standen, in Regalen gestapelt, all die Dinge, von denen sie monatelang geträumt hatten: Fleisch-, Obst- und Gemüsekonserven aller Art, ganze Käse, groß wie Wagenräder, Fischdelikatessen, daß man meinen konnte, in Nord- und Ostsee bestimmten nicht mehr die Kriegsschiffe, sondern wieder die Kutter das Geschehen. Rosinen, Nüsse, Butter, Schmalz, Margarine. Schokolade, Pralinen und Bonbons. Säcke mit Zucker, Mehl, Grütze und Haferflocken. An langen Stangen hingen Mettwürste und geräucherte Schinken. In einem der vielen Gestelle lagerten, aufeinander geschichtet, an die tausend Pakete mit je zehn Schachteln Zigaretten, flankiert von Zigarrenkisten und Tabakpäckchen. Wohin sie auch blickten, immer wieder gab es etwas Neues zu bestaunen: Brote, Kuchen, Kekse; Dosen mit Fertiggerichten; kleine Fässer mit eingelegten Heringen; Honig und Sirup in Gläsern.

Sie klaubten zusammen, was ihnen am brauchbarsten erschien. Ganze Berge schleppten sie nach draußen. Einige leerten sogar, entgegen der Vorschrift, ihre Tornister und Gasmaskenbehälter, ließen die feldmarschmäßige Ausrüstung zurück, um Platz zu schaffen für diese einmalige, märchenhafte Proviantübernahme. Alle rissen an sich, was sie in der Kürze der Zeit irgend packen konnten, bis auf einen: Hans Mewes.

Wie gelähmt stand er zwischen den Regalen, wollte zugreifen, tat es aber nicht, denn ihm war die im Moment wichtigste Fähigkeit abhanden gekommen: sich entscheiden zu können. Rechterhand sah er, mit verheißungsvollen Etiketten versehen, eine große Anzahl Zweikilo-Dosen mit Schweinefleisch in Aspik, war drauf und dran, sich eine davon zu nehmen, entdeckte dann darüber eine ganze Phalanx bräunlicher Kartons mit der Aufschrift: Blockschokolade. Dachte: Davon kann ich sofort essen! Wer weiß, wann ich einen Dosenöffner in die Finger kriege. Verwarf also das Fleisch, griff nach der Schokolade, ließ jedoch Sekunden später den Karton ins Regal zurückfallen, weil er, nur wenige Schritte entfernt, die Tabakwaren erspäht hatte. Blitzartig ging ihm durch den Kopf, daß Tabak ein begehrtes Tauschobjekt darstellte, ein Zahlungsmittel sozusagen, dazu noch leicht zu transportieren war. Also hastete er dorthin. Doch ehe er die erste Stange Zigaretten eingesteckt hatte, fiel sein Blick auf ein großes Sortiment Spirituosen, und davor hockte einer seiner Kameraden auf dem Boden, eine Flasche am Mund. Er schrie ihn an, beschwor ihn geradezu, sich jetzt nicht zu betrinken, denn der Feind werde gleich da sein, ja, er entriß ihm sogar die Flasche, warf sie auf den Zementboden, wo sie zersplitterte. Daß der so Gerügte sofort eine neue zur Hand nahm, öffnete und an den Mund setzte, sah er nicht mehr, denn schräg gegenüber hatte er etwas anderes entdeckt, unzählige flache, oval geformte Dosen mit Heringsfilets in Rahm- oder in Tomatensoße. Wie oft hatte seine Mutter solche Köstlichkeiten auf den Tisch gebracht, früher, als es noch alles gab! In diesem Moment ertönte die Stimme des Feldwebels:

»Los, Leute, raus hier! Der erste russische Panzer ist da!«

Und die Jungen rannten, rannten um ihr Leben. Hans Mewes, voller Angst vor den Granaten, ließ den Fisch Fisch sein und rannte ebenfalls an den Regalen entlang dem Ausgang zu. Aber während des Laufens wurde ihm bewußt, daß er sich nichts, aber auch gar nichts aus dem Überfluß erobert hatte. Er wollte den Fehler noch schnell wiedergutmachen und riß einen der Pappkartons an sich, die neben der Tür gestapelt waren, stürmte dann hinaus.

Er war, zusammen mit einigen anderen, soeben um die Ecke gebogen, da schlug die erste Panzergranate in das Gebäude ein. Sie hörten die Detonation und das Bersten und den Steinregen, rannten weiter, erreichten die Sammelstelle, kletterten auf den bereitstehenden LKW und waren bald darauf in der Etappe.

Und dort brach dann das hemmungslose Fressen

aus. Wie die Wilden machten sie sich über ihre Beutestücke her und schaufelten in sich hinein, was nur hineinging.

Hans Mewes zog seinen Karton, der keinerlei Aufschrift hatte, zu sich heran, nahm sich nicht die Zeit, den stramm sitzenden Deckel abzuheben, sondern riß die sperrige graue Pappe mit fahrigen Bewegungen auf. Und sah, was er in buchstäblich letzter Sekunde erwischt hatte: an die fünfzig Dosen Schuhcreme! Da heulte er los und schlug vor Wut auf die kleinen metallenen Behälter ein, bis ihm die Hände wehtaten.

Diese Geschichte also hatte Marianne Schottmann in ihrer Kindheit zu hören bekommen, manchmal versehen mit kleinen Abwandlungen oder auch Zusätzen. So tauchte eines Tages sogar ein Name auf, eine Marke. ERDAL hieß die Schuhcreme plötzlich, und der mittlerweile fast Fünfzigjährige meinte sich sogar zu erinnern, daß auf dem Dosendeckel ein Frosch abgebildet gewesen war, der Monate später dann auch noch eine Krone auf dem Kopf hatte. Die zwölf- oder dreizehnjährige Marianne wußte nicht, ob diese Details dem Vater nach so langer Zeit tatsächlich heraufgedämmert waren oder ob es sich um Anreicherungen handelte, die seiner Phantasie entstammten. Eines aber stand fest: Er kam von dem Erlebnis nicht los, erzählte seiner Tochter immer wieder davon und endete jedesmal mit dem Appell: »Nimm dir im Leben, was du kriegen kannst, aber es muß das Richtige sein!«

Später wurde deutlich, wie beherrschend dieses Motto sich bei ihr eingenistet hatte. Kein Fest, auf dem sie nicht mindestens dreimal zum Buffet ging. Und immer vom Teuersten. Räucherlachs zum Beispiel. Nicht als Häppchen genossen, nein, wie ein Hauptgericht verschlang sie ihn. Hummerfleisch und Krabben in Mengen, obwohl sie Schalentiere nicht sonderlich schätzte. Aber sie hatten viel Eiweiß, wenig Fett, machten nicht dick und gehörten nun mal dazu. Und aus dem Käse die Nüsse und aus der roten Grütze die heilen Früchte und aus der Bowle immer vom Grund …

Und als ihr schließlich ein passabel aussehender, verheirateter Mann, der drei riesengroße Schiffe besaß, über den Weg lief, da meldete sich, obwohl er schon tot war, noch einmal der Vater zu Wort, rief ihr zu: »Nimm dir im Leben, was du kriegen kannst, aber es muß das Richtige sein!«

Sie lag im Zimmer 24 des Hotels MARBRISA auf dem breiten Bett, lag auf der Seite, nackt, und streckte Mario ihr wohlgeformtes Hinterteil entgegen. In der Rechten hielt sie das Handy, denn Georg hatte aus Husum angerufen. Es war halb zwölf in der Nacht. Sie hatte, obwohl gerade zu ihrer vollsten Zufriedenheit in Anspruch genommen, nach dem auf dem Nachttisch liegenden Gerät gegriffen und sich gemeldet. Und weil sie nicht nur triebhaft, sondern auch ein bißchen maliziös war, hatte sie ihrem Liebhaber mit einer raschen Handbewegung bedeutet, daß er weitermachen solle, und sogar, als er zögerte, rasch das Handy abgedeckt und ihm zugeflüstert: *»Mas!«* Mehr. Danach setzte dann das teuflische Doppelspiel ein, das Frage- und Antwortspiel mit ihrem Mann und das aus der Seitenlage betriebene deutsch-spanische Tête-à-tête.

Nach einem Lamento über die noch immer nicht fertiggestellte Telefon-Anlage im RETIRO fragte er:

»Wo bist du jetzt?«

Wegen der fortgeschrittenen Stunde erschien es ihr ratsam, Braves zu vermelden, und so antwortete sie, ohne die damit verbundenen Tücken zu bedenken:

»Natürlich in unserem Domizil.«

»Aber du klingst so … so aushäusig«, erwiderte er.

»Was ist denn das? Ich meine: als Klang.«

»Na ja, wie soll ich es sagen? Du klingst abwesend.«

»Das bin ich ja auch. Nämlich dreitausend Kilometer von dir entfernt.«

»Und wirklich im RETIRO?«

»Aber ja! Wo denn sonst?«

»Dann gib mir mal eben Roberta!«

»Mein Gott, Georg, was soll das? Willst du dir von unserem Dienstmädchen bestätigen lassen, daß ich zu Haus bin?«

»Nein, nein, so nicht! Ich frag' sie, ob sie in ihrer Familie einen Handwerker hat, der die Auffahrt planieren kann.«

»Das willst du allen Ernstes mitten in der Nacht tun? Ich glaub', du hast mal wieder zuviel getrunken.«

»Hab' ich nicht.«

»Ich würde sie nicht mal holen, wenn sie hier wäre, denn dann müßte ich sie wecken. Aber sie ist nicht hier, sondern, wie immer am Mittwochabend, bei ihrer Familie in Ronda. Morgen früh um zehn ist sie zurück.«

Ein paar Sekunden lang schwieg er, doch dann ging es weiter:

»Wo bist du denn jetzt? Ich meine, in welchem Raum?«

»Im *sala-comedor*.« Sie benutzten, selbst wenn sie in Husum vom RETIRO sprachen, für das größte der dort vorhandenen Zimmer, den kombinierten Wohn- und Eßraum, das spanische Wort.

Jetzt wurde sie doch ein bißchen nervös, sah sich ratlos in dem Hotelzimmer um. Ihr Blick erfaßte die Schüsseln und Teller, die noch von dem mit Mario eingenommenen Abendessen her auf dem Tisch standen. Es hatte Truthahn gegeben.

»Hab' eben erst gegessen, weil ich vorher keinen Appetit hatte. Aber nun möchte ich ins Bett.«

»Was gab es denn Schönes?«

»Truthahn. Roberta hat ihn am Nachmittag zubereitet. Ich brauchte mir davon also nur was aufzuwärmen.«

Noch einmal sah sie hinüber zum Tisch, entdeckte die Schale mit Obst und fuhr fort: »Und zum Nachtisch gab es Mangos.«

»Marianne, ich will dich nicht quälen, aber erlaube mir bitte einen letzten Test!«

»Verflixt, was soll das?«

»Du bist also im *sala-comedor*. Dann hast du, wenn du auf dem gewohnten Platz sitzt, in deinem Rücken den Gong, der auf der Anrichte steht.«

Mein Lieber, dachte sie, ich hab' ganz was anderes im Rücken! Aber ihr traten ein paar Schweißperlen auf die Stirn, denn sie ahnte, worauf ihr Mann hinauswollte. Sicher sollte sie mit dem Klöppel auf den Gong schlagen. Und tatsächlich, kurz und bündig verlangte er:

»Laß den Gong ertönen! Einmal nur, bitte, damit ich danach ruhig schlafen kann.«

Sie gab Mario zu verstehen, daß er innehalten sollte. Er tat es sofort.

Herr des Himmels, dachte sie, was mach' ich jetzt? Ich könnte erklären, daß ich es kategorisch ablehne, mich auf derlei Albernheiten einzulassen, doch dann setzt er sich womöglich morgen früh ins Flugzeug und kommt her. Das brächte mich zwar nicht um diese Nacht, wohl aber um die nächsten zwei Wochen, weil er dann wahrscheinlich hierbliebe.

»Hör mal«, sagte sie schließlich, »wir sind doch keine kleinen Kinder! Ich möchte …« In diesem Augenblick sah sie, daß die Obstschale innen aus Emaille und außen aus Kupfer war. Sie stand auf, ergriff die Schüssel, kippte die Mangos und Mandarinen und Kiwis auf den Tisch, entdeckte dann auf einem der Teller den von Mario sauber abgenagten Keulenknochen, dessen verdicktes Ende durchaus einen Klöppel hergab, redete aber erst einmal weiter: »… also, ich möchte, daß du endlich zur Vernunft kommst und mit diesem Unsinn aufhörst.«

»Bitte, du könntest mich so froh machen!«

Sie ließ ein paar Sekunden vergehen, seufzte schließlich auf und gab sich scheinbar geschlagen: »Okay, wenn es dir denn wirklich so viel bedeutet ...«

»Das tut es.«

»Warte einen Moment!« Sie legte das Handy aufs Bett, nahm den Knochen vom Tisch und kniete dann, den leicht nach innen gebogenen Schüsselrand auf ihrem linken Zeigefinger balancierend, dicht neben dem Telefon nieder, schlug den Knochen gegen das kupferne Rund, freute sich, denn es klang gut, klang nur um eine winzige Nuance dumpfer als beim Gong, doch das würde er nicht merken. Sie stellte die Schüssel auf dem Teppich ab, legte den Knochen daneben und nahm das Handy wieder auf.

»Zufrieden?«

»Liebling, ich danke dir. Und von nun an nie wieder solche Tests! Darauf hast du mein Wort.«

Er verabschiedete sich, schien fest entschlossen, ihr künftig zu vertrauen.

Und sie? Jetzt ist er glücklich, dachte sie und pries im stillen alle metallenen Obstschalen und alle abgenagten Truthahnkeulen dieser Welt.

26.

Berthold Rogge kam aus heimatverbundenem bäuerlichen Milieu, und so ausgedehnt der geographische Rahmen seines Lebens später auch war, bis vor kurzem hatte diese Herkunft sein Denken und Handeln bestimmt. Immer war er den geraden, den ehrlichen Weg gegangen, hatte niemanden je benachteiligt oder gar betrogen. Doch dann hatte er miterleben müssen, wie ein anderer aus purer Gewinnsucht dreizehn Menschen ins Verderben führte, und seitdem sann er darüber nach, wie man gegen ihn vorgehen, wie man ihn ans Messer liefern könnte, ganz gleich, ob auf redliche oder auf unredliche Weise. Daß er nach Husum gerufen wurde und sich dort einem Bestechungsversuch ausgesetzt sah, kam ihm daher höchst gelegen, bei Gott nicht wegen des Geldes, wohl aber wegen der Chance, Macht zu gewinnen über den Mann.

Es war Abend, jedoch noch hell. Er hatte die Freiwache und hielt sich in seinem von den Norwegern komfortabel eingerichteten Logis auf, das aus einem Wohn- und einem Schlafraum sowie einem Bad bestand. Sie hatten in Lobito Erz geladen und waren auf der Rückreise nach Rotterdam, hatten den größten Teil der sechstausend Meilen langen Strecke hinter sich. Da die erst im vergangenen Jahr in Dienst gestellte SEA WARRIOR vierzehn Knoten machte, würden sie gegen Mitternacht die Straße von Dover passieren und am Morgen in ihrem Zielhafen festmachen.

Er hatte gerade an seine Mutter geschrieben, sie, wie immer, wenn er sich bei ihr meldete, seiner Fürsorge versichert und dann ein bißchen vom Bordleben erzählt. Beruflich war er auf dem Norweger wesentlich zufriedener als auf der ANABEL, denn die Maschine funktionierte gut, und da sechsundzwanzig Mann Besatzung an Bord waren, konnte ein geregelter Wachplan eingehalten werden. Und dennoch! Immer häufiger überfiel ihn das Verlangen, mit den Überlebenden seiner alten Crew zusammenzusein. Es gab sogar Momente, in denen er sich wünschte, noch auf der Rettungsinsel zu treiben und Ausschau zu halten nach einem Licht, das anders aussah als jeder einzelne der über das Firmament gestreuten Sterne, und dabei die fünf Männer, die seiner Wachsamkeit vertrauten, so nah zu haben, daß er sie alle von seinem Platz aus mit der ausgestreckten Hand berühren könnte.

Nur zu gern hätte er mal wieder mit Meinert Abeling geredet. Den Koch Heiner Nickelsen, der mittlerweile in einem Bremer Schlachthof arbeitete, hatte er ja im Frühjahr durch Zufall getroffen. Ob es ihm wohl Spaß macht, fragte er sich jetzt, tagein, tagaus in einer weißgekachelten Halle Rinder und Schweine zu zerlegen statt in seiner chaotischen, aber gemütlichen Kombüse am Herd zu stehen und die, das muß man ihm lassen, meistens ganz passablen Gerichte zuzubereiten? Ich glaube, er vermißt seinen alten Job. Und Camacho? Na, eins ist wohl sicher, seinen hölzernen Heiland schleppt er noch immer mit sich rum! Mich würde auch interessieren, ob der Junge von Mindanao weiterhin in den Häfen nach dem Hurenbock sucht, der seiner Mutter davongelaufen ist, oder ob er, wie er sich geschworen hatte, tatsächlich ein für allemal der Seefahrt ade gesagt hat.

Er stellte sich an das geöffnete Bullauge, nahm aber die endlose graue Wasserfläche, die vor ihm lag, gar nicht wahr, sondern versank in Erinnerungen, anfangs in jüngere, bei denen es um seinen letzten Besuch in der Husumer Reederei ging, doch sehr bald in ältere, in die an den Hurrikan vor Bermuda, der von den Meteorologen den Namen ROBERT bekommen hatte. Verrückt, dachte er, da sitzt einem nun dieser Name im Kopf wie der eines Familienmitglieds oder eines Freundes, jedenfalls eines Vertrauten, und er steht doch für Zerstörung und Verderben! Wo er erscheint, hinterläßt er Tote, Verletzte und Obdachlose, aber man nennt ihn ROBERT, so als hätte man Brüderschaft mit ihm getrunken.

Und dann war er bei den fünf Männern auf der Rettungsinsel, sehnte sich nach ihnen, wollte mit ihnen reden oder wenigstens mit einem von ihnen. Und da die drei Nautiker und der Matrose wahrscheinlich in alle Himmelsrichtungen verstreut waren, hielt er sich an den einen, von dem er meinte, daß er ihn noch am ehesten antreffen würde, an Heiner Nickelsen. Ich werde, beschloß er, wenn ich morgen nach Haus fahre, einen Abstecher nach Bremen machen!

27.

Sein Anruf bei dem Bremer Schlachthof brachte eine Überraschung. Er stand in einer Telefonzelle in Rotterdam, sah auf die lange Zahlenreihe, die seit der letzten Begegnung mit dem Koch in seinem Notizbuch stand, wählte und wurde mit einem Herrn Sievers verbunden. Wenige Sekunden später erfuhr er: Heiner Nickelsen hatte vor kurzem seinen Job aufgegeben, weil – wie der Mann sich ausdrückte und wie vermutlich ihm gegenüber auch Heiner sich ausgedrückt hatte – Schlachthöfe nun mal nicht sein Ding seien. Schlachtschiffe schon eher, aber noch mehr behagten ihm die Frachter und deswegen ziehe es ihn zur christlichen Seefahrt zurück.

Er wollte Näheres wissen. Welche Reederei? Welches Schiff? Welches Fahrtgebiet? Aber da hielt der andere sich mit Antworten zurück. Auch die private Anschrift und Telefonnummer gab er nicht preis. Mit einer interessanten Einzelheit jedoch rückte er heraus, und dabei klang, wie deutlich herauszuhören war, Bedauern über Heiners Weggang mit. »Plötzlich tauchte«, sagte er, »ein Mann hier auf, sprach mit Herrn Nickelsen, und noch am selben Nachmittag, kurz vor Feierabend, erfolgte die Kündigung.«

Berthold Rogge blieb noch eine Weile in der Zelle stehen, überlegte, suchte sich dann im Telefonbuch die Nummer der Internationalen Auskunft, fragte dort nach, doch entweder hatte Heiner keinen Anschluß oder aber, was er allerdings für unwahrscheinlich hielt, die Nummer war geheim. Womöglich ist er schon auf See, dachte er, und hat in Bremen gar keine Wohnung mehr und also auch kein Telefon.

Er nahm den nächsten Zug, der in Richtung Hamburg fuhr. Seine Familie erwartete ihn mit Ungeduld, das wußte er, und auch er freute sich auf das Wiedersehen. Trotzdem, der Mann, der es offenbar im Handumdrehen geschafft hatte, den einstigen Koch der ANABEL wieder für die Seefahrt zu erwärmen, ging ihm nicht aus dem Sinn, und noch ehe der Zug die Grenze passiert hatte, entschied er sich anders, denn zu sehr drängte es ihn, Näheres über diese Abwerbung zu erfahren. Immerhin hatte Heiner gesagt, für ihn kämen in Zukunft nur noch Posten an Land in Frage, es sei denn, Kapitän Abeling brauche ihn.

In Bremen stieg er aus dem Zug, verstaute sein Gepäck in einem Schließfach und verständigte seine Frau, sagte ihr, er werde erst in ein paar Stunden kommen. Sie, die derlei Terminänderungen gewohnt war, bedauerte zwar die Verzögerung, erklärte aber kurzerhand, dann werde sie den Schmorbraten eben einen Tag später auf den Tisch bringen.

Auf dem Bahnhofsvorplatz winkte er ein Taxi heran und ließ sich zum Schlachthof fahren. Sievers sei außer Haus, hieß es dort, doch man erwarte ihn jeden Augenblick zurück. So setzte er sich in den Aufenthaltsraum und las mit halbem Interesse einen Artikel über Viehtransporte. Nach einer Viertelstunde war der Mann zurück. Er bat den Besucher, dessen Name ihm noch vom morgendlichen Telefonat her in Erinnerung war, in sein Büro.

Der Chief machte es geschickt, packte eine gehörige Portion Beschwörung in seine Stimme, als er sagte:

»Herr Sievers, ich weiß, Datenschutz ist etwas Heiliges, und daher dürfen Sie mir nicht so ohne weiteres Auskunft geben über Heiner Nickelsen. Aber ich muß ihn unbedingt sprechen und brauche nun mal seine

Adresse oder seine Telefonnummer. Er selbst wäre mit Sicherheit sehr betroffen, wenn er später erführe, meine Suche nach ihm habe sich in diesem Büro totgelaufen. Also, er und ich waren acht Tage im Atlantik verschollen, zusammen mit vier anderen Schiffbrüchigen. Wir hatten schon aufgegeben, hatten mit unserem Leben abgeschlossen, als wir, fast verdurstet, von einem dänischen Frachter gerettet wurden, der zufällig unseren Weg kreuzte. Das war vor fast einem Jahr, und unglücklicherweise habe ich Heiner später aus den Augen verloren. Ich wußte nur von diesem Schlachthof und daß er hier einen Job gefunden hatte. Ja, und nun brauche ich ihn, denn die Familie eines der Toten – dreizehn unserer Männer gingen mit dem Schiff unter – muß etwas erfahren, worüber nur er Bescheid weiß, weil er vor dem Schiffsuntergang mit dem Verstorbenen in einer Bar in New Orleans …« er machte eine Pause, wollte dem anderen Gelegenheit geben, den Wortschwall zu beenden. Und tatsächlich, seine Rechnung ging auf.

»Ist doch klar«, unterbrach Sievers ihn, »ich helfe Ihnen, so gut ich kann. Im übrigen weiß ich von dem Unglück. Aber heute morgen, da hatte ich ja noch keine Ahnung von dieser Dringlichkeit. Na, und so ein Riesengeheimnis ist das, was auf dem Personalblatt unseres Herrn Nickelsen steht, ja nun auch wieder nicht. Es war nur eben so: Er hatte mich gebeten, irgendwelche Fragen nach seinem Verbleib abzublocken. Es ging ihm da, wie er mir eingestand, um eine Frau, die er partout von sich fernhalten wollte. Aber seine neue Anschrift hab' ich wirklich nicht. Trotzdem kommen Sie weiter, denn er gab mir die Adresse seiner Schwester, und die kriegen Sie jetzt.« Sievers blätterte in einer Kartei, las vor, und Rogge schrieb mit.

»Und wann hat er hier aufgehört?« fragte er dann.

»Vor zwei Wochen. Wie schon gesagt, das ging ruckzuck. Wir bedauern seinen Weggang, denn er war tüchtig und zuverlässig. Kochen und Schlachten sind ja zwei ganz verschiedene Berufe, aber er wußte schon nach wenigen Tagen, wie bei uns der Hase läuft.«

»Und der Mann, der hier erschien, um Ihnen Heiner auszuspannen ..., war der ... etwa Mitte Fünfzig, größer als ich, auch kräftiger, mit grauem Haar ...«

»Nein, ganz sicher nicht! Er war sehr schlank, ungefähr vierzig Jahre alt, dunkelblond.«

»Den Namen wissen Sie nicht?«

»Hab' schon die ganze Zeit nachgedacht, denn gewußt hab' ich ihn. Herr Nickelsen stellte mir den Mann vor. Warten Sie ..., ja, so ähnlich wie Gießkanne, aber so hieß er natürlich nicht. Kein Mensch heißt so. Er sprach mit ...«

»Kannegieter?«

»Natürlich! Kannegieter. Hundertprozentig. Und er sprach mit holländischem Akzent. Mit dem Namen können Sie offenbar was anfangen, oder?«

»Und ob! Das ist einer von den Überlebenden. Er wär' beinah draufgegangen. Ein treibender Container hat ihm den Rücken abgehobelt. Herr Sievers, Schiff und Reederei wissen Sie wirklich nicht?«

»Tut mir leid. Ich hatte sogar den Eindruck, Nickelsen selbst hatte noch gar keine näheren Informationen. Als ich ihn fragte, wohin die erste Reise denn ginge, sagte er, das läge noch nicht fest, aber er hätte sich ab sofort bereitzuhalten. Ja, und darum hat er uns ja auch von heute auf morgen verlassen.«

Rogge stand auf, bedankte sich und verließ das Büro.

Neben dem Eingangstor des Schlachthofs entdeckte er eine Telefonzelle. Er betrat sie und wählte die Nummer, die er von Sievers bekommen hatte. Eine Frau Lübben meldete sich. Auf seine Frage nach Heiner Nickelsen antwortete sie:

»Ja, mein Bruder wohnt zur Zeit bei uns, aber er ist im Moment nicht da, er kommt erst heute abend gegen acht.«

Seinen Namen hatte er ihr schon genannt. Nun erzählte er ihr, woher er ihren Bruder kannte, und das setzte eine lebhafte Erwiderung in Gang: »Ah, der Chief sind Sie! Heiner hat oft von Ihnen gesprochen. Kommen Sie doch nachher einfach mal vorbei. Wie gesagt, etwa um acht ist er hier.«

»Gut, ich komme.«

Er machte sich auf den Weg zum Bahnhof, dachte nach: Piet Kannegieter hatte Heiner sozusagen wieder zu den Fahnen gerufen, und der war ihm spontan gefolgt. Das waren schon zwei von den sechs Überlebenden der alten Crew, und da Heiner ja gesagt hatte, er würde nur dann zur Seefahrt zurückkehren, wenn Abeling ihn brauchte, mußte man davon ausgehen, daß Kannegieter auf dessen Betreiben hin im Schlachthof erschienen war. Das hieß: Drei! Drei hockten wieder zusammen. Der vierte war er selbst. Blieben zwei, von denen Guillermo nicht unbedingt mitzählte, da Abeling vermutlich Schwierigkeiten hätte, ihn aufzutreiben, ja, ihn vielleicht auch gar nicht haben wollte, weil er allein auf die höheren Chargen aus war. Stellte sich also nur noch die Frage: Was war mit Camacho?

Er winkte ein Taxi herbei, holte wenig später sein Gepäck vom Bahnhof und nahm sich in der Innenstadt ein Hotelzimmer.

Er wußte, daß Camacho zu einer großen spanischen Reederei in Valencia übergewechselt war. Das hatte Heiner ihm damals erzählt, und er hatte auch den Namen des Schiffes genannt, der leicht zu behalten gewesen war: DELFINO.

Er rief das spanische Generalkonsulat in Hamburg an, doch dort konnte man ihm nur indirekt weiterhelfen. Das spanische Verkehrsamt in Frankfurt sei in diesem

Fall eher zuständig, erfuhr er und ließ sich die Telefonnummer geben.

Also rief er in Frankfurt an, fragte, ob er jemanden sprechen könne, der über die in Valencia beheimateten Schiffahrtsgesellschaften unterrichtet sei. Er wurde mit einem Herrn Maldonado verbunden und erhielt von ihm die Adressen und Telefonnummern einiger Reedereien.

Bei der ersten wurde ihm mitgeteilt, die DELFINO fahre nicht unter ihrer Flagge, sondern gehöre der COMPAÑIA NAVIERA GALLEGOS.

Okay, dachte er, das nächste Gespräch muß es bringen! Er wählte, bat, nachdem eine Frauenstimme den Namen der Reederei genannt hatte, mit der Personalabteilung verbunden zu werden, und bekam dann Auskunft von einem *señor* Rivera: Der Zweite Offizier der DELFINO, Umberto Camacho, hatte nach einer Reise von Vietnam nach Israel am 14. August in Haifa abgemustert. Wo er danach abgeblieben war, wußte *señor* Rivera nicht, aber er meinte gehört zu haben, daß er zu seiner alten deutschen Reederei zurückgekehrt sei.

Er bedankte sich für die Informationen, legte den Hörer auf, ging hinunter in die Hotelbar und setzte sich an einen der kleinen runden Tische. Eigentlich hatte er etwas essen wollen, aber nach der jüngsten Meldung war ihm der Appetit vergangen, und so ließ er sich eine Cuba Libre bringen. Zu dieser Nachmittagsstunde war er fast allein in der Bar. Nur eine junge Frau saß am Tresen. Als er zufällig zu ihr hinüberblickte, traf ihn ihr einladendes Lächeln. Er wollte sie nicht brüskieren, lächelte also zurück, holte dann aber sein Notizbuch hervor und blätterte darin. Es ist ausgeschlossen, dachte er, daß Camacho nochmal bei Schottmann angeheuert hat. Da irrt *señor* Rivera. Ihm wird eine Verwechslung unterlaufen sein, denn er weiß es ja nur vom Hörensagen. Vielleicht ist eine Formulierung gefallen wie »Camacho geht zu seiner alten Crew in Deutschland«. Für ihn bedeutete es »zur alten Reederei«, für mich aber »zu Abeling und Co.«. Ja, das, was ich geahnt, was ich befürchtet hab', wird stimmen: Sie sind wieder zusammen, der Alte, der I WO, der Dritte und der Koch, vielleicht ja auch der Junge von Mindanao. Aber einer fehlt, der Chief Berthold Rogge!

Er trank aus, bestellte eine zweite Cuba Libre. Je länger er grübelte, desto trauriger wurde er. Was lief da ab und an ihm vorbei? Was hatte Meinert Abeling bewogen, die bermudaerprobten Männer um sich zu scharen und einen auszulassen, als wäre er nicht dabeigewesen? Um welches Schiff ging es, oder ging es am Ende gar nicht um die Seefahrt? Das war eigentlich nicht anzunehmen, doch wie er es auch wendete, es kam immer das gleiche Unbegreifliche heraus: Die Männer der ANABEL, vor einem Jahr durch Todesangst und Entbehrung zu einer einzigartigen Überlebensgemeinschaft zusammengeschweißt, sammelten sich wieder, und er war nicht dabei! Das schnitt sich tiefer ins Herz als ein Klassentreffen, bei dem man einen vergaß. Das war Verrat.

Oder war alles doch ganz anders? Hatte er falsch kombiniert? Hatten Kannegieter und Heiner nur ein harmloses Treffen gehabt, und alles andere waren Hirngespinste? Womöglich saß Abeling auf seiner Insel und züchtete Schafe, und Camacho ... Ein abenteuerlicher Gedanke schoß ihm durch den Kopf. Rivera hatte gesagt, Camacho sei wohl wieder bei seiner alten deutschen Reederei. Vielleicht war das überhaupt keine Verwechslung! Es mußte ihm, gerade ihm, doch glaubhaft erscheinen, daß Schottmann den Dritten Offizier geködert hatte mit einem lukrativen Job und einer Einmalzahlung obendrauf. Die Gegenleistung lag auf der Hand. Christus hin, Christus her, auch Camacho konnte geschmiert worden sein, und damit wären es dann schon zwei, die vor dem

Seeamt die Auffassung zu vertreten hatten, nicht das Schiff selbst, sondern der Sturm sei die Ursache der Katastrophe gewesen.

Das würde sich feststellen lassen! Also hinauf ins Zimmer und erneut, zum x-ten Mal, das Telefon. Die Nummer stand in seinem Notizbuch. Ose Volquardsen meldete sich, die seit der Gründung zum Reederei-Team gehörte und die er gut kannte. Er stellte seine Frage ganz direkt: »Fährt Herr Camacho, der damals Dritter auf der ANABEL war, wieder für Schottmann?« Die Antwort lautete: »Nein.« Und dann folgte der Zusatz: »Ich habe nie wieder was von ihm gehört.«

Er nutzte die Gelegenheit, fragte weiter, fragte nach Abeling, Kannegieter, Nickelsen und Guillermo, begründete seine Neugier mit dem Wunsch, Kontakt aufzunehmen mit den alten Gefährten. Aber Ose Volquardsen wußte nichts. »Die sind wohl in alle Winde verstreut«, meinte sie.

Er bedankte sich, ließ, weil er fand, es könne nicht schaden, dem Chef einen Gruß bestellen und beendete das Gespräch.

Also Kommando zurück. Alles wie vorher. Mit Macht stürmte die alte Befürchtung wieder auf ihn ein. Ja, es war Verrat, egal, aus welchem Grund die anderen sich sammelten. Der Überlegung, daß es auf einem Schiff eher nie als selten vier oder fünf Vakanzen auf einmal gab und diese dann ja auch noch mit den jeweiligen Befähigungen übereinstimmen mußten, stand eine andere, eine ganz einfache gegenüber: Vielleicht sollte irgendwo ein Neubau in Dienst gestellt werden, und Abeling hatte die Aufgabe übernommen, dafür die Mannschaft zusammenzutrommeln. Doch ob nun so oder so, er war nicht gefragt worden.

Als er eine halbe Stunde später mit seiner Frau telefonierte, merkte sie ihm seine Niedergeschlagenheit an.

»Was hast du, Berthold?«

»Ach, nichts von Belang. Hab' mich nur ein bißchen geärgert. Es hieß, nach dem Löschen in Rotterdam käme die SEA WARRIOR in die Werft. Ist nicht. Erst nach der nächsten Reise. Darum wird mein Urlaub kürzer ausfallen.«

»Kürzer als die drei Tage jetzt?«

»Nein, die bleiben. Ich hatte mit mehr gerechnet, wollte dich damit überraschen. Nun wird nichts draus.«

»Und warum mußt du in Bremen übernachten?«

»Weißt du, Heiner Nickelsen hat mich eingeladen. Ich hab' von See aus mit ihm telefoniert. Und ehe ich morgen oder übermorgen extra wieder nach Bremen fahre, mach' ich's lieber mit einem Zwischenstopp. Und weil es spät werden kann, dachte ich, ich geh' besser ins Hotel. Es fahren zwar jede Menge Züge in der Nacht, bis Viertel nach elf sogar im Stundentakt, dann noch ein D-Zug um halb zwei und ein Regionalzug gegen halb vier, aber warum soll ich dir deinen Schlaf kaputtmachen. Da komme ich lieber morgen früh.«

Sie war einverstanden und wünschte ihm einen schönen Abend mit seinem, wie sie sich ausdrückte, Leidensgenossen von damals.

Um acht Uhr war er an Heiner Nickelsens Tür. Ein überschäumendes Hallo wurde es schon mal nicht, und beim Willkommen zweifelte er, ob es ernst gemeint war, denn sie hatten sich kaum begrüßt, da teilte Heiner ihm auch schon mit, er habe für den späteren Abend noch eine Verabredung, aber auf ein Bier oder zwei lade er ihn in die Kneipe von gegenüber ein.

Es waren nur ein paar Schritte. Sie setzten sich, bestellten und bekamen ihr Bier. Erst nachdem einige alte Geschichten aufgewärmt waren und das zweite Bier vor ihnen stand, rückte Rogge mit dem, was ihm auf der Seele lag, heraus, wenn er es auch nicht direkt benannte:

»Und du willst also doch wieder zur See fahren?«

»Ja, es geht bald los. Wenn ich ein Romantiker wäre, würde ich sicher sagen: Das Meer, die Weite, der Wind, die Häfen ..., aber der bin ich ja nicht. Also, es gibt mehrere Gründe. Erstens: Fast jeden Tag, den Gott werden läßt, den armen Viechern den Stahlbolzen in die Birne zu schießen, ist ein lausiges Geschäft. Zweitens: Ich vergesse so allmählich meine schönen Kochrezepte. Drittens, und das ist für mich das Wichtigste: Ich will mir später mal ein Haus bauen. Von viertausend Mark an Land bleiben, weil Miete und Lebensunterhalt unglaubliche Summen schlucken, gerade mal dreihundert zum Sparen. Eine Heuer in gleicher Höhe bedeutet freies Wohnen, freie Kost und viele, viele Wochen, in denen ich überhaupt keine Chance hab', Geld auszugeben, so daß ich unterm Strich das Zehnfache sparen kann.«

So stichhaltig das alles auch klang, er nahm es Heiner nicht ab, behielt seine Zweifel aber für sich.

»Welche Reederei?« fragte er. »Welches Schiff, wie groß, wie alt, welche Route, welcher Kapitän?«

»Hoppla, das ist ja gleich ein ganzer Sack voller Fragen! Also, der Zossen heißt HUASCARAN, und zwar nach dem gleichnamigen Berg in den Anden. Die Reederei ist ZIEMANN & GRÄFING, von der du sicher schon mal gehört hast. Ausgeflaggt nach Zypern. Einsatzgebiet: Levante und Ostafrika. Das Schiff ist achttausend Tonnen groß und zwölf Jahre alt. Stückgut und Container. Der Kapitän hat gerade gewechselt, und wie der neue heißt, weiß ich nicht. Alle Offiziere sowie Funker und Koch sind Deutsche, der Rest kommt aus Billiglohnländern. Das war's. Zufrieden?«

Rogge lächelte, aber es war ein trauriges Lächeln, denn wieder glaubte er dem Koch kein Wort. Die Antworten waren zu glatt gekommen, wie auswendig gelernt für diesen Abend. Dennoch fragte er weiter:

»Und wieso taucht plötzlich Piet Kannegieter bei dir auf?«

»Wir waren in Kontakt geblieben, lose, und ich hatte ihm gesagt, wenn er was wüßte, sollte er mir Bescheid geben. Na ja, und nun hatte er erfahren, daß für die HUASCARAN ein deutscher Koch gesucht wurde.«

»Hast du mal was von Abeling gehört?«

»Von dem? Nein. Aber ich schätze, dem geht der Arsch mit Grundeis. Lange kann es nicht mehr dauern bis zur Seeamtsverhandlung.«

»Und Camacho?«

»Ich weiß nur, daß er für eine spanische Reederei fährt. Jedenfalls im letzten Frühjahr war das so. Aber jetzt erzählst du mal!«

»Fehlt noch Kannegieter. Was macht der? Fährt er?«

»Nee, der hat vollauf zu tun mit seiner Scheidung. So, jetzt bist du an der Reihe! Wie ist es bei den Norwegern?«

Er berichtete, und als ihre Gläser leer waren, sah Heiner auf die Uhr. »Ich muß mich allmählich auf die Socken machen, mich vorher auch noch umziehen.«

»So spät noch?«

»Ja, um zehn hole ich sie ab. Dann hat sie Feierabend. Sie arbeitet in einer Taxi-Zentrale.«

Sie verabschiedeten sich vor der Kneipe, wünschten sich gegenseitig gute Fahrt.

Er sah, wie Heiner in der Haustür verschwand, stellte sich in eine Einfahrt, von der aus er die gegenüberliegende Straßenseite beobachten konnte, ohne selbst gesehen zu werden. Es war halb zehn. Bis halb elf blieb er auf seinem Posten.

Also wollte er mich los sein.

Er ging, obwohl es ein weiter Weg war, zu Fuß ins Hotel.

Er hatte noch immer nichts gegessen, aber die Küche

war schon geschlossen. So stöberte er in der Mini-Bar herum, fand Kartoffelchips und Erdnüsse, setzte sich damit aufs Bett.

Da macht man sich auf den Weg, einen Freund zu besuchen, und stellt fest, daß er gar keiner ist.

28.

Sie hatten zu spüren bekommen, wie schwierig es war, einen Menschen zu entführen. Es war schon ihr vierter Versuch, dem Reeder nahezukommen in einer Situation, in der es keine Zeugen gab. Die beiden ersten Male hatte er zwar ohne Begleitung in seinem Auto gesessen, war aber nur in belebten Gegenden unterwegs gewesen, so daß keine Gelegenheit bestand, sich seiner beim Aus- oder Einsteigen zu bemächtigen. Der dritte Versuch hatte vielversprechend begonnen. Schottmann hatte sich bis spätabends in der Reederei aufgehalten, und als er das Gebäude dann endlich verließ, schienen sich ihre Chancen sogar noch zu verbessern, denn er machte sich zu Fuß auf den Heimweg. Sie waren bereits an den Bürgersteig herangefahren, wollten aus dem Wagen springen, ihn von hinten – der eine links, der andere rechts – pakken und ins Auto zerren, da war plötzlich ein Mann um die Ecke gekommen. Die beiden hatten sich begrüßt und waren dann gemeinsam weitergegangen bis hin zu Schottmanns Privathaus.

Jetzt aber, bei diesem neuerlichen Anlauf, mußte es klappen! Sie hatten herausgefunden, daß Schottmann sich in Brunsbüttel mit einem Seelotsen treffen würde, und waren ihm nachgefahren. Das Essen der zwei Männer hatte bis kurz nach dreiundzwanzig Uhr gedauert, und sobald sie sich auf dem Parkplatz des Restaurants voneinander verabschiedet hatten und der dicke Daimler des Reeders in Richtung Norden abgebogen war, nahmen die beiden die Verfolgung auf.

Schon vor längerem hatten sie Abelings VOLVO mit einem Telefon versehen. Auch in Schottmanns Wagen gab es, das wußten sie, eine solche Anlage.

Sie befanden sich auf der zu dieser späten Stunde kaum befahrenen B 5. Abeling saß am Steuer. Er beschleunigte den VOLVO, fuhr bis auf etwa zwanzig Meter an seinen Vordermann heran, und dann nahm Kannegieter den Hörer auf, wählte die Nummer des Schottmannschen Autotelefons. Der Reeder meldete sich mit einem knappen:

»Ja?«

»Hallo, Herr Schottmann«, sagte Kannegieter, »hier spricht einer, der Ihnen helfen will. Ich rufe Sie aus Brunsbüttel an. Eines vorweg: Legen Sie in Ihrem eigenen Interesse nicht auf! Sie würden sonst nicht erfahren, wie bedrohlich die Lage ist, in der Sie sich befinden. Sie haben dreizehn Seeleute auf dem Gewissen. Die Eltern eines dieser Toten haben mich engagiert. Aber ich bring' es nicht über mich, das zu tun, was Sie mir aufgetragen haben. Darum dieser Anruf. Unter Ihrem Wagen ist eine Sprengladung angebracht worden. Es sind acht rotummantelte Dynamitstangen, gebündelt, und sie sitzen unter der Bodenwanne. Sie haben noch genügend Zeit, um sich in Sicherheit zu bringen. Das Auto fliegt in einer Minute in die Luft, denn der Zeitzünder ist auf 23.33 Uhr eingestellt. Ende.«

Sie hörten das Quietschen der Reifen, bremsten ebenfalls. Der MERCEDES kam zum Stehen, der VOLVO auch, nur wenige Meter dahinter. An beiden Autos blieben die Lichter eingeschaltet. Während der taktischen Vorbereitung des Anschlags hatten Abeling und Kannegieter die Handhabe der Beleuchtung ausführlich erörtert. Am liebsten hätten sie Schottmann überholt, sich unmittelbar vor ihn gesetzt und sofort die Lichter ausgeschaltet, aber das hätte nicht nur einen Zeitverlust, sondern zugleich einen unter Umständen entscheidenden Moment ohne Kontrolle bedeutet, so daß sie womöglich nicht einmal die Richtung erkannt hätten, in die der Mann flüchtete. Daher mußten sie hinter ihm bleiben, und dort den eigenen Wagen unbeleuchtet zu lassen, wäre zu riskant gewesen. Durch ein sich zufällig näherndes drittes Fahrzeug hätte es zu einem Unfall kommen können.

Das nun folgende Geschehen spielte sich in Sekundenschnelle ab. Sie hatten ihre Masken übers Gesicht gezogen, alles weitere bereitgelegte Zubehör aufgenommen und waren ausgestiegen. Schottmann seinerseits war gleich nach dem Verlassen des Autos über die etwa einen Meter hohe Hecke gesprungen, die die Bundesstraße säumte. Sofort setzten sie ihm nach. Abeling ließ die Taschenlampe aufblitzen, und da sahen sie ihn mit acht bis zehn Metern Vorsprung über das unwegsame Stoppelfeld hetzen.

»Stehenbleiben, oder wir schießen!« rief Kannegieter.

Schottmanns Reaktion war überraschend. So sehr er offenbar die Bombe gefürchtet hatte, so wenig kümmerte ihn jetzt die Kugel. Er lief einfach weiter, schlug nicht mal einen Haken, um dem Lichtkegel zu entkommen.

Wieder rief Kannegieter: »Stehenbleiben, oder wir schießen!«

Abeling hatte die Schreckschußpistole zwar in der Hand, schoß aber nicht. Sie befanden sich noch zu nah an der B 5. Ein weithin hörbarer Schuß hätte Aufmerksamkeit erregen können.

Kannegieter, der aufgeholt hatte, machte jetzt einen letzten großen Sprung und packte Schottmann an der Schulter, so daß der, jählings aus vollem Lauf zum Stoppen gebracht, hinschlug. Danach war es ein leichtes, den sich wieder Aufrichtenden zu überwältigen. Während Abeling im Licht der Taschenlampe die Pistole in seine

Seite drückte, legte Kannegieter Handschellen um die auf den Rücken geführten Hände und stülpte ihm anschließend einen Sack über, der so groß war, daß er bis zu den Hüften hinabreichte. Atembeschwerden würde er nicht bereiten, denn das grobmaschige Jutegewebe ließ genügend Luft durch.

»Was soll der Quatsch? Was wollen Sie von mir?« Laut und herrisch drang die Stimme, die Abeling hinlänglich kannte, aus dem Sack.

»Das werden Sie schon noch erfahren«, sagte Kannegieter. »Erstmal geht es zurück zur Straße, wo Ihr Auto natürlich keinesfalls in die Luft fliegen wird. Aber Sie steigen ohnehin in das andere ein. Da machen Sie es sich bequem, kriegen eine schöne Reisedecke umgelegt und schlafen am besten eine Weile. Auf denn!« Er packte einen Sackzipfel und zog Schottmann hinter sich her.

Nachdem sie die Hecke erreicht hatten, ging Abeling voraus und prüfte den Verkehr auf der B 5. Er wartete zwei vorbeifahrende Autos ab, blinkte dann kurz mit der Taschenlampe, woraufhin Kannegieter seinen Gefangenen durch das Gebüsch drückte, ihn zum VOLVO bugsierte und dort auf den Rücksitz schob. Danach stieg auch er ein und startete.

Abeling fuhr Schottmanns Auto, dessen Schlüssel gesteckt hatte, und als sie nach etwa zehn Kilometern einen Rastplatz erreicht hatten, wurde es dort unbeleuchtet abgestellt. Abeling stieg bei Kannegieter ein, der am Steuer blieb.

Sie gingen auf Gegenkurs, passierten Heide und fuhren auf der Autobahn 23 weiter in Richtung Hamburg, ließen die Stadt hinter sich und hielten auf Bremen zu.

Schottmann hatte schon mehrmals versucht, Aufschluß über den Grund seiner Entführung zu erhalten, doch Abeling war stumm geblieben, und Kannegieter hatte immer nur ausweichend geantwortet.

»Noch einmal: Geht es um Geld?« fragte Schottmann

wieder und machte sogar ein Angebot: »Wenn es so ist, können wir die Sache unverzüglich hinter uns bringen. Ich bin, wie Ihnen bekannt sein dürfte, nicht unvermögend. Ein Anruf in Husum, und die Summe wird bereitgehalten. Natürlich keine astronomische, aber, sagen wir mal, eine, die Sie zufriedenstellt und mich nicht arm macht.«

»Seien Sie endlich still!«

Schottmann ließ sich nicht beirren. »Sie sprechen mit holländischem Akzent«, sagte er, »und der Kerl neben Ihnen macht die Schnauze nicht auf. Ist er stumm, oder hat er Angst, ich könnte ihn an seiner Stimme erkennen?«

»Mann Gottes, Sie reden sich noch um Kopf und Kragen! Wissen Sie denn nicht, wie gefährlich es ist, Kidnappern irgendwelche Vermutungen über deren Identität mitzuteilen? Die meisten Opfer, die ihre Entführung nicht überlebt haben, mußten nur deshalb sterben, weil die Täter ihnen bekannt waren.«

»Sparen Sie sich Ihre Belehrungen! Sie sagten am Telefon, ich hätte dreizehn Seeleute auf dem Gewissen und Sie seien ein gedungener Killer, der es allerdings nicht über sich brächte, die Bombe unter meinem Arsch zu zünden. Aber …«

»So vulgär hab' ich mich nicht ausgedrückt.«

»Okay, okay! Aber es hat sich herausgestellt, daß die Bombendrohung nur der Trick war, mit dem Sie mich zum Aussteigen zwingen wollten. Ich muß schon sagen, clever ausgedacht, diese Methode, und sie hat funktioniert. Also, Sie spielten auf die dreizehn Toten an, die es ja tatsächlich gegeben hat, wenn auch nicht durch meine Schuld. Der Fall ging durch die Presse, aber das ist lange her, und heute weiß kaum noch jemand, daß es dreizehn Männer waren, die bei dem Schiffsunglück ertranken. *Sie* wissen es! Haben Sie was zu tun mit dem Untergang der ANABEL?«

Er bekam keine Antwort.

»Als Sie mich überfielen«, fuhr er daraufhin fort, »waren Sie maskiert. Das kann zwei Gründe haben. Erstens: Sie wollen verhindern, daß ich Sie später, wenn es um die Fahndung geht, beschreibe. Zweitens: Ich kenne Sie. Welcher der beiden Gründe trifft zu?«

Abermals kam keine Erwiderung von Kannegieter, doch statt seiner meldete Abeling sich plötzlich zu Wort:

»Die zweite Version trifft zu.«

Da war es soweit. Schottmann hatte die Stimme erkannt.

»Also Sie, Abeling!« tönte es aus dem Sack. »Sie stekken dahinter! Ich hätte es mir denken können. Aber verlassen Sie sich darauf, das Ganze kommt Sie teuer zu stehen!«

»Ist einkalkuliert«, antwortete Abeling und fügte hinzu: »Trotzdem werde ich unterm Strich ein dickes Plus haben.«

Danach war es lange Zeit still. Gegen vier Uhr in der Nacht kamen sie in Emden an, erreichten die Pier, an der die RASPUTIN lag. Sie zogen Schottmann den Sack vom Kopf, knebelten ihn, und während Kannegieter dann zunächst mit dem Gefangenen im Wagen blieb, ging Abeling an Bord, prüfte die Lage, kehrte zurück und flüsterte Kannegieter zu, daß die Besatzung teils schlafe, teils an Land sei und er den Wachmann angewiesen habe, jetzt erstmal unter Deck seine Runde zu machen.

Sie nahmen Schottmann in ihre Mitte, bestiegen die Gangway und führten ihn in die Kapitänskabine, die aus zwei Räumen mit je einer Koje bestand.

»Ich schlafe hier im Salon«, sagte Abeling zu Schottmann, »und Sie wohnen nebenan. Ich schließe Ihre Tür zu, nehme Ihnen aber vorher den Knebel und die Handschellen ab. Schreien würde sich für Sie nicht auszahlen, sondern nur Ihre Lage verschlechtern.«

Sobald Schottmann vom Knebel befreit war, fauchte er:

»Und also auch Sie, Kannegieter!«

»So ist es. Ich stehe, wie Sie sehen, zu meinem Kapitän, und da bin ich, Sie werden es bald merken, nicht der einzige.«

29.

»Leider«, sagte Kommissar Bernardy, »tappen wir noch immer im dunkeln.« Sie saßen in der Bibliothek des Schottmannschen Hauses, der zweiundvierzigjährige Beamte der Husumer Kriminalpolizei, die Reedersfrau und der Sohn. »Für keins der üblichen Muster«, fuhr der Kripomann fort, »gibt es einen Anhaltspunkt, weder für einen Unfall noch für ein Verbrechen, etwa den Versuch, ein Lösegeld zu erpressen. Sagen Sie, hat er vielleicht in einer persönlichen Krise gesteckt?«

»Wie meinen Sie das?« fragte Marianne Schottmann.

»Na ja, der Mann mittleren Alters, den plötzlich die Frage umtreibt ›Das soll alles gewesen sein?‹ und der dann Familie, Beruf und Freundeskreis aufgibt, um an einer anderen Ecke der Welt ganz neu anzufangen.«

»Ausgeschlossen! Er ist immer sehr stolz gewesen auf das, was er aufgebaut hat.«

»Oder könnte womöglich eine schwere, eine unheilbare Krankheit, von der Sie nichts wußten, ihn dazu getrieben haben, freiwillig aus dem Leben zu gehen?«

»Mein Mann ist gesund, und nach dem Urteil seines Arztes, noch vor vierzehn Tagen hier in diesem Raum verkündet, ist er sogar, gemessen an seinen Jahren, *unverschämt* gesund.«

»Gut«, faßte der Kommissar zusammen, »dann ist das einzige, was wir wissen, also folgendes: Vor drei Tagen hat er in Brunsbüttel mit einem Herrn Wieland zu Abend gegessen. Der hat ausgesagt, er habe nichts Auffälliges bemerkt. Das Treffen sei sehr harmonisch, ja, sogar fröhlich verlaufen. Danach haben sie sich auf dem Parkplatz des Restaurants getrennt; der eine ist in Richtung Husum gefahren, der andere nach Haus.«

»Ja, so haben wir's auch von Herrn Wieland gehört«, sagte Rüdiger, und dann wollte er wissen: »Hat man den Wagen mittlerweile untersucht?«

»Bis zur letzten Sitzpolsterfalte. Resultat: Nichts von Belang. Mein Kollege, der den MERCEDES entdeckt hat, erklärte, im näheren Umfeld habe es keine Besonderheiten gegeben. Das Auto war vorschriftsmäßig geparkt auf einem der durch die weißen Markierungen gekennzeichneten Parkplätze. Wir haben es dann sichergestellt und labortechnisch untersucht. An Fingerabdrücken gab es, wie Sie ja schon wissen, nur seine eigenen und die von Ihnen beiden, außerdem ein paar verwischte, mit denen wir nichts anfangen können. Im Seitenfach neben dem Fahrersitz befand sich das Übliche, eine Straßenkarte von Schleswig-Holstein, ein Päckchen Tempo-Taschentücher, ein Ledertuch, eine Taschenlampe …«, Bernardy blickte kurz auf seine Notizen, »ein kleiner Eisschaber aus schwarzem Plastik und ein Taschenmesser. Und im Handschuhfach …«, wieder sah er auf seinen Block, las vor: »Ein Wartungsheft, eine Broschüre über Pannenhilfe, eine kleine Geldbörse mit ein paar Münzen, eine Telefonkarte, eine angebrochene Tüte mit Eukalyptus-Bonbons, ein …«

»Ja«, unterbrach Rüdiger, »die hat er überall, in seinen Jackentaschen, im Schreibtisch und eben auch im Auto.«

»Weiter: kein Feuerzeug, aber eine angebrochene Schachtel Zigaretten …, Frau Schottmann, sagten Sie nicht, er sei Zigarrenraucher?«

»Ja«, antwortete sie, »nur nicht am Steuer. Da raucht er lieber Zigaretten.«

»Verstehe. Und dann war da noch eine wildlederne

Brieftasche mit den Autopapieren, Führerschein, Zulassung, ADAC-Karte und so weiter. Übrigens, wie hielt er es damit? Einige Fahrer nehmen ja grundsätzlich, auch wenn sie nur für fünf Minuten aussteigen, ihre Papiere mit, oder sie haben sie sowieso immer in der Jacke. Andere lassen sie einfach im Auto, selbst wenn es einen ganzen Tag lang irgendwo steht, bewacht oder unbewacht.«

»So macht er's«, sagte Rüdiger. »Er ist da etwas lax. Ich selbst nehme die Sachen jedesmal raus, denn sollte der Wagen gestohlen werden, will ich nicht tagelang ohne Papiere dastehen.«

Bernardy, ein großer, breitschultriger Mann mit Igelfrisur, der im Vergleich zu dem ihm gegenübersitzenden Reederssohn geradezu hünenhaft wirkte, klappte seinen Block zu und wandte sich dann an Marianne Schottmann:

»Ich muß noch einige Fragen stellen, die Ihr Privatleben betreffen.«

»Nur zu!« antwortete sie. »Das gehört zu Ihrem Job.«

»War, Entschuldigung, ist Ihre Familie intakt?«

»Absolut. Natürlich, manchmal gibt es Differenzen, aber gravierend sind die nie.«

»Sie gehen, hörte ich, oft allein auf Reisen.«

»Ja, das stimmt. Mein Mann führt die Reederei und kann daher nicht jedesmal mitkommen, wenn ich in den Süden fahre. Und das muß ich, denn Husum im November oder im Januar oder Februar ist, Sie wissen es selbst, nicht sehr angenehm. Aber manchmal fliegen wir auch gemeinsam nach Spanien. Und in Zukunft – Gott gebe, daß er gesund zurückkommt! – will er das Ruder mehr und mehr unserem Sohn überlassen; dann wird auch er häufiger in unserem Haus in Andalusien sein, zusammen mit mir.«

»Leider muß ich jetzt noch indiskreter werden, aber ich hoffe, Sie haben Verständnis dafür.«

»Nur zu!« sagte sie noch einmal.

»Also, könnte es sein, daß eine andere Frau im Spiel ist?«

»Bestimmt nicht«, antwortete sie, und Rüdiger erklärte: »Ich arbeite ja nun wirklich Seite an Seite mit meinem Vater und kann nur sagen, bei seinem Pensum hat er keine Zeit für Eskapaden, und er ist auch nicht der Typ dafür.«

»Dann also die nächste Frage: Wissen Sie, ob er Feinde hat?«

»Die hat er«, erklärte wiederum der Sohn, »und das nicht zu knapp. Ich schätze, die hat jeder Reeder, aber das bleibt immer im Rahmen und ist ja auch nicht auf die Schiffahrt beschränkt, sondern gilt genauso für die Chefs anderer Betriebe. Bei uns gibt es Ärger, wenn die Leute nicht so wollen, wie er will. Das können unzufriedene Besatzungsmitglieder sein, Kapitäne, Offiziere, Ingenieure, ja, sogar mit Matrosen erlebt man manchmal sein blaues Wunder. Auch Personen, die nicht auf unserer Gehaltsliste stehen, stellen sich gelegentlich quer, Makler, Schiffsausrüster, Angestellte der Werften, vielleicht auch mal ein Kollege vom Verband Deutscher Reeder oder irgend so ein Nörgler von der Seeberufsgenossenschaft, aber das alles mündet doch nicht in ein Verbrechen!«

»Ja, das wär's dann für heute.« Bernardy steckte seinen Notizblock ein. »Nach drei Tagen ist mit einer Lösegeldforderung kaum mehr zu rechnen, aber für den Fall, daß sie doch noch eingeht, lassen wir unsere Geräte in der Reederei und hier im Haus eingeschaltet. Das Band läuft bei jedem Anruf mit.«

Rüdiger begleitete den Kommissar bis zur Haustür und ging, nachdem sie sich verabschiedet hatten, zurück in die Bibliothek, setzte sich wieder in seinen Sessel.

»Du, ich hab' große Angst«, sagte Marianne Schottmann. »Womöglich ist das Schlimmste passiert, und er liegt irgendwo im Gebüsch, getötet von Leuten, mit denen er nur ganz zufällig aneinandergeraten ist, vielleicht, weil er sich eingemischt hat. Wir kennen ihn doch.«

»Wie meinst du das?«

»Er wollte zum Beispiel irgendwo tanken, als da grad ein Überfall lief, und weil er zum Zeugen wurde und sich nicht einschüchtern ließ, hat man ihn kurzerhand umgebracht.«

»Wir tanken immer in Husum, haben hier ja unser Benzinkonto, und er fährt nie mit so wenig los, daß er unterwegs tanken muß. Für Schleswig-Holstein-Fahrten reicht es allemal, und an dem fraglichen Abend war er nur in Brunsbüttel. Außerdem hätte die Polizei von einem solchen Überfall erfahren und gründlichst recherchiert.«

»Dann sag du doch mal, welchen Reim wir uns auf sein Verschwinden machen sollen!«

»Bernardy meint ja, Erpresser warten nicht drei Tage und länger, bis sie sich melden, aber nach meiner Meinung irrt er sich in diesem Punkt. Selbst wenn eine ganze Woche vergehen sollte, kann es noch zu einer Erpressung kommen. Sich nicht melden, die Familie einfach warten lassen, das ist unter Umständen Teil der Strategie, denn Angehörige, die fünf, sechs, sieben Tage lang im ungewissen gelassen werden, sind zermürbt, sind total am Ende. Sie haben, wenn der Anruf dann endlich kommt, schon so viele entsetzliche Bilder vor Augen gehabt, daß sie auf jede Forderung eingehen.«

»Du meinst also, sie könnte noch kommen, die Lösegeldforderung?«

»Ja.«

»Und wenn es Rache ist? Du weißt, nach dem Untergang der ANABEL wurde behauptet, der Reeder sei schuld am Tod der Seeleute.«

»Rache? Nein, kann ich mir nicht vorstellen. Seeleute greifen nicht zu Mafia-Methoden. Außerdem …«

Das Telefon klingelte, und beide zuckten zusammen. Aber dann war es, als Rüdiger den Hörer aufnahm, kein Erpresser, der sich meldete, sondern Karl Wieland aus Brunsbüttel, der Mann, der den Vater aller Wahrscheinlichkeit nach als Letzter lebend und in Freiheit gesehen hatte.

Nein, es gebe nichts Neues, teilte Rüdiger ihm mit, und die Polizei sei ziemlich ratlos. Im weiteren Verlauf des Gesprächs fragte er nach einigen Einzelheiten jener abendlichen Zusammenkunft und berichtete, als es beendet war, seiner Stiefmutter:

»Niemand, sagt Wieland, ist drei Stunden lang prächtig gelaunt, ißt und trinkt mit Genuß und nimmt sich anschließend das Leben, und ebensowenig beschließt er in derselben Nacht, seine Familie zu verlassen und seinen Beruf an den Nagel zu hängen.«

Marianne Schottmann nickte. »Nie und nimmer hätte er das getan!«

»Übrigens«, Rüdigers Stimme klang plötzlich ungewohnt hart, »war das dein Ernst, als du dem Kommissar sagtest, wir seien eine ... intakte Familie?«

»Warum sollte das nicht mein Ernst gewesen sein?«

»Weil deine Art zu leben auf was anderes schließen läßt.«

»Worauf willst du hinaus? Du siehst mich an, als hättest du mich soeben beim Klauen oder wer weiß welcher Untat erwischt.«

Es dauerte lange, bis er antwortete, so daß sie ungeduldig wurde und nervös mit dem rechten Fuß zu wippen begann.

»Hab' ich auch«, sagte er schließlich, »allerdings nicht soeben, sondern schon vor längerer Zeit.«

»Na, da bin ich aber gespannt.«

»Vor einem halben Jahr ..., du wirst dich erinnern, flog ich nach Spanien. Für einen Dienstagabend war ich bei dir im RETIRO angemeldet. Vater war in Husum.«

»Ja, er hatte mir dein Kommen telefonisch angekündigt. Ich weiß noch, am Montag hattest du einen Termin in San Sebastian, wo eins unserer Schiffe erwartet wurde, die NORDERNEY, glaube ich, mit Kapitän Joswig.«

»Stimmt. Das Schiff kam dann aber schon Sonntag an, und am Montag hatte ich alles erledigt. Ich erwischte die Abendmaschine und sogar noch den Anschluß in Madrid, so daß ich um zehn in Málaga und gegen elf im RETIRO war.«

»Ach du lieber Himmel!«

»Na, ob du den jetzt bemühen solltest?«

»Aber du hast dich im Hause nicht gezeigt!«

Verstört wirkt sie nicht, eher aggressiv, dachte er und sagte dann:

»Natürlich nicht. Wie sollte ich auch? Es wäre für alle drei sehr peinlich geworden, und so zog ich es vor, kehrtzumachen und mir für die Nacht ein Hotelzimmer zu nehmen. Als ich am nächsten Tag bei dir erschien, hattest du Roberta aufgetragen, Paella auf den Tisch zu bringen, mein Lieblingsessen.«

»Ja, ich erinnere mich.« Sie zündete sich eine Zigarette an, stand auf und begann, hin und her zu gehen, immer entlang an der Bücherwand, und jedesmal, wenn sie kehrtmachte, sah sie zu ihm hinüber, versuchte, in seinem Gesicht zu lesen.

»Bitte, setz dich wieder!« sagte er nach einer Weile.

Sie folgte seiner Aufforderung, griff sogar, um ihn zu besänftigen, nach seiner Hand, doch er entzog sie ihr.

»Ich muß dir da was erklären, aber vorher will ich wissen, warum du deinem Vater gegenüber geschwiegen hast. So ist es doch, nicht wahr?«

»Ich wollte ihn damit verschonen.«

»Und ... warum hast du auch mit mir nie darüber gesprochen?«

»Solchen Peinlichkeiten geht man besser aus dem Weg.«

»Aber jetzt, ein halbes Jahr später, kommst du damit heraus?«

»Jetzt ist die Lage ganz anders, und ...«, wieder machte er eine längere Pause, und es war nicht erkennbar, ob er auf diese Weise seinen folgenden Worten mehr Gewicht geben wollte oder nur nachdachte, »... von den verschiedenen Möglichkeiten, die als Gründe für Vaters Verschwinden zur Diskussion stehen, ließ der Kommissar eine unerwähnt, weil ..., na ja, weil er von einer intakten Familie ausgegangen ist. Wenn der Mann wüßte, was ich weiß, würde er wahrscheinlich weitere Fragen gestellt haben.«

»Zum Beispiel?«

»Zum Beispiel, wo sich, als der Reeder Georg Schottmann von der Bildfläche verschwand, der Spanier aufgehalten hat, der vor einem halben Jahr im Schlafzimmer meiner Eltern war, und zwar sehr dynamisch und sehr laut und sehr nackt, und wo ...«

»Du bist verrückt!«

»... und wo, als der Reeder Georg Schottmann verschwand, dessen Ehefrau gewesen ist. Immerhin sind das zwei Menschen mit einem ganz dicken Motiv.«

»Rüdiger, du bist absolut weltfremd, wenn du meinst, die Nacht damals sei eine große Sache gewesen.«

»Für mich gehört so etwas zu den großen Dingen im Leben, und wenn zwei sich auf diese Weise zusammentun und einem Dritten Hörner aufsetzen, sind sie, meine ich, auch fähig, noch einen Schritt weiterzugehen.«

»Ach, und vor zehn Minuten hieltest du eine Lösegeldforderung von irgendwelchen Kidnappern für denkbar!«

»Für denkbar, aber nicht für sicher. Kann ja auch sein, daß ihr, also du und der Spanier, den Coup geplant habt. Wie gesagt, das Bett verbindet.«

»Da haben wir's! Du hast nicht die leiseste Ahnung von dem, was im Leben so abläuft.«

»Oh doch! Hab's ja mit eigenen Augen gesehen. Eine ganz miese Tour wurde da vorgeführt.«

»Sie war nicht mies; sie war einfach nur vital, und natürlich weißt du nicht, warum so etwas geschieht.«

»Dann wirst du's mir ja wohl erklären. Ich höre.«

Sie dachte eine Weile nach, sprach sogar halblaut vor sich hin: »Wie sag' ich's meinem Kinde?« Lächelte dann, aber es war ein nach innen gekehrtes Lächeln. »Gewöhnung«, begann sie schließlich, »ist der Tod der Libido. Nach zehn Jahren Ehe begegnen sich die Partner, wenn sonst zwischen ihnen alles in Ordnung ist, noch mit Liebe, mit Verständnis, mit Hilfsbereitschaft, mit Takt ..., du kannst die Reihe ein ganzes Stück fortsetzen, aber eine Vokabel, die früher weit vorn stand, ist ans Ende gerückt: die Leidenschaft, oder sagen wir lieber die Glut, das Fieber, das Verzehrende. Ja, und daraus ergibt sich die – jedenfalls für mich – lebenswichtige Frage: Soll, wenn die Leidenschaft erloschen ist, fortan grundsätzlich auf sie verzichtet werden? Da sage ich ganz entschieden nein. Du mußt wissen, der Mann damals – ich kenne nicht mal mehr seinen Namen – war nicht der einzige, und für den Erhalt meiner Ehe ist das auch besser so. Ein Dauergast im matrimonialen Gehege wäre viel problematischer – ich meine das im Hinblick auf deinen Vater –, mal ganz abgesehen davon, daß so einer ja wieder Gewöhnung bedeuten würde. Also, du irrst dich gewaltig, wenn du meinst, aus solchen Begegnungen könnte ein Motiv entstehen. Es muß jetzt ganz einfach rein in deinen Kopf, daß sie mit dem Verschwinden deines Vaters nicht das geringste zu tun haben. Wenn du mir das nicht glaubst, wird es schwer werden mit uns beiden. Um es noch einmal auf den Punkt zu bringen: Was du dir da zusammengereimt hast, ist absurd. Genausogut könnte ich dir unterstellen, du seist der Schuldige und wolltest schneller an dein Erbe kommen. Also glaub mir!« Noch einmal griff sie nach seiner Hand. Diesmal sträubte er sich nicht, und als sie sie wieder losgelassen hatte, sagte er:

»Das mit der Leidenschaft ... na ja, so was ist wohl von Mensch zu Mensch verschieden und ebenso das Verlangen, sich anderweitig zu versorgen. Ich sehe ein, man sollte sich da nicht als Richter aufspielen.«

»Ja, so ist es.« Wieder zündete sie sich eine Zigarette an, und dann fragte sie:

»Bist du auf meiner Seite, oder stellst du dich gegen mich? Sag mir das bitte klipp und klar!«

»Du kannst beruhigt sein«, erwiderte er und ergänzte nach einer kleinen Pause: »Warten wir also die Lösegeldforderung ab.«

»Ja«, sagte sie, »und wir zahlen, egal, wie hoch sie ist.«

30.

Es war am Morgen des sechsten Reisetages. Die RASPUTIN fuhr mit halber Kraft durch die Biscaya, hielt sich dabei auf einer Route, die sie – weitab vom Land – fast am äußersten Rand des Golfs entlangführte.

Beim Verlassen des Emdener Liegeplatzes hatten die Männer auf der Brücke durch ihre Ferngläser beobachtet, daß vom Kai aus neugierige Blicke den über und über von Rost befallenen Frachter verfolgten, und auch später, beim Passieren des Dollarts, hatte vermutlich so mancher fremde Seemann von seinem vorbeifahrenden Schiff aus den buntscheckigen Veteranen bedauert, bestaunt oder belächelt und im wohlwollendsten Fall als Exoten eingestuft, denn auf der Esbjerger Werft hatte man, dem Auftrag entsprechend, am jämmerlichen äußeren Zustand der RASPUTIN nichts geändert. Ihre technischen Einrichtungen hingegen waren nun von höchstem

Standard. Abeling hatte dafür gesorgt, daß diese dem Gefangenen verborgen blieben. Schottmann durfte sich tagsüber zwar weitgehend frei an Bord bewegen, doch der Zutritt zur Brücke, zur Maschine und zur Funkstation war ihm verwehrt, und so litt er denn auch, ganz wie der Plan es vorsah, von Beginn an unter dem Eindruck, er sei auf einem wahren Seelenverkäufer, den schon ein leichter Sturm in Gefahr bringen würde.

Sie befanden sich bei westsüdwestlichem Kurs auf der Position 45 Grad nördlicher Länge und 5 Grad westlicher Breite. Von Emden aus war es durch die Nordsee gegangen, diagonal von Südost nach Nordwest, weil für den Bereich nördlich der Doggerbank Windstärke neun bis zehn gemeldet war. Bei Erreichen dieser Zone war das Sturmtief bereits weitergezogen in Richtung Nordwest, und so waren sie auf diesem Kurs geblieben, zunächst bis zu den Orkneys, schließlich hinauf zu den Färöer-Inseln. Aber es hatte den Anschein gehabt, als triebe der Wind seinen Schabernack mit ihnen. Sie hatten sich an seine Spur geheftet, waren dabei mit äußerster Kraft gefahren, doch auch dort oben war er ihnen entwischt.

Abeling war dann auf Gegenkurs gegangen, war denselben Weg zurückgefahren und erst bei der Doggerbank auf Westsüdwest geschwenkt, um den Kanal anzusteuern. Zu diesem Zeitpunkt hatte er noch nicht entschieden, ob es danach der offene Atlantik oder die Biscaya sein würde. Daß es dann die Biscaya geworden war, hatte wiederum an der Wettervorhersage gelegen.

Doch bis jetzt waren auch hier die Stürme ausgeblieben. Trotzdem, von ruhigem Wasser konnte nicht die Rede sein. Die See war kabbelig und attackierte das Schiff mit kleinen, unangenehmen Stößen aus verschiedenen Richtungen. Bei Georg Schottmann hatten sie immerhin dazu geführt, daß er sich an diesem Vormittag nun schon zum dritten Mal übergeben hatte.

Es war ein zorniger Blick, mit dem der Gefangene,

nachdem er sich wieder aufgerichtet hatte, den neben ihm an der Reling stehenden Kapitän bedachte. Danach wandte er sich zum Gehen, wollte zurück in seine Kammer, drehte sich aber doch noch einmal um und sagte: »Sie werden Ihr Leben lang nicht wieder froh! Das garantiere ich Ihnen.«

»Ich geb' ja zu«, erwiderte Abeling, »es ist hier etwas ungemütlich; die Wellenschläge sind lästig. Außerdem fahren wir, wie Sie vielleicht am Tiefgang abgelesen haben, im Ballast, und das verstärkt die Schaukelei. Wer nicht seefest ist, muß dann die Fische füttern.«

»Quatsch!« lautete die Antwort. »Ich rede nicht von dem bißchen Gekotze. Ich rede von dem Kapitalverbrechen, für das Sie mindestens acht Jahre hinter Gittern landen und Ihre sauberen Komplizen ebenso.« Nach diesen Worten setzte Schottmann seinen Weg fort und verschwand unter Deck.

Abeling ging auf die Brücke. Dort hatte Umberto Camacho die Wache, und am Ruderrad stand Jules Queneau, der zwanzigjährige belgische Leichtmatrose, den Kannegieter nur drei Tage vor der Abreise angemustert hatte, weil ein anderer wegen Krankheit ausgefallen war. Auf spanisch sagte Abeling zu seinem Zweiten:

»Das Schwanken bekommt ihm schlecht. Wir haben zwar leider noch nicht den großen Wind von vorn, aber immerhin hat er heute schon dreimal über der Reling gehangen.«

»Ist eben kein Seemann«, antwortete Camacho und fuhr dann fort: »Seit Tagen rennt er wie ein angeschossener Löwe durchs Schiff und versucht, jedem, auf den er stößt, klarzumachen, daß man an ihm ein Gewaltverbrechen verübt hat und daß er alle an Bord, die sich nicht auf seine Seite schlagen, vor den Kadi bringen wird. Aber damit läuft er auf. Diejenigen, die ihn verstehen – ich meine, sprachlich – sind seine Gegner, und was die Neutralen angeht, zahlt es sich aus, daß Sie und Piet von vornherein Wert gelegt haben auf miserable Englischkenntnisse. Nebenbei bemerkt, es wirft kein gutes Licht auf die Seefahrt von heute, daß da tatsächlich *sailors* unterwegs sind, die zwar jede Menge Zertifikate in Händen haben, aber im Notfall auf englisch nicht mal sagen könnten, daß die Kombüse brennt. Na ja, uns kommt das natürlich zugute.«

»Und«, erwiderte Abeling, »ebenfalls ganz nebenbei: So lernt unser Gast schon mal, wie fatal es sein kann, bei der Auswahl des Personals nicht auf Qualität zu achten.«

»Was macht er denn jetzt?«

»Er ist gerade unter Deck gegangen, hockt nun wohl wieder in der Kammer und hadert mit dem Schicksal. Sein schönes Frühstück, immerhin *ham and eggs*, frische Brötchen, zwei Sorten Marmelade, Aufschnitt und Kaffee, ist außenbords gegangen. Trotzdem, zu Mittag kriegt er, wie alle anderen auch, ein saftiges Steak und als Nachtisch Schokoladenpudding. Er soll uns später nicht vorwerfen können, wir hätten ihn schlecht versorgt. Er hat immer saubere Bettwäsche, kriegt jeden Morgen zwei neue Handtücher, kann heiß und kalt duschen, wann er will und so lange er will, darf Radio hören und sich Drinks mixen, und wir geben ihm sogar was zu rauchen, wenn auch keine Davidoffs. Er hat es bei uns so gut wie ein zahlender Passagier. Nur die höhere Gewalt können wir, wenn sie sich denn endlich einstellt, nicht von ihm fernhalten. Beten Sie heute nacht, daß der liebe Gott uns einen handfesten Sturm beschert!«

»Aye, aye, Sir!«

Abeling verabschiedete sich, winkte auch dem Rudergänger zu und ging in seine Kammer. Doch dort hielt er sich nur kurz auf, obwohl José mit dem Saubermachen fertig war. Solange nichts anderes getan werden konnte als auf das Wetter zu warten, fand er es lästig, Wand an Wand mit dem Gefangenen die Zeit zu verbringen. So suchte er die auf demselben Deck gelegene Lotsenkammer auf, einen kleinen Raum, der außer einer schmalen Koje, einem Stuhl, einem Bord mit ein paar seemännischen Handbüchern und einem winzigen Klapptisch nichts zu bieten hatte, wenn man denn das an Steuerbord befindliche Bullauge nicht mitrechnete, das den Blick nach draußen gewährte.

Er setzte sich auf die Koje, lehnte sich an die Wand. Von seinem Platz aus konnte er draußen nur den grauen Himmel sehen, der Regen verhieß, was der vor einer halben Stunde von dem finnischen Funker Hendrik Juvonen eingeholten Wetterprognose entsprach.

Regen, dachte er, ist auf See kein schlechtes Wetter, in warmen Zonen sogar eher angenehm. Ich brauche, verdammt nochmal, einen Orkan!

Er hatte von jeher etwas übrig für Wort- und Zahlenspiele, war zudem, wie die meisten Seeleute, abergläubisch und sah in auffälligen Übereinstimmungen, mochten sie auch ganz eindeutig auf Zufällen beruhen, ein geheimnisvolles Wirken magischer Kräfte.

So bedeuteten für ihn die Städte Brest, Betanzos und Biarritz die *bösen Bs*, weil sie das gefährliche Biscaya-Dreieck markierten, das dann ja sogar selbst mit einem B im Namen aufwartete. Das Zusammenspiel der vier Anfangsbuchstaben stand für Unheil und Gefahr, fand er, vor allem, wenn er dabei an frühere Zeiten dachte, in denen die Meere noch mit wetteranfälligen Segelschiffen befahren wurden.

Er wußte, daß er, um in diesem bedrohlichen Quartett den Gleichklang herbeizuführen, ein bißchen gemogelt hatte. Statt der kleinen Ortschaft Betanzos, die nicht einmal unmittelbar an der Küste, sondern ein Stück landeinwärts lag, hätte sich, da viel bedeutender, das in nächster Nachbarschaft gelegene La Coruña angeboten, und auch das vierte B war nicht unanfechtbar, denn die spanische Provinz, die dem Golf von Biscaya ihren Namen lieh, schrieb sich in der Landessprache mit V. Doch solche Ungenauigkeiten überging er großzügig, weil es sonst aus gewesen wäre mit seinem schönen Buchstabenspiel.

Aber der Sturm, der zu den vier Bs gehörte, hatte sich in diesen Tagen wahrlich rar gemacht, und so rief er sich einen anderen in Erinnerung, einen von früher, grad so, als könnte der Ersatz schaffen für die gegenwärtige Flaute. Das traurige Finale jener Reise durch den Golf von Biscaya, an die er dachte, wünschte er indessen nicht herbei für die RASPUTIN und ihre Besatzung, ja, nicht einmal für Georg Schottmann.

Die alte Geschichte ging auf das Jahr 1891 zurück. Heinrich Meinert Abeling, des Großvaters Bruder, der mit seinen achtundzwanzig Jahren schon Kapitän war, fuhr die Schonerbark MARGARETA GAISER, ein 1877 bei der Flensburger Schiffsbaugesellschaft vom Stapel gelaufenes Segelschiff. Er hatte noch mehr Daten im Kopf, technische wie private. So war der Segler nur dreihundertsiebenundachtzig Tonnen groß, nach heutigen Verhältnissen also ein Winzling, maß gerade mal sechzig Meter in der Länge und zehn in der Breite, hatte drei Masten und zwei Decks. Er war im westafrikanischen Lagos mit Mahagoni-Baumstämmen beladen worden, die nach Hamburg gebracht werden sollten.

An die Rückkehr von dieser Reise knüpften sich damals im Keitumer Stammhaus der Abelings ganz besondere Erwartungen, denn anschließend wollte der junge Schiffsführer heiraten.

Doch die MARGARETA GAISER kam nie an.

Nun lagen zwischen Lagos und Hamburg zwar an die fünftausend Seemeilen, und nur etwa ein Dreizehntel des langen Weges entfiel auf die Überquerung des Golfs von Biscaya; trotzdem war man sich in Fachkreisen sicher, daß das Schiff auf dieser kurzen, aber tückischen Strecke untergegangen war, denn gerade während der Tage, in denen es sich nach Berechnung der Reederei in jener Region befunden haben mußte, hatte dort ein Orkan gewütet. Außerdem hatte einige Wochen später der zweite Steuermann eines in entgegengesetzter Richtung gefahrenen englischen Viermast-Gaffelschoners ausgesagt, er habe die kleine MARGARETA in den Gewässern vor Vigo durch die aufgewühlte See stampfen sehen.

Sein Großvater hatte oft von der im Hause herrschenden Trauer erzählt, auch von der vorher durchlebten langen Ungewißheit, denn in einer Zeit, in der eine weltweit funktionierende Überwachung aller Schiffsbewegungen noch in weiter Ferne lag, war wochenlanges Warten auf heimkehrende Seeleute nichts Ungewöhnliches. So hatte glaubwürdig geklungen, was der alte Mann seinem Enkel berichtete: daß die Braut noch ein Vierteljahr lang jedesmal, wenn die Fähre mit der Post und ein paar Passagieren an Bord vom Festland zur Insel kam, am Hafen von Nösse stand und, von Bangen und Hoffen zerrissen, auf die wenigen Menschen starrte, die dem kleinen Schiff entstiegen.

MARGARETA GAISER, das war für ihn, Meinert Abeling, ein Name, der an ein trauriges Schicksal erinnerte, und zugleich sah er in ihm ein Synonym für Wagnis und Ansehen eben des Berufes, den er selbst in langer Fahrenszeit ausgeübt hatte. Aber die letzten Jahre, die der Fron für die Schottmann-Rederei, hatten seinen Stolz ins Wanken gebracht, und den wieder zu festigen, war ein Nebenziel dieser Reise, ganz gleich, was ihn am Ende dafür erwartete. »Mindestens acht Jahre!« hatte Schottmann ihm zugerufen. Das soll meine Sorge jetzt nicht sein, dachte er, und überhaupt: Warten wir's ab!

Doch eine andere Sorge machte ihm zu schaffen. Alles war bisher im großen und ganzen nach Plan verlaufen und wo nicht, hatten Korrekturen Abhilfe geschaffen, zum Beispiel bei der unrealistischen Annahme, Schottmann könne durch ein lohnendes Kaufangebot auf die RASPUTIN gelockt werden, ohne daß andere davon erführen und ihn begleiteten. Diese Möglichkeit auch nur in Erwägung zu ziehen, war ein im nachhinein unbegreiflicher Irrtum gewesen. Sollte ihm nun ein zweites Mal der Fehler unterlaufen sein, die Rechnung ohne den Wirt gemacht zu haben? Es sah ganz so aus. Er hatte auf den Wind gesetzt, den es zur Herbstzeit in der Biscaya doch fast immer gab, und was war nun? Mit einer kümmerlichen Stärke von vier bis fünf wartete er auf, und die war ganz sicher nicht geeignet, Georg Schottmann durch die Hölle gehen zu lassen.

Die Hölle. So etwa hatten Kannegieter und er sie für ihren Gefangenen entworfen: Ein Orkan fegt über das Meer, pflügt die See und beutelt die RASPUTIN, bringt die Männer, wenn auch nicht in Wirklichkeit, so doch nach Meinung des Gefangenen, in Not, und zwar so sehr, daß die Schiffsführung beschließt, das Freifall-Rettungsboot klarzumachen und es – mit den Männern darin – über die Rampe in die kochende See zu schicken. Nur einer bleibt an Bord: Georg Schottmann. Ihm ist vorher mitgeteilt worden, daß man ihn auf dem Schiff zurücklassen werde und es dann allein in Gottes Hand liege, ihn überleben oder untergehen zu lassen. Einmal sollte er jene Todesangst durchleben, die die von ihm angeheuerten Männer der ANABEL zu überstehen hatten, was sie aber längst nicht alle schafften. Danach, so hatten Kannegieter und er gemeint, würde er vielleicht bescheiden und demütig geworden sein und aus den erlittenen Qualen die richtigen Lehren ziehen.

Natürlich hatten sie nicht vor, ihn gänzlich im Stich zu lassen. Es sollte nur so aussehen. Sie würden in der Nähe bleiben, so daß sie per Funkortung jederzeit wußten, wo die RASPUTIN war, würden nach ein paar Tagen zurückkehren und wieder an Bord gehen. Ja, ihr

Täuschungsmanöver war wirklich gut geplant, bis hin zum scheinbaren Ausfall von Maschine und Funkanlage. Aber der Wind spielte nicht mit!

Er stand auf, verließ die Lotsenkammer, ging zu Piet Kannegieter. Der saß vor einer Flasche Bourbon, und in seinem Unmut ließ Abeling sich überreden, mitzuhalten.

»Wie soll es jetzt weitergehen?« fragte der Holländer.

»Verflucht, ich weiß es nicht!« Abeling nahm einen großen Schluck. »Hab' doch die Wetterkarten genau studiert!« sagte er dann. »Sie waren vielversprechend, erst die von der Nordsee und dann ...«, sein rechter Daumen zeigte über die Schulter, dorthin, wo das Bullauge saß, »die von hier. Die angekündigten Windstärken lagen immer bei sieben, acht, einmal sogar bei zehn, mit elf in den Böen. Und was kommt? Ein lasches Lüftchen! Immer nur ein lasches Lüftchen!«

»Ja, und das macht den Scheißkerl so dreist. Wir haben ihm eine große Lektion angekündigt, und nun tut sich seit Tagen nicht das Geringste.«

»Wenn wir morgen früh Cap Ortegal erreicht haben und das Wetter dann noch immer so ist wie jetzt, fahren wir erstmal auf derselben Route zurück bis Brest und hoffen, daß endlich was passiert. Verdammt, es ist doch Herbst! Stimmt heutzutage denn überhaupt nichts mehr? Natürlich könnten wir durch tollkühnes Navigieren ein paar Knalleffekte erzielen, aber das würde er durchschauen. Etwas hat er ja wohl gelernt, seit aus dem Banker der Reeder wurde. Nein, mit so einem faulen Zauber kriegen wir ihn nicht kirre. Hab' schon zu Camacho gesagt und sag' es jetzt auch zu dir: Bete, daß der liebe Gott uns einen Sturm schickt, einen handfesten!«

»Kann ich machen. Nur, im allgemeinen hört der nicht auf mich. Darum glaub' ich, Nachdenken bringt mehr als Beten.«

»Okay, dann denk nach! Ich tu's auch. Vielleicht fällt uns ja was Vernünftiges ein.«

31.

Umbringen, dachte Georg Schottmann, wird der Verrückte mich nicht. Das hätte er einfacher haben können, ohne diesen absurden Aufwand und ohne die vielen Zeugen hier an Bord, die mein Verschwinden ja mitkriegen würden. Schon während der Autofahrt wäre für ihn und seinen Komplizen reichlich Gelegenheit gewesen, mich kaltzumachen und irgendwo zu verscharren. Sie haben also was anderes vor, etwas, wobei ich am Leben bleibe.

Er hatte zu Abend gegessen, schob den Teller beiseite, stand auf und ging in das kleine Bad, sah in den Spiegel, der einen Riß und ein paar blinde Stellen hatte, betrachtete seinen Achttagebart, strich mit beiden Händen darüber hin, wußte nicht so recht, ob er ihn nun wikingerhaft-männlich oder nur ungepflegt finden sollte, erwog, sich zu rasieren, entschied sich dann aber doch dagegen. Wenn ich irgendwann in die Zivilisation zurückkehre, sagte er sich, macht es, nicht zuletzt bei den Leuten von der Presse, um so mehr Eindruck, je verwahrloster ich aussehe.

Er ging wieder in die Kammer, warf sich auf die Koje, ließ seinen Blick durch das winzige Gelaß wandern, und wie schon viele Male davor rätselte er auch jetzt, was es mit der grotesken Ausstattung auf sich haben mochte: Es ist eine kümmerliche Bude, und doch ist sie anders als das übrige Schiff, das so aussieht, als wäre der letzte Anstrich vor dreißig Jahren erfolgt. Vom Spiegel, von den Lampen, dem Waschbecken, dem WC und den paar Sperrmüll-Möbeln abgesehen, wirkt sie nicht wirklich verkommen, nicht wie in dreißig Jahren verwohnt, eher wie im Rohzustand belassen. Zum Beispiel das Bad. Es ist ein Witz. Die Keramikteile sind vergilbt und haben abgeplatzte Stellen, sehen, genau wie die Möbel hier, so aus, als hätte man den Plunder aus einer aufgegebenen

Jugendherberge geholt, aber die Leitungen sind neu! Ich bin sicher, das ganze Logis wurde erst kürzlich geschaffen und nur auf alt getrimmt. Was soll das? Oder gehörte meine Zelle früher zur Kapitänskajüte? Hat man die geteilt, um Platz zu haben für mich? Das Bullauge scheint noch aus der Zeit zu stammen, in der dieser Kasten vom Stapel lief, vermutlich in Rußland, denn am Korbverschluß sind kyrillische Buchstaben ins Messing gestanzt. Zu welcher Reederei das Schiff wohl gehört? Was wird die sagen, wenn sie erfährt, daß einer ihrer Kapitäne da ein ganz linkes Ding gedreht hat? Oder hat er den Kahn für diese eine Reise gechartert? Kann ich mir nicht vorstellen, denn so was kostet.

Er holte sich eine Zigarette, zündete sie an, legte sich wieder hin. Schon am zweiten Tag seiner Gefangenschaft hatte er von den Zigarren abgelassen. Zigarren, so empfand er, waren etwas für behagliche Stunden in großen Räumen. Sie paßten einfach nicht zu einem Zwangsaufenthalt in einem Sechs-Quadratmeter-Verlies, und sie an Oberdeck zu rauchen, womöglich bei Wind und Seegang, gefiel ihm schon gar nicht.

Was haben die mit mir vor? Eine Lektion erteilen, sagten sie. Was heißt das? Kielholen? Glaub' ich nicht. Die wissen genau, das würd' ich nicht überleben.

Vielleicht geht die Reise ja an einen Ort mit symbolischer Bedeutung, zu den Bermudas nämlich, und da zeigt dieser idiotische Friese dann aufs Wasser und sagt: Hier unten! Hier liegen sie, die dreizehn! Und vor lauter Eifer ist ihm nicht klar, daß das Stück Meer, auf das er zeigt, keinen Deut anders aussieht als ein Stück Husumer Hafenbecken. Irgend so was Albernes wird er sich ausgedacht haben. Und nebenher serviert er mir Steaks und Drinks und saubere Wäsche, denn inhuman, nein, das will er nicht sein. Er will nur den Schulmeister spielen und mich ansonsten mästen.

Apropos Mästen. Ich könnte ihm einen Strich durch

die Rechnung machen und in den Hungerstreik treten. Ich würde vom Fleisch fallen, und dann hätte er eine Geisel mit gesundheitlichen Problemen. Aber ich weiß nicht, wie lange dieser Zirkus dauern soll. Vielleicht ist in drei Tagen alles zu Ende, und in so kurzer Zeit schaffe ich's nicht, mich beim Von-Bord-Gehen den Presseleuten als Gerippe zu präsentieren. Außerdem schmeckt das, was dieser Nickelsen auf den Tisch bringt, viel zu gut. Vielleicht sollte ich meine Leute in Zukunft so ähnlich verproviantieren. Nein, lieber doch nicht. Immerhin sind es zweihundert Männer. Zweihundert mal dreihundertfünfundsechzig …, da käme ganz schön was zusammen. Ich könnte einen mittleren Weg wählen, irgendwas Vernünftiges zwischen opulent und frugal. Aber das Allerwichtigste wird nach meiner Freilassung natürlich sein, den Abeling hinter Gitter zu bringen.

Das Schiff machte nun ruhige Fahrt. Es gingen keine Stöße mehr durch den stählernen Leib. Er drückte den Rest seiner Zigarette aus, was er noch aus dem Liegen besorgen konnte, weil Tisch und Bett so dicht beieinanderstanden, als wären sie zusammengeleimt. Überhaupt, es war eng wie in einem U-Boot, und er war froh, daß man ihn wenigstens tagsüber nach draußen ließ.

Es war noch hell, denn das Abendessen wurde immer schon um sechs Uhr serviert. Zwischen neun und halb zehn war dann Zapfenstreich, und man schloß ihn ein. Das machte jedesmal dieser verdammt arrogante Kannegieter. Vielleicht, dachte er, haben sie ja die Vorstellung, ich könnte mir in der Nacht was antun, zum Beispiel über Bord springen.

Er verließ seine Kammer, ging an Oberdeck, stellte sich an die Reling. Es war angenehm warm. Ein leichter Nieselregen kam herunter, benetzte das rostige Gestänge. Zu seiner Überraschung entdeckte er einen sich ganz schwach vom grauen Himmel abhebenden Küstenstreifen am Horizont. Er überlegte: Wir sind seit acht Tagen auf See. Von Husum aus waren wir vier Stunden mit dem Auto unterwegs. Ich tippe, daß wir in der Deutschen Bucht gestartet sind. In Dänemark jedenfalls nicht, weil ein Grenzübertritt für sie zu heikel gewesen wäre. Bremen, Bremerhaven, Wilhelmshaven, Emden, einer dieser Plätze wird es gewesen sein. Acht Tage also und jetzt etwa zwanzig Grad Lufttemperatur …, da käme die Westküste von Spanien oder Portugal in Frage, vielleicht von Nordafrika. Oder sie haben in der letzten Nacht die Straße von Gibraltar passiert und fahren nun durchs Mittelmeer. Die andere Route, von Husum aus an die Ostsee und dann Leinen los in Kiel, Lübeck, Rostock oder Wismar, kommt mit den acht Tagen nicht hin; dazu ist die Ostsee zu klein. Und rauf nach Norden kann es auch nicht gegangen sein, denn dann wär' es entschieden kälter.

Ein junger Mann, mittelgroß, schlank, schwarzhaarig, deutlich erkennbar das linke Bein nachziehend, trat, einen Eimer in der Hand, etwa drei Meter von ihm entfernt an die Reling und kippte Küchenabfälle ins Meer.

»Wo sind wir?« fragte Schottmann ihn auf englisch.

Der Bursche kam einen Schritt näher.

»Im Atlantik«, sagte er.

»Wo da?« Schottmann zeigte auf die Küste. »Was für ein Land ist das da vorn?«

»Europa.«

»Geht es nicht ein bißchen genauer?«

»Wie bitte? Mein Englisch ist nicht gut.«

»Welches Land?«

»Tut mir leid.«

»Wie heißen Sie?«

»Ignacio.«

»Wo ist Ihr Zuhause?«

»In Mexiko. Aber ich muß jetzt arbeiten.« Er schwenkte den leeren Eimer ein paarmal hin und her und ging auf die mittschiffs sitzende schwere Eisentür zu, zog sie auf, stieg über das kniehohe Süll.

Einer aus dem Fußvolk, dachte Schottmann, das wahrscheinlich keine Ahnung hat, was hier abläuft, und nur so plappert, wie man's ihm eingetrichtert hat. Der Verrückte hat ein paar Überlebende der ANABEL um sich geschart und den Rest der Mannschaft vermutlich aus aller Herren Länder zusammengeklaubt, aus Mexiko und Australien, aus Rußland und Indonesien, aus den entlegensten Ecken der Welt, wohin sie wieder verschwinden, wenn diese Sache zu Ende ist, so daß es schwierig sein wird, sie als Zeugen heranzuziehen. Aber die Hauptakteure gehen mir nicht durch die Lappen! Vier zumindest kenne ich, hab' sie bei der Befragung erlebt, allen voran den Trauerkloß, dann seinen Vize, der sich nicht scheute, vor allen Leuten das Hemd auszuziehen, um ihnen, wie er sich ausdrückte, die Riesenschweinerei seines Reeders vor Augen zu führen, und derart vom Leder zog, als hätte ich ihm den Container eigenhändig ins Kreuz geschmettert. Dann den III WO, den Andalusier, den Mann aus meiner Wahlheimat, der großspurig verkündete, er sei sowohl Spanier als auch Chilene und in seinen beiden Heimatländern hätte er noch kein so verrottetes Schiff gesehen wie die ANABEL. Der Spinner! Man kennt doch die schlampigen Latinos. *Mañana, mañana!* Und das soll plötzlich für die Wartung ihrer Schiffe nicht mehr gelten? Ich hab' den Mann hier an Bord gesehen. Auch der wird sich noch umgucken! Genauso wie der Koch, der gar nicht wieder aufhören wollte mit seinem Küchenpalaver. Ich hätte die Männer, sagte er, wenn sie nicht durch die schrottreife Maschine oder durch die Überladung umgekommen wären, auch durch meine Proviantlieferungen verlieren können; schließlich sei ein alter Mexikaner an meiner vergammelten Wurst gestorben.

Mexikaner? Und der Knabe eben? Er kriegte den

Mund zwar kaum auf, aber das sagte er laut und deutlich: Mexiko. Fast herausfordernd kam es, so als meinte er, bei mir müßte da was klingeln. Womöglich ist auch er ein Racheengel. Der Fünfte.

Der Regen wurde stärker, und die grauen Hügel verschwanden in seinem Dunst. Nur ein Leuchtfeuer brach sich noch Bahn.

Ich glaub', ich geh' jetzt besser in meine Zelle. Ist mir lieber, als wenn sie mich holen.

Gerade wollte er die Treppe zum Captains-Deck hinaufsteigen, da verspürte er eine Bewegung im Schiff, die anders war als das gleichförmige Sich-Wiegen. Und jetzt sah er es auch: Der Bug schwenkte nach Backbord und das nicht nur um ein paar Grade, nein, das Drehen dauerte an. Der Dampfer beschrieb einen großen Bogen.

Nanu, dachte er, was für ein Manöver soll das denn werden? Vielleicht geht's ja um ganze neunzig Grad nach Backbord und dann auf das da vorn liegende Land zu. Welches wohl? Europa, erklärte der Indio, und bestimmt hat er Anweisung, mir keine brauchbaren Auskünfte zu geben.

Was? Noch weiter herum? Wollen die mich womöglich zurückbringen? Haben sie Schiß gekriegt?

Der Bogen spannte sich in der Tat immer weiter und hörte erst auf, als das Schiff auf Gegenkurs gegangen war.

Er setzte seinen Weg fort, stieg die Treppe hinauf. Oben angekommen, stieß er auf Kannegieter.

»Na, haben Sie sich verfahren?« höhnte er.

»Wieso?«

»Sie haben doch eben 'ne Kehrtwendung gemacht.«

Aber so leicht war der Holländer nicht herauszufordern. »Was?« sagte er, »Sie haben mitgekriegt, daß wir einen Hundertachtzig-Grad-Turn über Backbord gefahren sind? Mann, Sie lernen ja! Das muß ich sofort dem Käpten erzählen.«

32.

Es war Camacho, der die Erregung der Gemüter heraufbeschwor. Abeling, Kannegieter, Nickelsen und er hatten über den beharrlichen Leerlauf ihrer Aktion debattiert. Entsprechend mißmutig war die Stimmung, als er sagte:

»Ich hab' das Gefühl, die Sache läuft uns aus dem Ruder.«

Wenn er sich nicht seemännisch ausgedrückt, sondern vielleicht nur gesagt hätte *sie geht schief* oder *sie funktioniert nicht*, wäre Abeling weniger aufgebracht gewesen. Bei Worten jedoch, die sich so anhörten, als liege ein nautisches Versagen vor, packte ihn der Zorn.

»Okay, will jemand aussteigen?« Barsch und frostig kam seine Frage.

Natürlich wußten die anderen, was er damit meinte, denn wie sollte man wohl aussteigen mitten auf dem Meer? Aber auch die übertragene Bedeutung kam für sie nicht in Betracht. Jeder von ihnen, ob er nun navigierte oder fürs Essen sorgte, wurde schließlich an Bord gebraucht.

Kannegieter, verärgert über die unbeherrschte Reaktion seines Kapitäns, schlug mit der Faust auf den Tisch. »Leute«, raunzte er, »etwas mehr Besonnenheit, wenn ich bitten darf! Ihr seid ja so total durch den Wind wie 'ne frisch angestochene Jungfrau.«

»Red bloß nicht vom Wind!« raunzte Abeling zurück, aber es klang schon wieder halbwegs versöhnlich.

Sie saßen in der Messe. Es war Viertel nach eins in der Nacht. Das Wendemanöver vor Cap Ortegal war vor achtundzwanzig Stunden erfolgt. Am frühen Morgen hatte Abeling erneut die Richtung geändert. Sie hielten nun auf die Azoren zu, denn für das Gebiet dieser Inselgruppe hatten die Meteorologen ein kräftiges Sturmtief vorausgesagt. Das Problem war nur: Die Reise dorthin bedeutete einen Weg von knapp tausend Meilen, würde also drei Tage dauern, und bis dahin konnte der Sturm sich wieder gelegt haben.

Camacho trank seinen Kaffee aus und beeilte sich, wieder auf die Brücke zu kommen, denn er hatte die Wache. Einen Dritten Offizier fuhr die RASPUTIN nicht. Da während dieser ganz besonderen Reise nur Eingeweihte auf der Brücke stehen sollten, hatte Abeling dessen Aufgaben mitübernommen.

»Und wenn das Wetter uns auch bei den Azoren versetzen sollte«, schon wieder donnerte Kannegieters Faust auf den Tisch, »dann – verdammt und zugenäht! – fahren wir in unsere sturmerprobte Gegend, Bermudas, Bahamas, Florida, Golf von Mexiko, und kreuzen so lange, bis uns da ein Charly oder James oder John auf die Hörner nimmt.«

»Klingt markig«, sagte Heiner Nickelsen, »aber als Küchenbulle kann ich nicht beurteilen, ob dein Vorschlag wirklich gut ist oder bloß wütend.«

»Es dauert neun Tage, bis wir drüben sind«, gab Abeling zu bedenken.

»Da wir bis jetzt sowieso nur hin und her geschippert sind«, entgegnete Kannegieter, »ist die Dauer der Anreise scheißegal. Außerdem haben wir von den neun Tagen schon einen rum, na ja, und während der acht verbleibenden könnte sich ja auch noch was tun.«

»Könnte, könnte, könnte!« Abeling schüttelte den Kopf. »Ein Tag reiht sich an den anderen, und nichts passiert. Schottmann wird längst denken, wir sind mit unserem Latein am Ende, und wenn wir jetzt einen langen Atlantik-Törn dranhängen, kriegt er noch mehr Oberwasser.«

»Was haltet ihr davon«, fragte Nickelsen, »wenn wir ihm eine nächtliche Unterrichtsstunde verpassen? Zu jedem Lernprozeß gehören Theorie und Praxis, und jetzt ist eben erstmal die Theorie an der Reihe. Sobald wir einen Sturm haben, kommt das andere, das *learning by do-*

ing. Ich finde, wir schaffen ihn her, und zwar sofort, und heizen ihm ordentlich ein!«

Abelings Miene verriet Skepsis, und auch Kannegieter zeigte sich nicht erbaut von dem Vorschlag.

»Das ewige Bangemachen bringt nichts«, sagte er. »Drohungen hat er mittlerweile genug gehört. Wenn wir ihn jetzt aus dem Schlaf reißen, nur um ihm zu sagen: Warte, du Böser, sobald der Wind kommt, machen wir was ganz Schlimmes mit dir!, dann grinst der doch bloß. Nein, Leute, beim nächsten Schritt muß was Drastisches her.«

»Er hat recht«, sagte Abeling. »Am besten machen wir erstmal Schluß, und morgen sehen wir weiter.«

Die beiden anderen stimmten zu.

Nickelsen ging in seine Kammer, aber Kannegieter blieb noch bei Abeling in der Messe, schenkte ihm und sich selbst Bier und Korn ein.

»Ich kann nicht schlafen«, sagte er, »und du wahrscheinlich auch nicht.«

»Hast recht.«

Sie schwiegen eine Weile.

»Ich muß immer wieder an das denken«, sagte Abeling schließlich, »was ich dem Assi versprochen hab', bevor wir ihn über die Kante kippten. Daß sein Tod nicht ungesühnt bleiben darf und daß Schottmann seine Schiffe in Zukunft anders führen muß. Ganz genauso hab' ich's wohl nicht gesagt, aber doch dem Sinne nach. Jedenfalls steh' ich bei ihm im Wort. Übrigens, du warst auch ziemlich mitgenommen, als Cabrera im Meer versank. Wir haben nie darüber gesprochen, aber ich hab' dich weinen sehen.«

»Quatsch! Das war wegen meines Rückens. Das waren die Schmerzen.«

»Waren sie nicht. Wir hatten dich ja mit Morphium abgefüllt. Ich hab' damals gedacht: Dieser sonst so ruppige Mann, jetzt heult er endlich mal los. Mal nicht die harte Tour und auch nicht die flapsige. Kannst doch ruhig zugeben, daß du damals geflennt hast.«

»Caramba, jetzt weiß ich's!« Kannegieter sprang abrupt auf, packte Abeling bei den Schultern, schüttelte ihn und rief: »Ich hab's, ich hab's!«

»Was denn?«

»Ich weiß die Lösung! Ich weiß, wie wir's ohne Sturm machen können.«

»Nämlich?«

Kannegieter setzte sich nicht wieder hin, sondern begann, auf und ab zu gehen, sehr energisch, immer wieder von einer Seite der Messe zur anderen, und ein paar Augenblicke lang befanden sich seine hämmernden Schritte im Einklang mit dem Stampfen der Maschine. Endlich blieb er stehen, sah Abeling an:

»Umgekehrt muß es laufen.«

»Was? Wieso? Red Klartext!«

»Wir warten hier so gottergeben auf den Wind, damit wir, wenn er endlich kommt, ins Freifallboot gehen können, um Schottmann für 'ne Weile seinem Schicksal zu überlassen. Aber er kommt nicht, der Wind. Er läßt uns im Stich. Also drehen wir den Spieß um, bleiben auf der RASPUTIN und setzen unsern Mann ... natürlich nicht in das Boot, aber auf eine der beiden Rettungsinseln. Dann kriegt er's auch ohne Sturm ganz dicke, weil er mutterseelenallein auf dem kleinen Gummiteller unterwegs ist. Da schafft schon die Windstärke vier, was auf dem großen Pott erst ab neun oder zehn läuft.«

»Du, das ist genial!«

Abelings Antwort feuerte den Holländer an:

»Nicht wahr? Mann, jetzt kriegen wir ihn dahin, wo wir ihn haben wollen, und das ohne den Riesenapparat, der uns vermutlich sowieso einen Haufen Probleme bereitet hätte. Dann treibt er ..., du hast mir die Geschichte doch mal erzählt, in der See herum wie deine Ahnfrau als Baby in der Wiege oder Kiste. Oder auch wie Moses in seinem Bastkorb, bis die Königstochter ihn im Schilf fand. Oder – wozu in die Ferne schweifen? – wie wir! Dann hat er's authentisch, hat für ein paar Tage unseren Bermuda-Trip *live*, nur daß der irgendwo im Iberischen Becken stattfindet. Er kriegt genügend Proviant mit und Trinkwasser, auch Tabletten gegen Migräne und Schnupfen, von mir aus sogar 'ne Ladung Morphium, wobei zu hoffen ist, daß er sich nicht einfach abschaltet, ohne überhaupt Schmerzen zu haben. Wer weiß, wie belastbar so ein reichgewordener Zeitgenosse ist. Und ein Fernglas kriegt er und natürlich Signal-Raketen, dazu 'ne Schwimmweste und ein bißchen Tauwerk. Er kriegt alles, was wir hatten, nur, genau wie wir, kein eigenes Funkgerät. Aber wir bauen, gut versteckt, einen Sender in die Vinyl-Wand, damit wir ihn jederzeit orten können, denn natürlich darf der Kerl uns nicht abhanden kommen. Dazu packen wir einen Akku als Verstärker.«

»Diese Top-Variante«, sagte Abeling, »hätten wir Blindgänger schon vor einer Woche in der Nordsee haben können. Wirklich, deine Idee ist grandios!«

»Ja. Aber hör zu, ich schieb' noch 'ne zweite nach. Der Geizkragen hat uns damals ja höchst minderwertige Rettungsinseln aufs Schiff gepackt. Ich schätze, die hatte er sich auf einem malaysischen Flohmarkt besorgen lassen. Die eine war zwar mit dem Nötigsten ausgestattet, aber doch uralt, hatte zum Beispiel keine Bedachung. Also kriegt er auch keine. Wir knöpfen sie, bevor wir ihn reinsetzen, einfach ab. Soll er sehen, wie er klarkommt! Wir mußten es auch.«

»Einverstanden«, erklärte Abeling. »Endlich kommt die Sache ins Rollen. Wir sind als Gangster keine Profis, haben Fehler über Fehler gemacht, aber jetzt steht der Plan. *Learning by doing*, so hat Nickelsen es genannt, und genau das soll Schottmann ein paar Tage lang machen. Wir wollen nur hoffen, daß ihn nicht schon nach zwei oder drei Stunden jemand auffischt.«

»Das wird schon nicht passieren. Glaub mir, nun kriegen wir den Großkotz kirre! Der macht Schluß mit Habgier und Hochmut.«

»Ja, das meine ich auch.«

»Und wenn wir dann kommen, um seine Qualen zu beenden, und er uns am Horizont auftauchen sieht und noch nicht weiß, wer wir sind, dreht er fast durch vor Freude. So wie wir damals. Er schießt seine Raketen ab, und wir antworten. Er kann sich nicht lassen vor Glück, bis ihm schließlich dämmert, wer da auf ihn zudampft. Zuerst erkennt er unseren Achterhuker, aber er weiß, daß es davon viele gibt, und ist sich noch im Zweifel. Doch wenn wir näherkommen und er sich sagen muß, daß es einen solchen Rosthaufen wohl kaum ein zweites Mal gibt – die ANABEL ist ja weg –, wird das Ganze ein höchst zweischneidiges Erlebnis für ihn. Aber ich bin sicher, seine Freude überwiegt. Also, wann machen wir's?«

»Auf jeden Fall nachts, weil die Crew das nicht mitkriegen soll. Einem herumräsonierenden Passagier über den Weg zu laufen oder mit anzusehen, wie der außenbords geht, das sind zwei verschiedene Paar Schuhe. Da die Sache zu viert besprochen und vorbereitet werden muß, schaffen wir es heute natürlich nicht mehr, obwohl es mir in den Fingern juckt. Sagen wir, morgen. Bald nach dem Wachwechsel, gegen ein Uhr.«

Noch gut eine Stunde lang erörterten sie die Einzelheiten des so überraschend abgeänderten Programms. Dazu gehörte auch, sich zu überlegen, wo und wie sie, um die Funkpeilung zu gewährleisten, den Sender in die Wand der Rettungsinsel einbauen sollten, was ja nur in aufgeblasenem Zustand, also nach Wasserung, möglich sein würde. Sie beschlossen, diese doch recht komplizierte Arbeit vom Heck des Schiffes aus vorzunehmen, während die RASPUTIN keine Fahrt machte, und Schottmann für die Dauer des Eingriffs nicht an Deck zu lassen. Den durfte er ja auf keinen Fall mitbekommen, denn sonst wüßte er, sie hatten ihn an der langen Leine, und er war nicht wirklich in Gefahr.

33.

Es war die folgende Nacht. Sie befanden sich auf der Position 43 Grad 16 Minuten nördlicher Breite und 17 Grad 33 Minuten westlicher Länge, somit ungefähr vierhundertfünfzig Seemeilen westlich von Kap Finisterre.

Der Wind kam mit Stärke drei aus Südost. Die Lufttemperatur betrug achtzehn Grad. Ein paar Sterne blinkten am Himmel, und ein schmales Stück Mond warf sein bleiches Licht übers Wasser. Die Maschine der RASPUTIN war gestoppt. Um Lärm zu vermeiden, hatten sie statt des Fallreeps nur die Jakobsleiter an Backbord heruntergelassen.

Zu dritt kletterten sie die von Stricken gehaltenen hölzernen Sprossen hinab, vorn Piet Kannegieter, in der Mitte Georg Schottmann, dann Meinert Abeling. Camacho und Nickelsen verfolgten, so gut es im schwachen Mondlicht möglich war, das Geschehen von ihren Plätzen aus; der eine stand auf der Backbordbrückennock, der andere lehnte an der Reling.

Vor der untersten Sprosse lag, mit Hilfe der Bergeleine vertäut, die Rettungsinsel. Kannegieter betrat ihre kleine Einstiegsrampe, drehte sich um, wollte Schottmann das Überwechseln erleichtern und hielt ihm seine Hand hin, doch der stieß sie mit einer brüsken Bewegung zur Seite.

»Soweit kommt es noch, daß ich mir von Ihnen helfen lasse!« fauchte er.

Kannegieter stieg über die wulstige Wand, und auch Schottmann setzte über. Als letzter kletterte Abeling hinein. Er zog eine Stabtaschenlampe aus der Jackentasche, schaltete sie ein und legte sie auf dem Boden ab, so daß ein kleiner Lichthof entstand.

Da das Floß durch den Übertritt der Männer gehörig ins Schwanken geraten war, setzte Schottmann sich hin. »Kommen Sie mir bloß nicht zu nahe!« sagte er, als die beiden anderen seinem Beispiel folgten.

»Keine Angst«, entgegnete Abeling, »Sie sind uns sowieso gleich los, aber vorher gibt's noch 'ne kurze Durchsage. Dies alles, das nach einem schändlichen Verbrechen aussieht, ist nichts anderes als ein Akt der Gerechtigkeit.«

»Sparen Sie sich Ihre Tiraden!« brauste Schottmann auf. »Mit Kriminellen rede ich nicht, ebensowenig mit Psychopathen.«

»Dann beschränken Sie sich eben aufs Zuhören«, beharrte Abeling. »Also: Damals, bei den Bermudas, hatten neunzehn Männer den Tod vor Augen. Dreizehn von ihnen mußten sterben. Die sechs übrigen bekamen eine Chance, allerdings nicht durch Sie. Trotzdem kriegen auch Sie eine. Wir befinden uns rund fünfhundert Meilen nordöstlich von São Miguel. Das ist eine der Habichtsinseln, wie die Azoren ja auch genannt werden. Das Meer hier um uns herum ist das Iberische Becken, und unser Standort ist ungefähr in der Mitte zwischen den Inseln und dem spanischen Festland. Wir werden Sie jetzt verlassen, denn in acht Tagen müssen wir in Fort Lauderdale Ladung nehmen, Stückgut und Container für Bremerhaven. Aber was nun Sie angeht: Ihr weiterer Weg ist abhängig vom Schiffsverkehr und vom Wetter. Vielleicht ist Gott gnädig mit Ihnen, und man findet Sie schon heute früh nach Sonnenaufgang. Kann aber auch sein, daß es länger dauert. Wasser und Proviant reichen für vierzehn Tage. Und bei uns sieht es wie folgt aus: Wenn wir in Fort Lauderdale angekommen sind, gibt es vier Möglichkeiten. Nummer eins: Sie wurden frühzeitig gefunden, lebend, sind nach Deutschland zurückgekehrt und haben die Justiz eingeschaltet. Dann hätten wir nach dem Festmachen das FBI an Bord. Man würde Kannegieter und mich verhaften und eine Weile später der deutschen Gerichtsbarkeit ausliefern. Möglichkeit Nummer zwei: Sie werden lebend gefunden, kehren nach Deutschland zurück und halten über das, was hier an Bord und auch schon vorher, zwischen Brunsbüttel und Husum, passiert ist, den Mund, weil Sie auf dem Floß zu der Einsicht gelangt sind, daß Ihnen nichts anderes widerfahren ist als uns Überlebenden der ANABEL und es also keinen Grund gibt, vor Gericht zu ziehen. In diesem Fall müßten Sie eine Geschichte erfinden, die Ihren Aufenthalt auf der Rettungsinsel erklärt. Drittens: Sie werden tot geborgen, vielleicht nach einigen Wochen, jedenfalls zu einer Zeit, in der Ihre Vorräte verbraucht waren. Dann wären wir ebenfalls aus dem Schneider, da uns kein Mensch mit Ihrer Odyssee in Verbindung bringen würde. Und schließlich viertens: Sie werden nie gefunden. Sie sehen, es steht drei zu eins für uns.«

Schottmann schwieg zunächst, aber dann brach es doch aus ihm heraus:

»Was für eine Hybris! Sie reden von Gott, und in Wirklichkeit maßen Sie sich seine Rolle an. Abeling, Sie kommen in den Knast und Ihr Komplize ebenso! Mehr habe ich zu Ihrem Piratenstück nicht zu sagen.« Er öffnete, so als wären die beiden anderen plötzlich nicht mehr vorhanden, eine der an den Innenwänden der Rettungsinsel angebrachten Taschen, zog ein Paket Zwieback heraus, riß es auf und fing an zu essen.

»Donnerwetter, 'ne starke Nummer, die Sie da abziehen!« sagte Kannegieter und wandte sich dann an Abeling. »Wir sollten jetzt gehen«, meinte er und machte Anstalten, über den Rand zu klettern, drehte sich gleich darauf aber doch noch einmal um und sagte zu Schottmann: »Übrigens, wenn Sie auf ein längliches rotes Paket stoßen, das im Meer treibt, dann ist das Luis Cabrera, unser Assi von der ANABEL. Schade, daß Sie an der Seebestattung nicht teilgenommen haben.«

Schottmann überging den makabren Hinweis. »Und wo sind die Zigaretten?« fragte er nur.

»In einer der Taschen«, antwortete Abeling. »Sogar daran hat der Ausrüster gedacht.«

»Ist ja wohl das mindeste! Aber ich garantiere Ihnen, Sie kriegen noch eine Menge Ärger, nicht nur mit der Justiz, sondern auch mit Ihrer Reederei. Es gibt keinen Eigner, der das, was Sie auf dem Ihnen anvertrauten Schiff gemacht haben, billigt.«

»Doch«, antwortete Kannegieter, »unser Eigner tut das. Darauf geb' ich Ihnen Brief und Siegel. Also dann!« Er stieg über die Wand. Abeling folgte ihm. Die Taschenlampe hatte er zurückgelassen. Er kappte die Bergeleine und kletterte, wie Kannegieter, die Jakobsleiter hinauf.

Als sie wieder an Deck waren, holte Heiner Nickelsen die Leiter ein. Die RASPUTIN nahm, zunächst mit halber Kraft, wieder Fahrt auf. Zu dritt sahen sie dem rötlichen Schimmer nach, der schwächer und schwächer wurde und schließlich ganz verschwand.

Sie gingen in die Lotsenkammer, überzeugten sich davon, daß das Signal gut zu hören war. Danach suchten sie die Brücke auf. Abeling ordnete »Volle Fahrt voraus!« an.

Sie setzten ihre Reise fort, aber natürlich wollten sie nicht nach Fort Lauderdale in den USA, sondern nur ein Stück westwärts und dann damit beginnen, die Rettungsinsel weitläufig zu umrunden, immer orientiert an den in der Lotsenkammer eingehenden Signalen.

34.

Unter anderen Gegebenheiten, zum Beispiel von seiner andalusischen Badebucht aus betrachtet, hätte ihn das riesige, im Osten aus dem Meer auftauchende Gold berauscht. So jedoch, versetzt in eine Ungewißheit, an deren Ende der Tod stehen konnte, knüpfte er an die sich von Minute zu Minute weiter ausbreitende Helligkeit nur den einen Gedanken: Bringt sie mir ein Schiff?

Schon eine Weile vorher, beim ersten Dämmer, als die rötlich-gelbe Vorhut des Goldes sichtbar geworden war, hatte er mit seinem Glas immer aufs neue den Horizont abgesucht. Das tat er auch jetzt in regelmäßigen Abständen, hielt verbissen Ausschau, hoffte inständig, daß irgendeine Kontur sich von der Kimm abzuheben begänne. Aber er fand nichts außer einigen Wolkenfetzen, die so eindeutig zur Himmelszeichnung gehörten, daß sie keine Verwechslung zuließen.

Er hatte lange vor der wulstigen Wand gekniet, aber nun taten ihm die Beine weh, und er drehte sich um, lehnte sich gegen die Umrandung. Sein Blick wanderte über die an der Innenseite angebrachten Taschen, und gleich darauf nahm er das Fernglas ab, befestigte den Riemen an einer Schlaufe und öffnete eine Tasche nach der anderen, wollte die Ausrüstung, die man ihm mitgegeben hatte, untersuchen. Er zog alles hervor, breitete es vor sich aus. Da kam viel zusammen: Kappmesser, Schöpfbecher, Blasebalg, Paddel, Wurfring, Regenauffangbeutel und Schwimmweste; außerdem reichlich Proviant und mehrere Kanister mit Trinkwasser. Auch ein gefüllter Medikamentenkasten und verschiedene Werkzeuge waren vorhanden, ebenso Ersatzbatterien für die Taschenlampe, Leuchtspurmunition und sogar ein Thermo-Anzug. Sie haben an alles gedacht, resümierte er, nur nicht an ein Funkgerät, oder wohl dran gedacht, es mir aber aus pädagogischen Gründen vorenthalten. Immerhin sind sie die Oberlehrer der Nation. Am Schluß also vielleicht die Todesstrafe, doch weil sie überspannt sind, vor allem der verrückte Friese, wollen sie es schicksalhaft, mit ein bißchen Fügung dabei, so daß ich, sollte ein Schiff auftauchen, nochmal davonkomme. Immer wieder diese Hybris, diese unglaubliche Vermessenheit!

Er machte sich daran, alles wieder einzuräumen, tat es mit großer Sorgfalt.

Die Sonne stand jetzt schon recht hoch. Er zog seinen Pullover aus. Es war der hellgraue aus Kaschmir, den Marianne in Marbella für ihn gekauft hatte. Auch das Hemd legte er ab.

Plötzlich verspürte er Hunger und Durst. Er öffnete eine der Provianttaschen, suchte die Konservendosen mit Corned beef, Brot und Butter heraus, schenkte Trinkwasser in einen Metallbecher und hielt Mahlzeit. Zwischendurch nahm er mehrfach das Glas zur Hand, ließ es kreisen, richtete dabei den Blick unentwegt auf jene Linie, an der Himmel und Meer aufeinanderstießen und an der sich, wenn es denn eintreffen sollte, das Wunder zeigen würde.

Aber es blieb aus.

Er wußte, daß die Schiffahrtsstraße, die von Europa aus nach Südwest-Afrika führte, durch das Iberische Becken ging. Doch ebenso wußte er, daß es sich bei solchen Korridoren nur um empfohlene Routen handelte und die Kapitäne, sobald sie die Hoheitsgewässer der Anrainerstaaten verließen, freie Hand hatten und diese Strecken, auf den Karten als dunkelblaue Bahnen eingezeichnet, außer acht lassen durften.

Wie groß, dachte er, ist das verdammte Iberische Becken? Er machte eine skurrile Rechnung auf, gab dem Becken eine Länge und eine Breite von jeweils dreihundertfünfzig Meilen, was, wie er sehr wohl wußte, höchst willkürlich war, weil es sich nicht um ein exakt berechenbares Binnengewässer, sondern um die offene, an ihren Rändern in den Ozean übergehende See handelte. Aber er war nun mal aufs Rechnen aus, wollte unbedingt herausfinden, wie groß oder auch wie klein seine im Meer treibende Plastikscholle war im Vergleich zu dem Gebiet, in dem sie sich befand.

Die Rettungsinsel war rund und hatte einen Durchmesser von etwa drei Metern. Er kannte die für die Berechnung von Kreisen erforderliche Ludolphsche Zahl, kam mit ihrer Hilfe auf einen Flächeninhalt von ungefähr sieben Quadratmetern. Und dann multiplizierte er überschlägig, um die andere, die große Fläche zu errechnen, und wußte schließlich: Das Iberische Becken war viele Milliarden mal so groß wie seine Insel! Das munterte ihn natürlich nicht auf. Im Gegenteil, ihm war nun endgültig klar, daß es sich bei seinem Floß um die berühmte Nadel im Heuhaufen handelte.

Er räumte die Konserven wieder ein, lehnte sich erneut gegen die Wand, dachte an Marianne und Rüdiger. Wie mögen sie fertigwerden mit meinem Verschwinden? fragte er sich. Daß ich mich klammheimlich davongemacht haben könnte, werden sie nicht eine einzige Sekunde lang erwägen, denn sie wissen genau, wie sehr ich an allem, was ich aufgebaut habe, hänge. Also gehen sie von einer Entführung aus oder sogar von Mord. Ob sie, wenn die Kriminalpolizei nach möglichen Tätern fragt, auf den Neurotiker von Sylt kommen? Ich fürchte, nein. Okay, ich hab' ihn gefeuert, und das ist ihnen bekannt, aber sie werden nicht im Traum daran denken, daß er sich auf diese Weise rächen könnte.

Er kramte ein Päckchen Zigaretten hervor, zündete sich eine an, benutzte dabei das Feuerzug, das in der Hemdtasche gesteckt hatte. Es war ein Geschenk. Seine Angestellten hatten es ihm zum fünfzigsten Geburtstag überreicht, und sie hatten sich dabei nicht lumpen lassen. Es war von Cartier.

Gegen Abend nahm der Wind zu. Die Schwankungen der Rettungsinsel wurden stärker, und von Zeit zu Zeit setzten Spritzer über die Kante, besprühten ihn und benetzten den Boden. Das war nicht weiter schlimm, aber die Angst, der Wind könnte sich zum Sturm auswachsen, machte ihm zu schaffen, und so legte er schon mal ein Bündel Seile bereit, um sich, falls es nötig werden sollte, damit zu sichern.

Was ihm schon auf der RASPUTIN zugesetzt hatte, war hier, auf der ungleich heftiger schwankenden Insel, noch unangenehmer. Ihm wurde übel, und nur unter Mühen konnte er den von Zeit zu Zeit einsetzenden Brechreiz unterdrücken.

Erst gegen zwei Uhr in der Nacht kam die Müdigkeit. Zum Glück hatte der Wind nicht mehr zugenommen, aber er blies doch noch so stark, daß sein Fahrzeug hin und wieder Wasser übernahm. Drei oder vier Liter mochten sich inzwischen in den abgesteppten Nähten des Isolierbodens angesammelt haben. Darum lenzte er nun, wischte den Rest mit einem Lappen auf. Danach schaltete er die Taschenlampe ein, band sich eine der Leinen um den Bauch und befestigte sie an einer Schlaufe. Er hielt seine Armbanduhr ins Licht. Es war 2.24 Uhr. Er legte sich hin, schlief kurz darauf ein.

Als er erwachte, war wieder das Gold da. Es war wie am Morgen davor, ein Bild zum Staunen, ein prächtiges Naturschauspiel, dem er sich gewiß hingegeben hätte, wenn es jetzt nicht ausschließlich darum gegangen wäre, ein Schiff aufzuspüren. Aber wohin er auch blickte, ob nach Osten oder Westen, nach Norden oder Süden, das Meer hielt keinen Hoffnungsschimmer bereit. Im Gegenteil, der Wind hatte gegen Morgen erneut zugenommen, und die Rettungsinsel machte beängstigende Sprünge, so daß er es vorzog, angebunden zu bleiben. Doch gab er sich etwas mehr Leine, damit er an die Vorräte herankommen konnte.

Er frühstückte. Es wurde ein karges Mahl aus Brot und Butter und Wasser.

Als er den Teller, den Becher und das Messer in die Seitentasche zurücklegen wollte, fiel ihm eine Besonderheit auf. Zwischen zwei Kunststoffplatten, die das Geschirr schützten, hatte der Stoff einen kleinen Schaden. Eine Fläche von etwa zwanzig mal dreißig Zentimetern war offenbar aufgeschnitten und wieder zugeklebt worden, aber die obere linke Ecke hatte sich gelöst und war umgeklappt. Er scheute sich nicht, den Flicken herunterzureißen, schaffte es mit einem einzigen kräftigen Ruck. Doch was dann zum Vorschein kam, jagte ihm einen eisigen Schrecken ein. In der Kammer steckten zwei durch ein Kabel miteinander verbundene Kästen. Der eine hatte die Ausmaße einer Zigarrenkiste und war signalrot; der andere war schwarz, hatte die Form eines Würfels mit Kantenlängen von acht bis zehn Zentimetern und war unschwer als Akku zu identifizieren. Schon jedes der beiden Teile für sich hätte ihn stutzig gemacht. Zu zweit jedoch und dann auch noch miteinander verknüpft, versetzten sie ihn in höchste Erregung, denn schlagartig erinnerte er sich an die Fahrt auf der B 5 und an die alarmierende Mitteilung, unter seinem Fahrzeug befinde sich eine Ladung Dynamit.

Er machte sich nicht klar, daß der Anruf damals nichts als ein simpler Trick gewesen war, sondern hatte allein den abrupten Stopp seines Wagens und den blitzschnellen Sprung im Kopf, und so, nur so, für den Bruchteil einer Sekunde in eine irrige Assoziation gelockt, konnte es geschehen, daß er seinen Fund für eine mit einem Zeitzünder versehene Bombe hielt. Er packte die Kästen, den einen mit der Linken, den anderen mit der Rechten, und warf sie, so weit er konnte, außenbords. Gleich danach duckte er sich hinter die Kante.

Doch nichts geschah. Er atmete auf, sah übers Wasser. Die Kästen waren nicht mehr da. Mochte der eine vielleicht schwimmfähig gewesen sein, der andere, der schwere, mußte dafür gesorgt haben, daß auch er im Meer versank.

Zu der Erkenntnis, soeben den wahrscheinlich verhängnisvollsten Fehler seines Lebens begangen zu haben, kam er schon wenige Minuten später. So böse, so mörderisch, schoß es ihm plötzlich durch den Kopf, sind sie ja gar nicht! Was sie hier eingebaut haben, sollte mich nicht umbringen, sondern am Leben erhalten. Klar, das war ein versteckter, mit Akku versehener Peilsender, der ihnen ständig meine Position angegeben hat. Und den werf' ich Schwachkopf ins Wasser!

35.

Es war Ignacio, der Abeling die Hiobsbotschaft überbrachte. Sie hatten für die Überwachung des Empfangsgeräts einen Zeitplan aufgestellt. Er sah vor, daß Heiner Nickelsen, Ignacio und José sich in vierstündigem Wechsel die Kontrolle des Signaltons und des magischen Auges teilten. Dabei brauchten sie nicht ununterbrochen vor dem Gerät zu sitzen. Nur jeweils zur vollen Stunde hatten sie die Überprüfung durchzuführen. Zwischendurch konnten sie sich auf dem schmalen Bett ausstrecken, durften auch schlafen, mußten aber den Wecker immer wieder neu stellen. Der hatte kurz vor acht Uhr Ignacio aus dem Schlaf geholt. Die Stille in dem kleinen Raum hatte ihn sofort alarmiert. Er war aufgesprungen. Das magische Auge leuchtete zwar, ließ jedoch auf der 360-Grad-Skala keinerlei Bewegung erkennen.

Er rannte los. Da Kapitänslogis und Lotsenkammer auf demselben Deck lagen, waren es nur wenige Schritte bis zu Abelings Tür. Vor ihr stand der Mexikaner nun, klopfte ein paarmal, öffnete, ohne die Antwort abzuwarten, und trat ein.

Abeling, der im Bad war, hatte die Tür offengelassen, so daß er den Jungen bemerkte. Im Bademantel und mit Rasierschaum im Gesicht kam er in den Salon und fragte:

»Was gibt es?«

»Se murió el receptor!«

Ignacios blumige Formulierung, das Empfangsgerät sei gestorben, hätte ihn, wenn der Inhalt der Mitteilung nicht so erschreckend gewesen wäre, sicher amüsiert.

»Wann?«

»Eben hab' ich es bemerkt, und die vorangegangene Kontrolle liegt eine Stunde zurück. Da war noch alles in Ordnung.«

»Sag Herrn Kannegieter und Herrn Camacho, sie möchten bitte sofort in die Lotsenkammer kommen.«

Ignacio verschwand. Abeling beendete seine Rasur nicht, wischte sich nur den Schaum vom Gesicht, schlüpfte aus dem Bademantel und zog sich an.

In der Lotsenkammer fand er die beiden Offiziere schon vor. Kannegieter war dabei, das Gerät zu untersuchen. Als er Abeling sah, sagte er:

»Der Empfänger ist okay. Somit steht fest, daß da draußen irgendwas passiert ist. Aber wenn du nun wissen willst, was, kann ich dir nur lauter Möglichkeiten aufzählen, bei denen ich die Begründung, warum sie eigentlich nicht in Frage kommen, gleich mitliefern möchte.«

»Das klingt nach einem echten Kannegieter«, antwortete Abeling. »So richtig schön sophistisch. Trotzdem, leg mal los!«

»Erstens: Ein Schiff hat ihn gefunden. Zwei Umstände sprechen dagegen. Wir hätten es auf dem Radar gehabt. Falls aber doch nicht und sie ihn also an Bord genommen haben, wäre ja deswegen der Sender nicht ausgefallen. Selbst wenn sie die Insel an Deck gehievt hätten, wäre der Signalton geblieben.«

»Weiter«, sagte Abeling.

»Die Insel ist gekentert. Ebenfalls kaum vorstellbar. Bei Windstärke fünf kippt sie nicht um, schon gar nicht, wenn jemand drinsitzt. Nummer drei: Entweder der Akku oder das Funkgerät hatte einen Defekt. Dagegen spricht, daß die Anlage bis jetzt einwandfrei gearbeitet hat. Außerdem haben wir sie gründlich überprüft. Nummer vier: Die Insel hat das Sendegebiet verlassen. Dann müßte sie mit einem Affenzahn ..., ja, sie müßte schon geflogen sein, denn die Reichweite des Senders beträgt immerhin rund fünfzig Meilen. Bei dem zur Zeit herrschenden Wind versetzt sich die Insel aber nur um zwei Meilen pro Stunde, und bei der letzten Kontrolle war das Signal noch in voller Lautstärke zu hören.« Er wandte sich an Ignacio: »Du hast es vorher doch wirklich noch gut hören können, oder? Es ist sehr wichtig, daß wir das genau wissen.«

Abeling übersetzte, und der Mexikaner antwortete in seiner Muttersprache:

»Ehrenwort! Es kam klar und deutlich.«

Wieder übersetzte Abeling, und danach fuhr Kannegieter fort: »Klar und deutlich, sagt der Junge, und das wird auch stimmen. Beim Verlassen des Sendegebiets würde das Signal nicht schlagartig verstummen, sondern langsam schwächer werden; eine Veränderung wäre also schon vor einer Stunde dagewesen. Auch deshalb entfällt diese Möglichkeit, selbst wenn die Angaben des Herstellers über die Reichweite falsch sein sollten. Schließlich Nummer fünf: Unser *sailor* da draußen hat – weiß der Geier, wieso – den Vinylflicken gesehen, ihn womöglich abgerissen und dann rumgefummelt und dabei unsere schöne Anlage kaputtgemacht. Wenn es so war, muß er ein Vollidiot sein, denn jedem halbwegs intelligenten Menschen wäre sofort klargewesen, was es mit einer solchen Apparatur auf sich hat; er würde sich hüten, ihre für ihn lebenswichtige Funktion zu stoppen. So, das wär's. Mehr hab' ich nicht zu bieten.«

»Welche Möglichkeit hältst du denn für die wahrscheinlichste?« fragte Camacho.

»Daß ein Defekt sich eingeschlichen hat.«

»Eigentlich«, sagte Abeling, »ist es völlig egal, wo der Fehler liegt, denn beheben können wir ihn sowieso nicht. Aber natürlich müssen wir jetzt was unternehmen.«

»Klar, wir müssen den Mann suchen«, sagte Kannegieter. »Fragt sich bloß, wo.«

»Vielleicht«, schlug Camacho vor, »sollten wir den zuletzt ermittelten Standort ansteuern und von da aus in immer größer werdenden konzentrischen Kreisen das Meer abfahren. Irgendwann müßten wir dann auf die Rettungsinsel treffen.«

»Ja«, meinte Abeling, »das wäre eine Möglichkeit, aber nicht die beste, weil wir dann immer auch ein Feld mit abdecken würden, das von der Windrichtung her gar nicht in Betracht kommt. Was den Ausgangspunkt angeht, stimme ich zu, doch von da aus nehmen wir nur die Leeseite, denn die Insel treibt ja nicht gegen den Wind. Und wir fahren auch keine Kreise ab, sondern Bahnen, hin und her, jeweils um eine Sichtweite versetzt.«

Camacho nickte. »Klar«, sagte er, »so halbieren wir das Suchgebiet.«

Und Kannegieter sagte: »Mir kommt da eine gute Idee!«

»Raus damit!« erwiderte Abeling.

»Wir fahren, weil wir zunehmenden Wind haben und es demnach für Schottmann durchaus gefährlich werden kann, nicht mit einem, sondern mit zwei Schiffen und teilen das Gebiet in zwei Zonen auf. Wir starten, wie vorgesehen, und bewegen uns dann in parallelen Bahnen, die eine Crew mit der RASPUTIN, die andere – vier oder fünf Mann stark – mit dem Freifallboot.«

»Hast recht, so wird's gemacht«, entschied Abeling.

Alle vier gingen nun zu Heiner Nickelsen und José in die Kombüse, und gemeinsam wechselten sie über in die Messe, wo der Einsatzplan besprochen wurde. Abeling stellte dann auch gleich die Mannschaft für das Freifallboot zusammen und sorgte dafür, daß die beiden Mexikaner dabeiwaren.

Ein bißchen heikel war es, den Uneingeweihten mitzuteilen, daß der Passagier auf einer Rettungsinsel unterwegs sei und es nun darum gehe, das kleine Objekt irgendwo auf dem weiten Meer ausfindig zu machen. Abeling behalf sich mit einer Notlüge. Es habe einen heftigen Streit gegeben, erklärte er, und der Mann habe in seiner Wut eine der Rettungsinseln klargemacht, sie gewassert und sei dann losgepaddelt.

Das Freifallboot wurde mit Kannegieter, Nickelsen, José, Ignacio und dem Bootsmann Esteban Pérez besetzt, und als die RASPUTIN den festgelegten Standort erreicht hatte, ging man daran, es zu wassern. Der Bolzen, mit dem das Boot arretiert war, wurde gelöst, und das Fahrzeug setzte sich in Bewegung. Vom eigenen Gewicht unterstützt, rutschte es die Rampe hinab, ähnlich wie ein Schiff beim Stapellauf von der Helling gleitet.

Die Standardversion des Bootes hatte nur dreißig PS, doch Abeling hatte in Esbjerg eine wesentlich stärkere Maschine geordert. So konnte es eine Geschwindigkeit von maximal achtundzwanzig Meilen pro Stunde entwickeln und war damit fast doppelt so schnell wie die RASPUTIN. Dieser Vorteil wurde allerdings dadurch geschmälert, daß die Männer auf der RASPUTIN einen wesentlich höheren Standort hatten und ihre Sicht somit weiter reichte.

Als das Suchmanöver angelaufen war, ging Abeling auf die Brücke. Dort hatte sich auch der Funker Juvonen eingefunden, der nun fragte:

»Herr Kapitän, können wir die Insel denn nicht auf dem Radar finden?«

Zunächst schwieg Abeling. Er wußte sehr genau, Juvonen hatte seine Frage zu Recht gestellt. Das Radargerät wäre immer noch das beste Hilfsmittel gewesen, wenn …, ja, wenn es da nicht ein gewisses Handikap gegeben hätte.

Zur Ausrüstung von Rettungsinseln gehörte eine kleine Eisenstange mit Radarreflektor, die an der Oberkante angebracht war. Das Mitführen eines solchen Stabes war sogar Vorschrift. Die ausgesetzte Insel jedoch hatte ihn nicht, genauer gesagt: nicht mehr. Kannegieter und er hatten ihn, nachdem der Sender installiert und aktiviert worden war, kurzerhand entfernt, damit Schottmann sich nicht in der Gewißheit wiegen konnte, man habe ihn mit Hilfe des Radars unter Kontrolle und seine Lage sei nicht wirklich besorgniserregend.

»In diesem Fall«, antwortete er schließlich, »geht das nicht, weil die Insel keinen Reflektor hat.«

Juvonen gab sich mit der Erklärung zufrieden, fragte auch nicht, warum das Metallstück fehlte.

Auf der Brücke waren jetzt Abeling, Camacho, der Funker, der Rudergänger und ein weiterer Matrose. Außer dem Mann am Steuerrad hatten sich alle ein Fernglas umgehängt, das sie in kurzen Abständen immer wieder vor die Augen hielten, um das Meer abzusuchen, zwei von der Steuerbord-, zwei von der Backbordbrückennock aus. Da ein leichter Regen eingesetzt hatte, war die Sicht stark beeinträchtigt.

Auf dem Freifallboot hatten die Männer des Suchkommandos sich jeweils zu zweit auf und unter das Dach begeben, und weil das Boot heftig schaukelte, waren die beiden Außenposten an der niedrigen Reling vertäut. Kannegieter saß im Bootsinneren an Backbord und sah durch die Seitenscheiben. Über ihm, im Freien, hielt José

Ausschau. An Steuerbord waren es Heiner Nickelsen und Ignacio, die, der eine unten, der andere oben, nach dem Verschollenen suchten. Julio Espinoza bediente die Maschine und das Ruder, folgte dabei den Anweisungen, die Kannegieter ihm zurief.

Der Holländer machte sich Sorgen. Mord oder Totschlag waren nicht vorgesehen, aber sollte Schottmann umkommen und ein cleverer Kriminalist wider Erwarten doch Kapitän Abeling und sein Schiff ins Visier nehmen, würde es schwerhalten zu beweisen, daß ihre Aktion so nicht geplant gewesen war. Ja, bei einem Auffinden der Rettungsinsel mit dem Toten darin würden ein paar handfeste Indizien den vermeintlichen Tatbestand der Tötungsabsicht untermauern. Das Fehlen eines verfügbaren Funkgeräts zum Beispiel könnte zu dem Schluß führen, die Chance, einen Notruf abzusetzen, sei dem Opfer absichtlich verwehrt worden. Die Demontage des Radarreflektors würde in die gleiche Richtung weisen.

Diesen Verdachtsmomenten dürfte allerdings die wenn auch versteckt vorgenommene Installierung widersprechen. Doch wo waren die verfluchten Geräte? Noch an ihrem Platz? War vielleicht nur der Akku leer?

Der Sprühregen wurde dichter, die Sicht damit noch schlechter, so daß die abzufahrenden Bahnen immer schmaler angesetzt werden mußten. Was ihre Länge anging, hatten sie sich auf zehn Meilen geeinigt. War diese Strecke zurückgelegt, erfolgte die Kehre. Als es wieder einmal soweit war, schaltete Kannegieter das auf dem Dach befestigte und mit einem Messingschutzkorb versehene Rundumlicht ein. Beim Suchen war es keine große Hilfe, aber es könnte von Schottmann entdeckt werden und ihn veranlassen, eine Leuchtrakete abzuschießen, die dann wiederum vom Boot aus zu sehen sein würde.

Die an den Seiten angebrachten Scheinwerfer machte

er nicht an. Sie hätten die Sicht nur noch mehr erschwert. Der Effekt wäre ähnlich gewesen wie der eines bei Nebel eingeschalteten Fernlichts. Doch in der Nacht würden sie auf die beiden Strahler nicht verzichten können.

Am Nachmittag klarte es endlich auf. Er ordnete eine Mahlzeit an, verlangte aber, daß während des Verzehrs jeder auf seinem Posten blieb. Löcher im Suchsystem konnten sie sich nicht leisten.

Die beiden Mexikaner zogen ihre Öljacken aus, warfen sie unter Deck, wo Heiner Nickelsen sie verstaute.

Kannegieter telefonierte mit Abeling. Auch auf der RASPUTIN hatten die Männer es schwergehabt, mit ihren Gläsern das diffuse Licht zu durchdringen, und entsprechend schmal waren auch da die Suchfelder ausgefallen.

»Gott sei Dank können wir jetzt wieder sehen«, sagte Abeling, »und heute nacht werden die Scheinwerfer eingeschaltet. Wie machen sich denn die beiden Indios?«

»Sind gute Jungs«, antwortete Kannegieter, »haben sich in sieben Stunden noch keine Pause gegönnt. Wirklich, sie sind pflichtbewußt und sorgfältig.«

»Na, wenigstens das.«

»Wieso?«

»Manchmal denke ich, es war falsch, sie in das alles mit reinzuziehen.«

»Nun red dir keinen Unsinn ein! Du hast ihnen immerhin eine Menge Geld zugeschanzt, mehr, als sie in zwanzig Jahren zusammenklauen können.«

»Na ja. Und Schottmann? Glaubst du, wir finden ihn?«

»Klar. Es sei denn, ein anderer hat ihn vor uns gefunden, aber das ist nicht anzunehmen. Übrigens, meine Hoffnung ist auch, daß der Sender sich plötzlich wieder einschaltet, also nur mal einen Aussetzer gehabt hat. Kontrolliert ihr weiterhin das Empfangsgerät?«

»Und ob! Einer sitzt ständig davor. Aber es gibt keinen müden Ton von sich, und das Auge ist starr wie 'ne Glasmurmel.«

»Also suchen wir weiter!«

»Ja, denn wir müssen ihn finden! Unbedingt!«

36.

Er hatte sich auf den Isolierboden gelegt und sah in den noch immer grauen, aber nicht mehr regnerischen Himmel, ließ den Blick in der Weite verweilen, gönnte seinen Augen eine Ruhepause.

Es war drei Uhr am Nachmittag, und so hatte er nun rund siebenunddreißig Stunden auf der Rettungsinsel zugebracht. Der Schock, womöglich sein Überleben verwirkt zu haben, als er die beiden Kästen über Bord warf, saß auch jetzt noch tief. Immer wieder dachte er darüber nach, wie ihm eine so unbesonnene Reaktion hatte passieren können, und jedesmal ging ihm dann auch die Kehrseite durch den Kopf, und er fragte sich: Was haben sie unternommen, seit das Signal ausgeblieben ist? Haben sie überhaupt etwas unternommen oder sich gesagt: Okay, er hat sich abgenabelt; überlassen wir ihn also seinem Schicksal!?

Nach einer Weile richtete er sich auf und suchte Corned beef und Brot aus seinem Bestand heraus, aß davon ohne jeden Appetit. Aber er mußte sich bei Kräften halten. Was übrigblieb, kam in Plastikbehälter, die er verschloß und wieder verstaute. Nach dem Imbiß zündete er sich eine Zigarette an, inhalierte tief. Er dachte an Marianne. Was würde sie machen, wenn er nicht durchkäme? Wieder heiraten? Sie ist jung, dachte er, sie ist schön, und sie wäre reich. Ein ganz neues Leben würde sich ihr eröffnen. Ich glaube nicht, daß sie lange allein bliebe. Komme ich aber durch, werde ich alles daransetzen, sie zu verwöhnen und glücklich zu machen, und wann immer ihr nach Reisen zumute ist, werde ich sie begleiten. Und Rüdiger? Auch um ihn werde ich mich intensiver kümmern als bisher und größeres Verständnis aufbringen für seine Art.

Am späten Nachmittag – längst guckte er wieder aus nach einem Schiff – kam starker Wind auf. Er unterbrach die Suche und band sich fest, kniete wenig später, die Leine um den Bauch geknotet und das andere Ende etwa anderthalb Meter entfernt in der Mitte des Floßes an einer Schlaufe befestigt, erneut vor der Bordwand und sah übers Wasser. Aber er hatte Mühe, mit den Augen die Kimmlinie zu halten, denn mehr und mehr machte der Wind ihm zu schaffen. In kurzen Abständen packte er die Insel, hob sie mit Macht auf die Wellenkämme und warf sie gleich darauf zurück in die sich unter ihr auftuenden Täler.

Die Turbulenzen verstärkten sich, und von Zeit zu Zeit geriet die Insel in eine bedrohliche Schieflage, ja, manchmal legte sie sich mit einem Neigungswinkel von siebzig, achtzig Grad auf die Seite, und er wurde, obwohl er vertäut war, hin und her geworfen wie ein Ball.

Er hatte nie gebetet, nur als kleiner Junge, je nach Diktat seines Lehrers oder seiner Lehrerin, ein paar himmelwärts gerichtete Verse nachgeplappert, ohne über ihren Inhalt nachzudenken. Nun formte sich aus der Not wie von selbst ein Ruf nach oben: »Bitte, gib, daß ich diese Gefahr überstehe!«

Doch Gott schien nicht geneigt, denn schon die nächste Welle schuf neue, noch größere Bedrängnis. Vier, fünf Meter hoch schoß die Insel, hinaufkatapultiert mit einer Wucht, die alles Vorangegangene übertraf. Nicht siebzig oder achtzig Grad betrug jetzt die Krängung, sondern neunzig und mehr, und in dieser einen Sekunde kam es darauf an, ob die Insel sich in der nächsten wieder fing und ins Tal zurücksauste oder aber umschlug.

Sie fing sich nicht. Sie kippte, schlug um, klatschte mit der Oberkante der Bordwand auf und deckte ihn zu. Sofort wurde es dunkel um ihn her.

Es waren die Gesetze der Physik, die ihn mit Hilfe von Wind und Wellen in diese lebensbedrohliche Lage gebracht hatten, aber zugleich waren wiederum sie es, die ihm eine Chance gaben, indem sie ihm jene drei oder vier Kubikmeter Luft mitlieferten, die zwischen Bordwand und Wasseroberfläche eingeschlossen waren. Doch wie lange würde das Sauerstoffpolster sich halten? Die Turbulenzen machten keine Pause, und wenn es ihm nicht gelang, sich innerhalb kürzester Zeit vom Seil zu befreien, war er verloren.

Er versuchte, den Knoten zu lösen, schaffte es aber nicht. Durch die Nässe hatte er sich noch fester zugezogen. Also gab es nur einen Ausweg: Er mußte an das Kappmesser herankommen!

Im Dunkeln arbeitete er sich an die Innenwand vor, stieß zunächst auf jene leere Kammer, in der Peilsender und Akku gesteckt hatten. Er wußte, daß in dem von dort aus gesehen dritten Fach Ersatzbatterien, Wurfleine und Kappmesser verstaut waren, zog sich an der Wand entlang, befühlte dabei die Taschen und zählte sie. Zum Glück hatte er sich beim Festzurren genügend Leine gegeben, so daß er nicht jäh gestoppt werden konnte und womöglich wegen eines halben Meters oder auch nur einer Handbreit hätte aufgeben müssen.

Er erreichte die gesuchte Tasche, riß den Klettverschluß auf, griff nach den Gegenständen, die von enganliegenden Schlaufen gehalten wurden, erwischte als erstes die Ersatzbatterien, ließ sie wieder los, ertastete dann den Messerknauf, umfaßte ihn und führte die Klinge an seine rechte Seite, zerschnitt mit einem einzigen kräftigen Ruck die Leine, schob das Messer hinter den Hosengürtel und tauchte unter der Wand hindurch nach draußen. Sobald er hochgekommen war, packte er die äußere Griffleine. Als nächstes galt es, die Insel wieder umzudrehen. Wie er es schon in der dem Erste-Hilfe-Kasten beigegebenen Borschüre »Überleben auf See« gelesen hatte, waren auch an der Unterseite des Bodens Gurte angebracht. Die befanden sich nun oben. Am unteren Wulstrand entdeckte er kleine, fußgerechte Schlaufen. Die benutzte er, verschaffte sich dadurch einen gewissen Halt. Er ergriff einen der Gurte, brachte sich in Rückenlage und zog, doch die Insel ließ sich nicht kippen; sie war zu schwer. Entmutigt hakte er sich mit angewinkeltem Arm an dem Gurt fest.

Wie sollte er sich ernähren, wenn das Ding nicht umzudrehen war? Wie könnte er sich, wenn doch noch ein Schiff am Horizont auftauchte, bemerkbar machen, wie eine Leuchtrakete abfeuern oder auch nur mit der Taschenlampe ein Signal geben? Und was würde werden, wenn in wenigen Stunden die Dunkelheit einsetzte? Er war verzweifelt und nahe daran, sich aufzugeben. Es wäre ein leichtes, den Tod einzuleiten. Er brauchte sich nur loszulassen. Danach würde es allerdings lange dauern. Bei dem etwa zwanzig Grad warmen Wasser könnte er allein auf totale Erschöpfung setzen.

Doch ganz überraschend flaute der Wind ab. Bald gaben nur einige Böen der Insel noch dann und wann einen Stoß. Er schöpfte neuen Mut und beschloß, sich ein paar Dinge zu holen, eine Leine, das Fernglas, etwas Proviant und Trinkwasser, wollte gerade tief einatmen, um für die Tauchaktion genügend Luft zu tanken, da entdeckte er das Boot. Zuerst glaubte er nicht, was er sah, hielt das wunderbare Bild für einen Schabernack seiner überreizten Nerven. Er rieb sich die Augen, sah wieder hin, starrte auf den kleinen orangefarbenen Flitzer, der durchs Wasser pflügte, geradewegs auf ihn zu. Das Bild, dem er schließlich zu trauen begann, ergriff ihn derart, daß ihm die Kräfte schwanden und er mit dem Kopf unter Wasser geriet.

Er fing sich, kam wieder hoch, konnte die Augen nicht mehr lassen von dem Anblick, den er so sehnlich herbeigewünscht hatte und der nun Wirklichkeit geworden war. Und das Fahrzeug war schon erstaunlich nah, ja, so nah, daß die beiden Männer, die er auf dem Dach sah, ganz sicher auch ihn schon wahrgenommen hatten.

Erst jetzt war er in der Lage, seinen Arm zu heben und zu winken. Die Antwort kam sofort. Die Männer hatten Tücher in ihren Händen, schwenkten sie hin und her.

Und dann weinte Georg Schottmann. Dieser im Umgang mit anderen Menschen knochenharte Mann war nicht in der Lage, das ihn durchströmende Glücksgefühl im Zaume zu halten. Die Tränen liefen ihm über die Wangen, vermischten sich mit dem Salzwasser in seinem Gesicht.

Er sah eine dritte Person aufs Dach kommen, und im nächsten Moment hatte er in der großen, schlanken Gestalt Piet Kannegieter ausgemacht.

Der Holländer winkte ihm zu. Er reagierte nicht, sah wie versteinert hinüber. Immer noch war sein Glücksgefühl über die Maßen groß, er war gerettet, war dem Tod von der Schippe gesprungen, aber der Mann da drüben kam von der RASPUTIN!

Die hochtourige Maschine wurde lauter, dröhnte übers Wasser, verstummte dann abrupt. Das Boot, das er nun deutlich als das Freifallboot erkannte, glitt heran, kam längsseits. Gleich darauf flog die Wurfleine durch die Luft. Der kleine sandgefüllte Segeltuchbeutel an ihrem freien Ende landete dicht neben ihm im Wasser.

»Haben Sie noch genug Kraft, oder soll einer von uns rüberkommen?« rief Kannegieter ihm zu.

»Ich schaff' das allein.« Er schlang sich das Seil um Schultern und Leib und hob den linken Arm zum Zeichen, daß er bereit sei.

Sie hievten ihn an Bord. Heiner Nickelsen nahm ihm das Messer ab, und dann führten er und Ignacio ihn nach unten, zogen ihn aus, trockneten ihn ab und wickelten ihn in Wolldecken, drückten ihn schließlich in einen der am Boden festgeschraubten Sitze.

Die Stühle waren gegen die Fahrtrichtung angebracht. An Backbord und an Steuerbord gab es nur je eine Reihe mit zwölf Plätzen. Da Schottmann links saß, setzte Kannegieter, der gerade hinzugekommen war, sich nach rechts.

Er, der sonst mit lockeren Sprüchen schnell bei der Hand war, hatte plötzlich Schwierigkeiten, nun das Wort an den Geretteten zu richten. Er behalf sich mit einer Bemerkung, die dem anderen zynisch erscheinen mochte, auch wenn sie so nicht gemeint war.

»Willkommen an Bord!«

Schottmann antwortete nicht.

»Wir hatten Angst um Sie«, fuhr Kannegieter fort.

»War das nun endlich alles«, fragte Schottmann, »oder haben Sie sich noch mehr Schikanen ausgedacht?«

»Ich schätze, das war's, aber das Kommando an Bord habe nicht ich, wie Sie wissen.«

»Ja, und der, der es hat, wird sich noch wundern!«

»Wieso ist Ihr Floß umgekippt? Diese Rettungsinseln sind doch wahre Stehaufmännchen.«

»Offenbar nicht.« Schottmann zeigte hinaus, dorthin, wo die gekenterte Insel in einiger Entfernung noch zu sehen war.

»Und warum ist Ihr Peilsender verstummt?«

»Hatte ich denn einen?«

Der Kerl ist durchtrieben wie kein zweiter, dachte der Holländer und wechselte das Thema:

»Wir steuern jetzt mit der RASPUTIN die Azoren an, fahren nach Ponta Delgada.«

»Und was passiert da? Werden Sie mich freilassen?«

»Ich nehme an, der Käpten wird Sie nach Hause schicken.«

»Wie nett.«

»Na ja, definitiv ist das erst, wenn er es Ihnen sagt.« Kannegieter stand auf und ging zum Heck. Er hatte Abeling gleich nach Auffinden des Schiffbrüchigen Bericht erstattet. Nun, während das Freifallboot mit Volldampf auf die RASPUTIN zufuhr, rief er ihn erneut an, sprach nur halblaut, damit Schottmann nicht mithören konnte:

»Physisch scheint er ziemlich angeschlagen zu sein, war 'ne Weile im Wasser, weil die Insel gekentert ist, aber seine freche Klappe hat er immer noch. Wir müssen uns in Deutschland ..., verdammt!«

»Was ist?«

»Die Insel! Hab' sie sausen lassen in der Annahme, die paar Mark würden den Eigner nicht kratzen.«

»Tun sie auch nicht.«

»Aber wir brauchen sie, brauchen sie dringend, und zwar als Beweis dafür, daß wir ihn nicht umbringen wollten. Wir müssen den Sender vorzeigen können. Warte mal einen Moment!« Er wies den neben ihm stehenden Bootsmann an, die Maschine zu stoppen, ging wieder nach vorn und rief Heiner Nickelsen zu sich, denn er wollte einen Zeugen haben.

»Jetzt geben Sie mir«, wandte er sich dann an Schottmann, »gefälligst Auskunft! Ist der Peilsender noch auf der Rettungsinsel?«

»Nein.«

»Wo denn dann?«

»Ein paar Tausend Meter tief auf dem Meeresgrund.«

»Wieso?«

Schottmann zögerte mit der Antwort.

»Los, verdammt nochmal!«

»Sie sind mir schon mal mit 'ner Bombe gekommen, und als ich heute morgen die beiden Kästen fand und dazu das Kabel, wollte ich sichergehen und hab' den ganzen Krempel über Bord geworfen.«

»Wie haben Sie ... den Krempel überhaupt gefunden?«

»Der Flicken in der Bordwand hatte sich gelöst.«

Kannegieter ging wieder zum Heck und setzte sein Gespräch mit Abeling fort, gab weiter, was er soeben erfahren hatte, und meinte dann: »Trotzdem sollten wir das Floß wieder einfangen.«

»Hast recht«, erwiderte Abeling, »wenn's schon den Sender nicht mehr gibt, müssen wir wenigstens die Stelle vorzeigen können, an der er gesessen hat.«

»Aye, aye, Sir! Ich kehre um, komme dann allerdings etwas verspätet zum Dinner.«

Ein Becher heißer Bouillon war alles, was auf den Tisch kam. Auch Schottmann bekam einen, schob ihn jedoch zur Seite mit den Worten:

»Nein, Abeling, keine Verbrüderungsmahlzeit! Ich erwarte, daß man mir was zu essen bringt, sobald ich wieder in meiner Zelle bin. Und Konversation mit Ihnen will ich ebensowenig. Sie haben mich in die Messe holen lassen, um mir etwas mitzuteilen. Okay, tun Sie das!«

Sie waren allein. Das Freifallboot und die Rettungsinsel waren an Bord, und die RASPUTIN fuhr mit sechzehn Knoten in Richtung Ponta Delgada.

»Sie kommen«, sagte Abeling, »nicht runter vom Schiff, solange Sie leugnen, in erheblichem Maße mitschuldig zu sein am Untergang der ANABEL.«

»Daß ich nicht lache! Fehler, die Sie zu verantworten haben, laß ich mir nicht aufbürden. Sie waren es doch, der eigenmächtig den Umweg durch den New Providence Channel eingeschlagen hat, wahrscheinlich, um die Reise für mich zu verteuern! Sie wurde dann extrem teuer, kostete dreizehn Menschenleben. Dafür haben Sie geradezustehen, nicht ich.«

»Das wird das Seeamt entscheiden, aber verlassen Sie sich darauf, ich geh' nicht unbewaffnet ins Gefecht. Die Zeugen werden aufmarschieren wie ein Trupp Soldaten.«

»Zeugen! Meinen Sie etwa Ihren sauberen Komplizen, diesen Kannegieter? Ich werde nicht davor zurückschrecken, sein Persönlichkeitsbild durch ein paar wesentliche, mir nach dem Unglück bekanntgewordene Attribute abzurunden: Schlitzohr, Maulheld und Schürzenjäger. Und dann der bigotte Spanier! Mehrfach hab' ich mitgekriegt, wie der sich bekreuzigte, und einmal hab' ich ihn sogar mit einem Kruzifix in der Hand gesehen. Das war auf dem Bootsdeck. Da hat er wohl gebetet, daß seine Beteiligung an dem Piratenstück ihn nicht zu teuer zu stehen kommt. Na, und der Koch? Der windige Bursche weiß zwar, wie man Diebe an Bord schleust, aber er hat doch keine Ahnung davon, wie man ein Schiff führen muß, damit es heil ankommt!«

Abeling schüttelte den Kopf. »Die Männer sind absolut zuverlässig und integer«, sagte er, »und außerdem hab' ich noch ein paar Leute mehr. Sie hatten Angehörige auf der ANABEL, die ihnen lange vor dem Unglück interessante Einzelheiten über das Geschäftsgebaren der Reederei Schottmann mitgeteilt haben.«

»Was reden Sie für einen Quatsch!« Da war es wieder, dieses herrische Auftreten in Wortwahl und Tonfall, das Abeling zur Genüge kannte. Und es ging weiter: »Sie glauben doch nicht im Ernst, daß ein Seeamt sich an das hält, was die Freundin oder von mir aus auch die Mutter irgendeines toten Seemanns von sich gibt!«

»Warten wir die Verhandlung ab«, sagte Abeling, »aber hier an Bord wird es eine kleine Vorrunde geben. Kannegieter und ich wollen, bevor Sie uns in Ponta Delgada verlassen, Ihre Stellungnahme zu einigen ganz konkreten Fragen hören: zum Rollpontondeckel, zu den vier Containerlagen und zur verdorbenen Mortadella, in erster Linie jedoch zum Herzstück der ANABEL, zu ihrer Maschine.«

»Finden Sie das fair, zwei gegen einen?«

»Anfangs hatten wir sogar vor, Camacho und den

Koch hinzuzuziehen und auch die beiden Mexikaner, die durch Ihren sträflichen Provianteinkauf den Großvater verloren haben und selbst tagelang sterbenskrank waren.«

»Fabelhaft! Lauter Kriminelle!«

Auch jetzt ließ Abeling sich nicht aus der Balance bringen. »Lauter Betroffene«, entgegnete er nur.

Schottmann schwieg eine Weile, schien über etwas Bestimmtes nachzudenken. Schließlich fragte er:

»Wann sind wir in Ponta Delgada?«

»In etwa sechsunddreißig Stunden.«

»Ich bin einverstanden mit der Befragung, unter einer Bedingung.«

»Und die wäre?«

»Daß ein Techniker dabei ist, der über die Maschine der ANABEL kompetent aussagen kann. Leute vom Deckspersonal haben da nicht mitzureden.«

»Dafür käme nur Berthold Rogge in Frage. Die anderen sind tot.«

»Okay, Rogge.«

»Und wie stellen Sie sich das vor? Einen Seemann mal eben zum Gespräch zu bitten, ist unter Umständen eine globale Angelegenheit.«

»Das ist Ihr Problem. Ich werde jedenfalls keine einzige Frage beantworten, wenn Rogge nicht dabei ist. Schaffen Sie ihn also her! Das wird Sie was kosten, aber alles, was bis jetzt gewesen ist, war ja wohl auch nicht gratis. Falls Sie's nicht wissen: Der Mann fährt jetzt für die NORWEGIAN SHIPPING COMPANY. Die sitzt in Drontheim. Da können Sie erfahren, wo er steckt, und anschließend telefonieren Sie mit ihm selbst. Noch einmal: Ohne seine Anwesenheit kommt von mir nichts mehr, kein Sterbenswörtchen!«

37.

Es war derselbe Abend, eine Stunde später. Die Drontheimer Reederei hatte Abeling alle Informationen gegeben, die er brauchte, und so saß er nun in seinem Logis, eingestellt auf ein schwieriges, ja, heikles Telefongespräch, denn immerhin mußte er seinen einstigen Chief dazu überreden, alles stehen und liegen zu lassen und sich nach Ponta Delgada in Marsch zu setzen.

Dabei waren die beruflichen und geographischen Hürden gar nicht so hoch, wie er befürchtet hatte. Die SEA WARRIOR befand sich, von Angola kommend, etwa hundert Meilen vor Emden, sollte noch in der Nacht dort eintreffen, um siebzigtausend Tonnen Erz zu löschen, was zwei bis drei Tage in Anspruch nehmen würde. Danach war das Schiff für eine weitere Afrika-Reise disponiert. Rogge könnte also, zumal er als Ingenieur mit der Fracht nichts zu tun hatte, gleich nach dem Festmachen von Bord gehen und nach Lissabon oder Faro fliegen. Von diesen beiden portugiesischen Flughäfen aus gab es eine tägliche Verbindung nach Ponta Delgada auf São Miguel.

Die Zwickmühle, in der er steckte, war anderer Natur. Einerseits mußte er seine Bitte um Rogges Besuch dringend machen, andererseits durfte er den wahren Grund für das gewünschte Zusammentreffen nicht nennen, ja, Schottmanns Anwesenheit auf der RASPUTIN mit keinem Wort erwähnen, denn dessen geheimnisvolles Verschwinden war durch sämtliche Medien gegangen. Er konnte nur hoffen, Rogge würde sich mit der Erklärung, er werde gebraucht, begnügen.

Doch sollte sich dann herausstellen, daß es konkreter Erklärungen gar nicht bedurfte.

»Hallo, Herr Rogge«, sagte er, als er den Chief am Apparat hatte, »hier ist Meinert Abeling. Ich freue mich, mal wieder mit Ihnen reden zu können. Ich rufe Sie von

See aus an, von der RASPUTIN, einem kleinen Frachter, den ich vor ein paar Monaten gekauft habe. Wir sind unterwegs zu den Azoren, werden in der Frühe in Ponta Delgada auf São Miguel festmachen. Und Ihre SEA WARRIOR steuert also gerade, wie man mir in Drontheim sagte, Emden an. Ich hoffe, es geht Ihnen gut.«

»Danke ja. Auch ich freue mich.«

»Herr Rogge, ich habe eine Bitte an Sie, die Ihnen reichlich verwegen vorkommen wird, aber es geht dabei um eine Angelegenheit von äußerster Wichtigkeit.«

»Schießen Sie los!« bekam er zur Antwort, und dann folgte Rogges erstaunliches Bekenntnis: »Ich hab' schon lange auf Ihren Anruf gewartet.«

»Nanu?«

»Ich vermute, Sie haben die alte Crew zusammengetrommelt, das heißt, ihren kläglichen Rest. Kannegieter scheint dabeizusein, ebenso Heiner Nickelsen, und ich glaube, auch Camacho. Hab' mich oft gefragt: Warum die und ich nicht?«

Fast verschlug es Abeling die Sprache. Da hatte er befürchtet, mit seiner Bitte aufzulaufen, und erfuhr nun, daß er offene Türen einrannte.

»Aber ..., aber woher wußten Sie ...?«

»Hab' Heiner getroffen, in Bremen. Er erwähnte, daß er Kontakt zu Kannegieter hat, und da hab' ich mir so einiges zusammengereimt. Und wegen Camacho hab' ich bei den Reedereien nachgefragt. Nun bin ich also endlich auch an der Reihe.«

Abeling hatte keine Wahl. Obwohl er davon ausgehen mußte, daß der Chief spätestens bei seiner Begegnung mit Schottmann eines Besseren belehrt werden würde, schwenkte er ein auf die Linie, die sich ihm so unverhofft angeboten hatte.

»Zunächst«, antwortete er, »wird es aber nur ein Treffen von wenigen Stunden sein. Sie müßten nach Ihrer Ankunft in Emden versuchen, so schnell wie möglich nach Ponta Delgada zu kommen, und könnten noch am selben Tag oder am nächsten Morgen zurückfliegen, ständen Ihrem Kapitän also schnell wieder zur Verfügung.«

»Heißt das, daß ich gar nicht anmustern soll bei Ihnen?«

Die in der Frage des Chiefs mitschwingende Enttäuschung war unüberhörbar gewesen, und so beeilte Abeling sich, ihn zu beruhigen:

»Nichts wäre mir lieber, als Sie sofort zu übernehmen, aber von heute auf morgen kommen Sie doch bestimmt nicht aus Ihrem Heuervertrag heraus.«

»Da haben Sie allerdings recht. Und später?«

»Kann ich nur sagen: Willkommen an Bord!«

»Danke. Und worum geht es jetzt?«

»Nicht am Telefon, aber glauben Sie mir, es ist wichtig.«

Rogge gab sich damit zufrieden. Sie erörterten noch die Einzelheiten der Anreise und verabschiedeten sich dann. Anschließend ging Abeling zu Kannegieter, und nachdem er ihn ins Bild gesetzt hatte, sagte der:

»Man muß immer versuchen, den Wind mitzunehmen, der gerade weht. Wir machen Rogge klar, daß er eigentlich von Anfang an zur RASPUTIN-Crew gehört hätte.«

»Aber er wird doch von Schottmann erfahren, warum er jetzt hergebeten worden ist, nämlich einzig und allein wegen der Befragung! Dann stehen wir dumm da. Was wir also unter allen Umständen finden müssen, ist eine versöhnliche Begründung dafür, daß er beim Zusammenstellen der Crew übergangen wurde.«

»Laß mich das machen! Ich krieg' das hin. Wir haben damals beide gemeint: Rogge wird nicht gefragt. Er sei spießig und werde bei einem solchen Unternehmen niemals mitspielen. Kleine Kurskorrektur: Es war nicht das Spießige, sondern wir haben an seine Familie gedacht.

Ihretwegen wollten wir ihn nicht mit reinziehen. Noch einmal: Laß mich das machen! Ich bin gut in so was.«

Beide kannten die Insel, hatten ihre bizarre, von üppiger Vegetation, Kratern und Schwefelquellen geprägte Landschaft während früherer Reisen bewundert, doch jetzt, auf der Fahrt zum Airport, fehlte ihnen der Blick dafür.

Wenn der Flug der TRANS AIR PORTUGAL pünktlich war und die Einreiseformalitäten sich nicht in die Länge zogen, würden sie Rogge in einer halben Stunde begrüßen können, und dann sollte es im Flughafenrestaurant eine Lagebesprechung geben.

»Es wird ein Eiertanz«, sagte Abeling, nachdem er den Fahrer bezahlt hatte und mit Kannegieter auf die Halle zuging, aber wieder versuchte der Holländer, ihn zu beschwichtigen. »Eiertänze sind mein Lieblingssport«, sagte er. »Du wirst sehen, er frißt uns aus der Hand, wenn er hört, weshalb wir nicht auch ihn zu den Fahnen gerufen haben. Mich beunruhigt was anderes, und zwar Schottmanns Wunsch, ihn dabeizuhaben. Er weiß doch, keiner kannte die Schäden an der Maschine besser als Rogge, und ausgerechnet der soll kommen.«

»Vielleicht glaubt er, es gehört zu Rogges Weltbild, hierarchisch zu denken und darum eher einen Kapitän reinreiten zu dürfen als einen Reeder.«

»Also Rogge, das Weichei? Könnte sein, daß Schottmanns Rechnung so aussieht.«

Der Erwartete kam schnell durch die Kontrolle, denn er reiste nur mit Handgepäck. Es wurde eine lautstarke Begrüßung, und als sie wenige Minuten später am Tisch saßen und Kaffee bestellt hatten, ging es ans Erzählen. Aber weil alle drei auf Wichtigeres aus waren, machten sie es kurz.

Es war Piet Kannegieter, der dann zur Sache kam:

»Berthold, du hast dem Käpten schon gesagt, daß du

dich übergangen fühlst. Ich versteh' das, aber wir hatten unsere Gründe. Du mußt wissen, wir haben ein ziemlich dickes Ding gedreht, der Käpten und ich. Als wir es planten, war erstmal zu klären, wer mitmachen sollte, und die wichtigsten Kriterien bei unserer Auswahl waren Verläßlichkeit, Motivation und … ja, die dritte Voraussetzung, die der Kandidat zu erfüllen hatte, will ich mal umschreiben mit dem Begriff ›Sozialverträglichkeit‹. Sie spielte …«

»Entschuldige«, unterbrach Rogge ihn, »vorab würde mich interessieren, was für ein ›Ding‹, wie du es nennst, das war. Sonst kann ich mit den Kriterien überhaupt nichts anfangen.«

»Wir haben«, antwortete nun Abeling, »Georg Schottmann entführt und auf mein Schiff verfrachtet, wo er seit zehn Tagen unser Gefangener ist. In der Öffentlichkeit gilt er als vermißt.«

»Mein Gott, Sie waren das!« Rogges Hände schlugen flach auf den Tisch. »Ich kann's kaum glauben!«

»Es ist aber so«, sagte Kannegieter. »Erinnere dich bitte, wie brutal Schottmann mit uns umgesprungen ist, wenn wir eine bessere Ausstattung und notwendige Reparaturen verlangten, und denk auch daran, wohin das geführt hat!«

»Daran hab' ich jeden Tag gedacht. Aber red weiter!«

»Schottmann sollte am eigenen Leibe erfahren, was Seefahrt bedeutet, und Angst sollte er haben, Todesangst, so wie wir damals. Wir hofften, es würde ihn zur Besinnung bringen, im allgemeinen und im besonderen, also auch dazu führen, daß er vorm Seeamt die Wahrheit sagt.«

»Und die strafrechtliche Verfolgung? Kidnapping ist ein schweres Delikt.«

»Wir waren überzeugt davon, daß er uns nicht anzeigen würde. Wie schon gesagt, er sollte zur Besinnung kommen. Aber zurück zur Rekrutierung! Ich fang' mal mit Camacho an. Verläßlichkeit bei ihm: ja. Motivation: ja. Was das Soziale angeht, hatte Käpten Abeling Bedenken, weil Camacho verheiratet ist und ein Kind hat. Er wollte ihn deshalb von der Liste streichen. Ich nicht, denn an der Entführung sollte er ja nicht beteiligt sein. Außerdem ist Chile weit weg. Und dann kommt noch was hinzu: Käpten Abeling hat für jeden, der mitmacht, eine Prämie ausgesetzt, enorm hoch, und die kann ein junger Familienvater gut brauchen. Wir einigten uns darauf, ihn zu fragen. Ergebnis: Er wollte unbedingt dabeisein. Bei Heiner Nickelsen war es leichter. Er erfüllte die Forderungen, auch die dritte, weil er weder Frau noch Kinder hat. Der Letzte warst du. Verläßlichkeit: ja. Motivation: ja. Soziale Komponente: nein! Du lebst nicht in Chile, sondern in Hamburg, hast eine prächtige Familie, und der ginge es verdammt schlecht, wenn du an der Aktion beteiligt wärst und sie entgegen unseren Erwartungen auffliegen würde. Kurzum, nicht mal fragen durften wir dich. Womöglich hättest du aus reiner Loyalität zugestimmt.« Er schwieg, wollte Rogge Zeit zum Nachdenken geben, hoffte darauf, ihn überzeugt zu haben. Und in der Tat, dessen Antwort klang beruhigend, denn er sagte:

»Ich wäre ganz sicher furchtbar in die Klemme geraten.« Danach wandte er sich an Abeling: »Aber nun haben Sie mich doch gerufen!«

»Ja, denn Schottmann, der partout nicht klein beigeben will, verlangt nach Ihnen«, erklärte Abeling.

»Wieso denn das?«

»Ich hab' ihm gesagt, daß es zwischen Kannegieter, ihm und mir eine Art vorweggenommener Seeamtsverhandlung geben wird. Eher kommt er nicht von Bord. Er soll uns erläutern, worin er die Ursache sieht für den Untergang der ANABEL und sich vor allem zur Maschine äußern, zu den siebzehntausend Betriebsstunden ohne Grundüberholung. Mit dieser Konferenz ist er einverstanden, aber nur unter der Bedingung, daß Sie, der Techniker, daran teilnehmen.«

»Hätte es auch ein anderer sein können, oder verlangte er ausdrücklich nach mir?«

»Lassen Sie mich nachdenken«, bat Abeling, aber dann fuhr er doch gleich fort: »Ja, jetzt weiß ich's wieder! Zunächst forderte er ganz allgemein einen Techniker, der über den damaligen Zustand der Maschine Bescheid weiß, aber als ich ihn daran erinnerte, daß es da ja nur noch Sie gibt, weil die beiden anderen tot sind, sagte er ›Okay, Rogge‹. Und er sagte auch, bei welcher Reederei Sie jetzt sind.«

An dem zweieinhalb Meter langen Tisch, dem längsten, den die Messe zu bieten hatte, saßen sie sich gegenüber, Abeling und Kannegieter auf der einen Seite, Schottmann und Rogge auf der anderen. Getränke gab es nicht. Nur zwei Aschenbecher standen auf der blank gescheuerten Back.

Abeling begann. »Wir sind hier nicht vor Gericht«, sagte er. »Wenn wir trotzdem die Schuldfrage erörtern, geschieht es, um herauszufinden, auf welche Umstände der Untergang der ANABEL zurückzuführen ist. Wir haben den Tod von dreizehn …«

So weit war er gekommen, als Schottmann dazwischenging. »Immer dieses Salbadern! Bevor es damit weitergeht, bitte ich mir aus, daß Herr Rogge erfährt, wie ich auf Ihr Schiff gelangt bin.«

»Das weiß er längst«, antwortete Kannegieter.

»Ja, von Ihnen oder von Abeling! Ein einziges Lügengespinst wird das gewesen sein.« Er wandte sich an Rogge: »Ich wäre um Haaresbreite ertrunken. Die setzten mich auf einer Rettungsinsel aus, und als Sturm aufkam …«

Rogge ließ ihn nicht ausreden. »Dann haben Sie ja«, sagte er, »genau das erlebt, was wir erlebt haben, und können nachempfinden, daß wir nicht mehr die sind, die wir vor dem Unglück waren.«

Schottmann starrte ihn an. Seine Miene drückte Verblüffung aus, aber bevor er zu einer Entgegnung kam, sprach Rogge weiter:

»Alles, was wir seitdem gemacht haben, ist von dieser Warte aus zu sehen, sogar der Umstand, daß Sie gewaltsam entführt wurden. Noch einmal: Man ist einfach nicht mehr derselbe. Ich habe auch was Verrücktes getan, seit ich damals mit meinen Kameraden im Atlantik trieb und einen qualvollen Tod vor Augen hatte. Wie lange waren Sie denn auf der Rettungsinsel?«

»Fast zwei Tage.«

»Wir mußten eine ganze Woche ausharren. Ich erinnere mich noch genau daran, daß ich zuletzt den Mut verlor und das auch sagte, doch da fuhr Kapitän Abeling mir über den Mund. Und er hatte recht! Aufgeben darf man nie, und wir wurden dann ja auch gerettet.«

Abeling und Kannegieter staunten nicht schlecht über die lange Rede des Chiefs, die aber noch immer nicht zu Ende war, denn nach einer kleinen Pause fügte er hinzu: »Wie gesagt, nach der Rettung war ich nicht mehr derselbe wie vorher, und darum hab' ich etwas gemacht, was sonst undenkbar gewesen wäre.« Er löste die kleine metallene Reedereiflagge vom Revers seiner Jacke und legte sie vor Schottmann auf den Tisch, fragte:

»Wissen Sie noch, was das ist?«

»Nein«, log Schottmann.

»Als ich bei Ihnen in Husum war, fragten Sie, ob das mein neues Reedereizeichen sei. ›Ja‹, hab' ich gesagt, ›es ist das Emblem der NORWEGIAN SHIPPING COMPANY‹. Sie wünschten mir viel Glück auf den Schiffen dieser Gesellschaft. Erinnern Sie sich jetzt?«

Schottmann schwieg.

Rogge nahm das Abzeichen wieder in die Hand und erklärte: »Es ist aber noch viel mehr. Eigentlich wollte ich heute abend Herrn Abeling erzählen, was es damit auf sich hat. Ich wußte ja nicht, daß Sie auch an Bord sind. Aber nun können Sie es gleich miterfahren. Sehen Sie mal! Hier steckt ein winziges Mikrophon. Das Kabel führte damals ins Innenfutter meiner Jacke und weiter in die Außentasche, wo der Recorder war. Dieser ist es!« Er holte das Gerät aus seinem Bordcase, stellte es auf den Tisch, schaltete es aber noch nicht ein, sondern sagte: »Ich ahnte, warum Sie mich zu sich gebeten hatten, und dachte mir, daß es von Vorteil sein könnte, das Gespräch festzuhalten.« Noch einmal griff er in den Handkoffer, entnahm ihm einen weißen Umschlag im DIN-A5-Format und legte ihn neben den Recorder, den er gleich darauf in Gang setzte.

Selbst den Anfangspassagen des nun ertönenden Dialogs lauschten Abeling und Kannegieter wie gebannt, Schottmann aber mit Entsetzen, das sich, für alle sichtbar, noch steigerte, als die Worte kamen: »Sie werden Ihrem früheren Arbeitgeber dann hoffentlich nicht in den Rücken fallen.«

Rogge brachte die gesamte Unterredung, und bei so mancher Einzelheit geschah es, daß Meinert Abelings Augen aufblitzten und er zu Schottmann hinübersah, doch der saß reglos auf seinem Stuhl, hielt den Kopf gesenkt.

»... Ist es der Sturm, sind wir aus dem Schneider; ist es das Schiff, sind wir dran.«

»... er ist wohl ein Kapitän ohne Fortune ... Fest steht, es herrschte Windstärke zwölf, und die Wellen erreichten eine Höhe von bis zu zwanzig Metern. Alles spricht also dafür, daß es das Wetter war. Was meinen Sie?«

Abeling und Kannegieter hielten die Spannung kaum noch aus. Beide wußten, die nächsten Worte würden entscheidend sein.

»Wir waren unvorschriftsmäßig beladen«, kam als

Antwort, »hatten einen defekten Rollpontondeckel, und unsere Hauptmaschine war extrem anfällig, weil sie siebzehntausend Betriebsstunden ohne Überholung auf dem Buckel hatte. Außerdem waren wir unterbesetzt.«

Was folgte, war Rogges Vergleich mit der E.L.M.A. TRES, den Schottmann mit dem trockenen Kommentar »Und trotzdem ist auch sie untergegangen« quittierte.

Einige Minuten später war zu hören, wie Schottmann die Katze aus dem Sack ließ:

»Herr Rogge, wollen wir uns nicht darauf verständigen, daß es diese siebzehntausend Betriebsstunden ohne Inspektion gar nicht gegeben hat? Daß außerdem die ..., die Schwierigkeiten in der Maschine nicht unbedingt das Ausmaß hatten, das Sie grad beschrieben haben? Wir sind unter uns, können also ganz offen miteinander reden. Ich würde ein entsprechendes Entgegenkommen von Ihrer Seite selbstverständlich belohnen. Dreißigtausend Mark wäre es mir wert, wenn Sie ..., drücken wir es erstmal ganz allgemein aus, bei der Seeamtsverhandlung auf meiner Seite ständen.«

Und dann kam der Poker, das Feilschen, bei dem der Angestellte dem Boss die Daumenschrauben anlegte und das Doppelte des ursprünglichen Gebots herausschlug!

Als das Band leer zu laufen begann, schaltete Rogge den Recorder aus, zog den Umschlag zu sich heran, entnahm ihm ein dickes Bündel Geldscheine und warf es auf den Tisch. »Da ist er«, sagte er, »der Judaslohn! Ich will ihn nicht und habe ihn nie gewollt. Aber ich mußte Sie festnageln.«

Nun endlich hob Schottmann den Blick. »Sie Schwein!« zischte er Rogge an, »Sie widerliches Schwein!« Er stand auf und wandte sich zur Tür.

»Stopp!« rief Abeling. »Stecken Sie Ihr Geld ein!«

Schottmann machte kehrt, griff sich mit grimmiger Geste den Packen und verschwand.

Danach war es eine ganze Weile still in der Messe, bis

Kannegieter sagte: »Ich glaube, jetzt können wir aufatmen. Ein Menschenraub hat nicht stattgefunden. Es lebe der Chief!«

»Wir haben unsere Sache gemacht«, ergänzte Abeling, »und er hat seine gemacht, ohne daß wir davon wußten. Ja, es lebe der Chief!«

38.

Meinert Abeling stand auf der Backbordbrückennock und sah hinüber zu der alten, der Stadt Veracruz vorgelagerten Festung San Juan de Ulua, die einst von den Spaniern zum Schutz gegen Seeräuber errichtet worden war. Nur verschwommen konnte er sie ausmachen, denn über dem Wasser lag mittäglicher Dunst.

Er versuchte nachzurechnen, wie oft er den ihm so vertrauten mexikanischen Hafen schon angesteuert hatte, kam auf die Zahl fünfzehn, hielt es jedoch für möglich, daß die eine oder andere Reise ihm entfallen war, zumal es darunter auch solche gab, die er als Schiffsjunge oder Matrose und deshalb ohne den Logenplatz der Kommandobrücke gemacht hatte.

Die schneeweiß gestrichene RASPUTIN, noch in Ponta Delgada von der Werft herausgeputzt und seitdem so adrett wie ein Bananendampfer, machte keine Fahrt, sondern dümpelte vor sich hin, bereit, das Lotsenboot längsseits zu nehmen.

Abelings Blick wanderte hinunter zum Bootsdeck, stieß auf José und Ignacio, die ihrerseits Ausschau hielten, fieberten sie doch jenem Moment entgegen, der sie wieder mit ihrer Familie vereinen würde. Ein lange zurückliegendes Ereignis fiel ihm ein. Daß er gerade jetzt, beim Anblick der beiden Heimkehrer, daran denken mußte, hatte wohl mit dem Geld zu tun, das er ihnen am

Morgen ausgezahlt hatte. Das noch frische Bild der auf den Tisch geblätterten Dollarnoten vor Augen, holte er sich die alte Geschichte herauf, und wie schon so viele Male zuvor war ihm, als hätte nicht sein Urgroßvater, sondern er selbst sie erlebt.

Es war zu der Zeit, als neben den Dampfern auch noch die Segelschiffe unterwegs waren. Der siebzehnjährige Claas Abeling fuhr auf der Viermastbark INGELINE RASMUSSEN. Nach langer Reise hatte sie im Hafen von London festgemacht. Die Freude der Mannschaft war groß. Kurz vor der Ankunft hatten alle ihre Heuer bekommen. Bei dem Sylter Leichtmatrosen betrug sie vierzig englische Pfund, ausgehändigt in Form zweier Goldstücke, die er sich in die Hosentasche steckte. Nach den vielen entbehrungsreichen Monaten auf See winkte nun der Landgang mit einem Spaziergang durch die belebten Straßen, mit Einkäufen in fremden Läden, wobei auch an das nahe Weihnachtsfest gedacht werden mußte, mit einem Bier im Pub und vielleicht sogar mit einem Tanzabend. Der Junge war, wie die anderen auch, erfüllt von einem vor ihm liegenden großen, farbigen Programm.

Und dann geschah es, daß die Vorfreude in eine Varieté-Nummer mit tragischem Ausgang mündete. Ob Claas Abeling in seinem Überschwang dabei vergaß, wo der für den Genuß all der Freuden erforderliche Geldschatz steckte, oder ob er ihn in der Tiefe seiner Tasche sicher wähnte, war dem Urenkel nicht mitüberliefert worden. Berichtet hatte man ihm nur, daß Claas auf dem Schiff nach vorn ging, auf den Bugspriet kletterte und dort eine artistische Einlage zum besten gab. Er setzte sich auf die kurze, über den Vorsteven hinausragende Holzspiere, zunächst rittlings, nahm dann aber regelrecht Platz wie auf einem Stuhl, hob kurz das Gesäß an und ließ sich nach hinten fallen, machte also eine Kniewelle rückwärts. Und nicht nur eine. Immer wieder sauste er, sich mit Händen und Kniekehlen den nötigen Halt gebend, durch die Luft. Von der Back her ertönte der Beifall seiner Mannschaftskameraden.

Als er die Übung beendete, indem er nach der letzten Welle den Schwung abstoppte und auf dem Rundholz zur Ruhe kam, sah er noch für den Bruchteil einer Sekunde das Aufblitzen unter sich und verfolgte mit aschfahlem Gesicht, wie die beiden Goldstücke ins Wasser fielen und in der Tiefe versanken.

Aller Jubel war dahin, hatte in der Frist eines Wimpernschlags größter Betrübnis Platz gemacht. Das schöne mattgelbe Gold, soeben als gerechten Lohn für die knochenharte Schiffsarbeit empfangen, es war dahin. Ein geschlagener Claas Abeling kletterte mit müden, schleppenden Bewegungen vom Bugspriet herunter, ging wortlos an den anderen vorbei und dann unter Deck, warf sich auf die Koje.

Ein paar Atemzüge lang irrte da noch ein Hauch von Hoffnung durch sein Gemüt, er könnte vielleicht …, ja, er könnte zumindest versuchen, den Münzen in einem verwegenen Tauchmanöver nachzuspüren und sie vom Grund heraufholen. Doch ebenso schnell, wie der Gedanke entstanden war, verwarf er ihn wieder. Es war Winter. Die Wassertemperatur mochte zwei, drei Grad betragen. Auf Sylt hatte er manchmal bei acht Grad gebadet, im Frühjahr, hatte damit Mutproben abgelegt, die höchstens eine Minute dauerten, aber bei einer Kälte in Gefrierpunktnähe im schmutzigtrüben Wasser des Hafenbeckens nach zwei kaum mehr als daumennagelgroßen Goldstücken zu suchen, verbot sich von selbst.

So blieb die Trauer. Er verzichtete auf den Landgang, richtete sich innerlich auf die nächste Reise ein, würde danach aber ganz bestimmt sein Geld besser verwahren und auch maßvoller umgehen mit der Vorfreude.

Für eine Weile noch verharrten Abelings Gedanken beim Urgroßvater, der später dann Schiffsführer geworden war und seine Einkünfte mit Sorgfalt beiseite gelegt und gemehrt hatte. Eigentlich, dachte er, sind sie es, seine Jahr für Jahr gesparten Erträge, die es mir ermöglicht haben, die RASPUTIN zu erwerben und mit ihr mein Vorhaben durchzuführen, denn als er, Urgroßvater Claas, sich zur Ruhe setzte, konnte er für seine Familie ein Haus bauen und zusätzliche Ländereien kaufen. Hinzu kam dann für mich die Gunst der Stunde. Wer hätte je gedacht, daß die Äcker meiner Ahnen hundert Jahre später so viel Geld einbringen würden!

Zugegeben, letzten Endes hat mein Vorhaben erst durch Rogges Tonbandaufnahmen Erfolg gehabt, aber ich bin sicher, auch das Unternehmen »Iberisches Bekken« hat in Schottmanns Kopf einiges zurechtgerückt. Der Seeamtsverhandlung jedenfalls und allem weiteren kann ich gelassen entgegensehen. Man wird mich verwarnen, okay, aber ich werde weiterhin fahren dürfen. Und ich habe eine gute Crew. Kannegieter und Nickelsen bleiben, und im Januar kommt Rogge. Camacho zieht es zwar zurück nach Chile, aber ich werde sicher Ersatz finden. Die beiden Mexikaner mustern auch ab, haben mir erklärt, sie wollen sich jetzt, na, wer sagt's denn, Land kaufen ...

Das Tuten schreckte ihn aus seinen Gedanken auf. Er setzte das Glas an die Augen. Aus dem Dunstschleier schälten sich die Umrisse einer Barkasse heraus, wurden deutlicher. Das Lotsenboot kam.